조셉 머피 잠재의식의 고전 시리즈

'조셉 머피 잠재의식의 고전' 시리즈는 조셉 머피 재단에서 인정받은 유일한 공식 저서이며, 미국의 펭귄 위즈덤 하우스에서 출간한 10권을 각각 주제별로 묶어 총 5권으로 재편집한 것이다. 21세기의 감성을 반영하기 위해 고전을 개정한 이 시리즈는 번역부터 편집까지 1년 이상 걸려 공들여 만든 국내 최초의 번역본이다.

조셉 머피 부의 초월자
: 무한의 부를 창조하는 잠재의식의 힘

528쪽 | 22,000원

'잠재의식의 아버지'라고 불리는 '조셉 머피'의 책 중에서도 부에 관련된 3권의 책을 합본한 것이다. 내 인생에 부가 들어오는 것을 가로막는 물질적·정신적·감정적 장벽을 극복하고, 잠재의식을 통해 부를 끌어들이는 방법과 사례들을 알려준다. 특히 이 책은 조셉 머피를 처음 접하는 독자들을 위해 확언, 시각화, 거울 기법 등 잠재의식을 이용하는 다양한 방법을 쉽게 알려주며, 100가지가 넘는 사례들을 통해 검증된 73가지 확언과 부·성공·인간관계·건강에 도움이 될 추천 확언이 담겨 있다.

조셉 머피
성공의 연금술

Putting the Power of Your Subconscious Mind to Work

All rights reserved including the right of reproduction in whole or in part in any form.
This edition published by arrangement with TarcherPerigee, an imprint of Penguin
Publishing Group, a division of Penguin Random House LLC.
This Korean translation published by arrangement with TarcherPerigee in care of Penguin
Random House LLC through AlexLeeAgency ALA.

이 책의 한국어판 저작권은 알렉스리에이전시 ALA를 통해
Penguin Random House LLC와 독점 계약한 (주)다산북스가 소유합니다.
저작권법에 의하여 한국 내에서 보호를 받는 저작물이므로 무단 전재 및 복제를 금합니다.

Putting the Power of
Your Subconscious Mind to Work

JOSEPH MURPHY
조셉 머피
성공의 연금술

일에서 최고의 잠재의식을 깨우는 자기 확신의 힘

조셉 머피 지음 | 아서 R. 펠 엮음
조율리 옮김

서문

잠재의식의 힘으로 성공을 확신하라

잠재의식은 현재의식에서 진리라고 가정하고 믿는 내용을 받아들여 실현한다. 당신이 가는 길에 행운이 깃들고, 올바른 행동으로 모든 게 준비되며, 삶이 축복으로 가득 찰 것을 믿어라. 당신은 영혼(잠재의식)이라는 배를 조종하는 선장이자 운명의 주인이다. 삶은 선택할 수 있다는 걸 잊지 말자. 삶을 선택하고 사랑과 건강한 인생을 선택하자. 행복을 선택하자!

현재 커리어가 만족스럽지 않은가? 터무니없이 기회가 부족해서 승진하지 못하는가? 목표를 달성하고 싶은가? 독단적인 상사나 불필요한 관료주의적 절차 혹은 불운은 걸림돌이 되지 못한다. 커리어를 주도해 나갈 힘은 내 안에 있다.

성취하거나 실패한 일은 모두 내 생각이 낳은 결과다. 약점과 강점, 순수와 불순은 내 안에서 나온다. 이를 변화시킬 수 있는 사람은 다른 사람이 아니라 나 자신이다. 모든 행복과 고통은 내면이 작용한 결과이기 때문이다. 생각이 나를 만든다. 어떻게 사고하느냐에 따라 미래의 내 모습이 바뀐다.

물론 내가 바꿀 수 없는 것들도 있다. 행성의 이동이나 계절의 변화, 밀물과 썰물, 일몰과 일출 등은 내 능력 밖에 있다. 하지만 나 자신을 바꾸고 마음을 새롭게 하는 건 어렵지 않은 일이다. 커리어를 발전시키는 비결은 바로 '마음가짐'에 있다. 마음은 기록하는 기계와 같아서 현재의식에서 받아들이는 믿음과 인상, 의견, 아이디어가 마음속 깊은 곳에 있는 잠재의식에 새겨진다. 잠재의식과 연결하는 방법을 배우면 일에서 통제권을 쥘 수 있다.

나에게는 잠재의식을 변화시키는 힘이 있다. 잠재의식을 변화시키는 첫걸음은 긍정적인 사고 패턴을 흡수하는 것이다. 아름다움과 사랑, 평화, 지혜, 창의적인 아이디어에 관해 생각해 보라. 그러한 자질을 생각한다면 잠재의식이 반응하여 정신과 신체를 비롯해 나의 삶을 둘러싼 환경을 변화시킬 것이다.

특히 잠재의식의 법칙은 커리어를 개발하고자 할 때 더욱 유용하다. 두려움이 많은 사람은 바로 그 두려움 때문에 직장에서 제자리걸음을 하고 있다. 사람들은 상사를 만족시키지 못하거나 승진을 위해 다른 동료와 경쟁하거나 관료주의적 절차에 묶여 옴짝달싹 못 하는 걸 두려워한다. 이러한 일들이 커리어에 영향을 주는 건 사실이지만 내가 영향을 받지 않겠다고 결심하면 두려움은 걸림돌이 되지 못한다. 내 능력에 확신을 가지고 회사의 목표를 달성하기 위해 효율적으로 일한다면 잠재의식이 힘을 발휘하여 모든 장애물을 뛰어넘을 수 있을 것이다.

줄스는 미래가 촉망되는 젊은 변호사였다. 그는 졸업하자마자 대형 로펌에 취업했다. 높은 자리에 올라가려는 포부를 가졌지만 승진하려면 열두 명의 다른 젊은 변호사들을 앞서야 했고 그들은 모두 능력이 출중했다. 하지만 줄스와 동료들 사이에는 차이점이 있었다. 대부분이 긴 근무 시간에 학을 뗴며 맡고 싶었던 법률 업무 대신 귀찮은 일상적인 업무를 맡게 되었다고 불평한 반면 줄스는 잠재의식의 힘을 불러일으켰다. 단순 업무를 맡고 싶지 않은 건 줄스도 마찬가지였지만 말이다.

"물론 머리가 띵할 정도로 지루한 일이지만 더 높이 올라가려면 꼭 거쳐야 하는 과정이지. 머리로만 하는게 아니라 마음을 다해보겠어. 로스쿨에 다닐 당시 가장 어려웠던 과제를 해낸 것처럼 말이야."

상사들은 줄스가 가진 장점을 인식해 더 중요한 일들을 주기 시작했다. 그가 동료들보다 먼저 승진하는 데는 그리 오랜 시간이 걸리지 않았다.

심리학자와 정신과학자의 연구에 따르면, 생각이 잠재의식에 도달하면 때 뇌세포에 각인된다고 한다. 잠재의식이 아이디어를 받아들이자마자 아이디어는 즉시 결과로 표출된다. 아이디어가 결합한 잠재의식은 지금까지 살아오면서 축적한 온갖 지식을 동원해서 목적을 달성하기 때문이다. 즉 목적을 이루기 위해 내면의 무한한 힘과 에너지, 지혜를 끌어당기고 자연의 법칙을 동원하는 것이다. 잠재의식은 눈앞에 닥친 문제를 바로 해결해 줄 때도 있지만 며칠이나 몇 주 혹은 그 이상의 시간이 걸려 문제가 해소되기도 한다.

땅에 씨앗을 심으면 싹이 트기 마련이다. 잠재의식은 토양과 같아서 씨앗의 질이 좋든 나쁘든 일단 싹을 틔운다. 생명력이 담겨 있기에 생각은 씨앗과 비슷하다고 볼 수 있다. 파괴적인 생각은 잠재의식에서도 부정적으로 작용하여 시간이 지나면서 부정적인 행동으로 이어진다. 잠재의식은 내가 하는 생각이 좋은지 나쁜지, 진실인지, 거짓인지 증명하는 데는 관심이 없다는 걸 명심하라. 잠재의식은 내가 하는 생각이나 그 생각이 의미하는 바에 따라 반응할 뿐이다.

예를 들어 현재의식에서 무언가를 사실이라고 가정한다면 그것이 비록 거짓이라도 잠재의식은 사실인 것처럼 따른다. 잘못된 암시를 내려도 잠재의식은 논쟁할 수 없으니 그것을 사실로 받아들여 조건이나 경험, 사건으로 발현시킨다. 그러므로 잠재의식을 종종 '주관적인 마음'이라고 부르기도 한다. 주관적인 마음은 오감과 별개로 주변 환경을 인지한다. 즉 오감이 아닌 직관을 이용하는 것이다.

주관적인 믿음은 감정을 보관하고 기억을 저장하는 장소로, 객관적인 마음(현재의식)이 졸리거나 몽롱한 상태일 때 최고의 기능을 발휘한다. 주관적인 마음은 초인적인 투시력과 투청력을 가졌기에 시각 기관을 사용하지 않아도 외부 세계를 바라볼 수 있다.

현재의식과 잠재의식이 조화롭고 평화롭게 기능할 때 조화와 건강, 평화, 기쁨, 그리고 행복을 누릴 수 있다. 세상의 모든 악, 고통, 불행, 전쟁, 범죄, 질병은 현재의식과 잠재의식이 조화를 이루지 못해 일어난다. 잠재의식은 사람을 구별하거나 선택할 수 있는 능력이 없다는 걸 기억해야 한다.

현재의식 속 습관적인 사고는 잠재의식에 깊게 파고들기 때문에 습관적으로 조화롭고 평화로우며 건설적인 사고를 한다면 사적으로도 직업적으로도 성공하기에 유리한 조건이 형성된다. 반면에 두려움이나 걱정 등 파괴적인 생각에 빠져 있다면 잠재의식이 가진 전지전능함을 인식한 다음 자유와 행복, 온전한 건강, 번영을 누리게 하라고 잠재의식에 명하라. 그러면 잠재의식은 창조력을 발휘해 당신이 진심으로 원했던 자유와 행복을 선사할 것이다.

커리어의 방향을 결정짓는 건 운이나 사고도, 운명도 아니다. 운과 불운을 직접 써 내려가는 사람은 바로 나이기 때문이다. 잠재의식은 내가 현재의식에서 느끼거나 믿는 것이 진실인지 거짓인지 신경 쓰지 않는다. 그러므로 우리는 진실하고 사랑스러우며 고귀한 것만을 선택해야 한다. 그러면 우리의 잠재의식에도 변화가 일어난다.

예로부터 철학자, 신학자 그리고 사상가들은 잠재의식의 힘을 알고 있었다. 하지만 잠재의식의 힘을 떠올리고 활용하는 건 순전히 각 세대의 몫이다.

조셉 머피 박사는 전 세계적 베스트셀러인《잠재의식의 힘》에서 잠재의식이라는 개념을 한데 정리했다. 수많은 나라에서 수천 명의 사람이 설교와 강의에 참석했고 수백만 명이 그의 라디오 방송을 들었다.

머피 박사는 잠재의식에 관한 이론을 실제적인 접근법으로 전환해서 자기 비난을 멈추는 간단명료한 방법을 제공한다. 내가 어떠한 사람이 되고 싶다고 주장하면 그 모습이 겉으로 드러나고, 무언가를 가지고 싶다고 주장하면 가질 수 있다. 내가 하고 싶은 일을 하고, 되고 싶은 사람이 되리라고 확언하면 성공하는 정신적 분위기에서 살아갈 수 있다. 성공의 아이디어를 계속해서 살찌워 나간다면 삼투 현상에 따라 아이디어는 잠재의식으로 내려앉는다. 그러면 어떤 한계도 없을 것이고 나는 과거의 잿더미에서 불사조처럼 솟아나 새 사람으로 태어날 것이다. 또한 새로운 비전과 나에 대한 새로운 이미지, 새로운 인식을 얻게 될 것이다.

마음속 깊은 곳에 놓인 믿음은 나를 감정적으로 지탱하고 지배하며 통제한다. 잠재의식을 지배하는 아이디어나 생각이 현재의식의 생각과 행동 그리고 반응을 통제하는 것이다. 그래서 실패하리라고 믿거나 그

룻된 생각이 마음을 지배하면 하루에 열여덟 시간씩 근면 성실하게 일해도 실패할 수밖에 없다. 믿는 대로 이루어지는 게 마음의 과학적 법칙이다.

당신은 이 책을 통해 최선의 결과를 얻을 수 있을 것이다. 영광이 넘치는 미래가 오리라는 확신을 가지게 될 것이다. 새로운 자신의 이미지를 형성해 나가면서 꿈을 이루는 기쁨과 짜릿함을 맛보며, 나아가 잠재의식의 원리를 적용하여 직업과 커리어를 개발하고 발전시키는 방법을 익히게 될 것이다.

이 책 대부분은 머피 박사의 글이다. 하지만 이 책이 전하는 메시지가 얼마나 가치 있는 건지 21세기의 독자들에게 보여주기 위해 추가적인 정보와 사례를 담았다.

머피 박사는 목사였기에 그의 주장은 신에 대한 강한 믿음을 바탕으로 한다. 하지만 종교를 믿든, 불가론자든, 무신론자든 관계없이 무한한 지성이 나를 위해 기능한다는 걸 경험할 수 있다. 잠재의식의 힘을 경험하기 위해 종교적 교리가 꼭 필요한 건 아니다. 잠재의식은 모든 사람에게 똑같이 기능하고, 부르기만 하면 응답해 주는 속성이 있다. 종교인들에게 이 무한한 지성이 신이라면 종교가 없는 이들에게는 자기 내면에 깊이 자리 잡은 무언가일 수 있다. 초인적인 지능 또는 초자연적인 마음이라고 부를 수도 있다.

정신적·육체적·정서적 문제로 일에 지장을 받는다면 스스로에게 물어야 한다. 내가 무언가를 외면하고 있지 않은가? 내가 직면하고 싶지 않은 건 무엇인가? 누군가에 대한 원망과 적개심이 내면에 숨어 있는 건 아닐까? 문제를 직시하라. 생명의 원리는 항상 치유하고 회복하려는 습성이 있다는 걸 생각하고 잠재의식에 관한 지식으로 문제를 해결하라. 생명의 원리는 나를 움직이게 하는 필수적인 힘으로, 절대 비난하거나 벌을 주거나 판단하지 않는다. 마음속에서 하는 생각에 근거해 결론을 짓고 직접 판단을 내리기에 그럴 수가 없다. 이렇듯 생명의 원리는 나에게 벌을 내릴 수 없으며 판단하지 않는다는 걸 기억하라. 나를 판단하는 사람은 나다. 마음속에 품은 생각과 잠재의식은 곧 나이기에 운명을 만들고 빚어나갈 수 있는 사람도 나다.

생각은 사물이고, 생각이 풍기는 느낌과 비슷한 것을 끌어당기며, 내가 상상하는 대로 된다는 것을 깨닫는다면 인생에서 기적이 일어날 것이다. 세상에 존재하는 힘은 단 하나다. 그리고 그 힘은 내 안에 있다. 선원들에게 명령을 내리는 선장처럼 잠재의식에 명령을 내리면 잠재의식은 내가 잠재의식에 새긴 인상을 받아들여 실현할 것이다. 앞서 말했듯 잠재의식에 새겨진 인상이 진실인지 거짓인지 모르기에 우리는 의식적으로 진리만을 받아들여야 한다.

인간의 마음은 잘못된 믿음과 아이디어, 의견으로 뒤죽박죽되어 있다. 그 속에서 영원한 진리는 찾기 어려울 수 있다. 하지만 자신감과 믿음으로 가득 찬 사람은 영원한 진리를 따른다. 이런 사람들은 두려움을 느낄지라도 성공의 원리를 따르기에 역으로 믿음과 신뢰가 굳건해진다. 실패할 수 없다는 생각이 날이 갈수록 커지고, 실패하리라는 타인의 암시는 오히려 내면의 힘에 대한 더 큰 자신감으로 귀결된다.

심리학자들과 정신과 의사들이 최면 상태에 들어간 환자들을 대상으로 실험한 결과 잠재의식은 추론 과정에 필요한 선택을 내리거나 비교하는 능력이 없다는 게 증명되었다.

현재의식은 잠재의식을 지키는 문지기라는 걸 기억해야 한다. 현재의식의 주요 기능은 잠재의식이 잘못된 인상을 받지 못하도록 잠재의식을 보호하는 것이다. 당신은 이제 기본적인 잠재의식의 법칙을 알게 되었다. 잠재의식은 암시를 잘 받아들인다. 하지만 잘 알다시피 비교·대조를 하거나 추론·사유하는 능력은 잠재의식이 아닌 현재의식이 가지고 있다. 잠재의식은 어떤 행동을 다른 행동보다 선호하지도 않는다. 잠재의식은 그저 현재의식이 각인해 놓은 메시지에 반응할 뿐이다.

그러나 암시가 곧바로 잠재의식에 각인되는 건 아니다. 현재의식이 잠재의식에 암시를 불어넣으려는 의지가 있을 때 각인되는 것이다. 현재의식에는 거짓이나 부정적인 암시를 거절하는 능력이 있다.

그러므로 잠재의식에 암시를 보낼 때는 세심한 주의를 기울여야 한다. 병이 치유되고 나를 축복하며, 기분을 좋게 하고 영감을 줄 수 있는 암시만을 보내야 한다. 잠재의식은 말을 있는 그대로 받아들인다. 들은 말을 곧이곧대로 믿는 것이다. "나는 승진할 수 없을 거야. 먹고살 만큼 돈을 충분히 벌 수 없어"라고 계속해서 말한다면 잠재의식은 정말 내가 할 수 없다고 본다.

타인의 암시도 잠재의식에 영향력을 미친다. 암시의 힘은 과거부터 오늘날까지 전 세계 모든 국가에서 인간의 삶과 생각에 영향을 끼쳐왔다. 어떤 지역에서는 "당신은 죄인입니다", "악마가 잡으러 올 것입니다", "죽으면 지옥에 갈 것입니다" 등과 비슷한 발언을 끊임없이 되풀이하는 등 종교적 암시를 통해 잠재의식을 제어하려 했다. 이러한 암시는 사람들에게 두려움을 심어준다.

우리 중 대다수는 어렸을 때부터 부정적인 암시를 받으며 컸다. 건설적인 암시는 아름답고 위대하지만 부정적인 암시는 파괴적이며 전쟁과 불행, 고통, 인종적·종교적 편견, 재난을 일으킨다. 독재자와 폭군, 전제군주들은 일찍부터 암시의 힘을 알고 있었다. 그래서 스탈린과

히틀러 그리고 오사마 빈라덴은 암시의 힘을 사용하면서 사람들의 종교적·인종적 편견에 호소했다. 사람들의 감정이 자극되어 암시를 잘 수용할 수 있는 상태에 이르자, 그들은 더 많은 부정적인 암시를 내리고 이 과정을 반복했다.

우리는 삶의 모든 방면에서 부정적인 제안에 노출되어 살아간다. 아마 일에 관해서 다음과 같은 말을 자주 들었을 것이다. "못할걸" "넌 아무것도 못 할 거야" "안 돼" "넌 실패할 거야" "기회가 없잖아" "넌 다 틀렸어" "소용없어" "아무리 아는 게 많아봤자 인맥이 중요하지" "그게 무슨 소용이야?" "아무도 신경 쓰지 않아" "그렇게 노력해도 소용없어" "넌 이제 너무 늙었어" "상황이 점점 나빠지고 있어" "인생은 끝이 없군" "이기는 건 불가능하다니까" "곧 해고될 거야" "영혼은 믿을 수 없어" 등은 잠재의식에 명령을 내리는 말로, 삶을 생지옥으로 만든다. 그러면 좌절하고 신경질적으로 변하고 능력을 발휘하기 힘들어진다. 나 자신에게 파괴적인 암시를 하므로 정신건강의학과를 들락날락할지도 모른다.

잠들기 전에 잠재의식 기도를 하거나 영감을 주는 문장을 읽으면서 부정적인 암시를 단호히 거부하라. 그렇게 하면 모든 파괴적인 생각에 대응할 수 있을 것이다.

타인의 파괴적이고 부정적인 암시에 영향을 받을 필요는 없다. 과거를 되돌아보면 부모님, 친구, 친척, 교사 혹은 종교인들이 나에게 부정적인 암시를 얼마나 많이 줬는지 깨닫게 된다. 이는 나를 통제하거나 두려움을 심어주기 위한 목적이다. 다른 사람이 원하는 대로 생각하고 느끼고 행동하고 그들만이 원하는 길을 가게 만들기 위해 암시했다는 걸 깨닫게 된다.

나는 다른 사람의 꼭두각시가 아니다. 내가 갈 길은 내가 선택할 수 있기에 온전함과 자유에 이를 수 있는 길을 선택해야 한다. 그 길을 걸어가는 힘은 내 안에 있다. 현재의식에서 진실이라고 결론 내린 건 무엇이든 잠재의식에서 경험하게 되므로 무한한 지성이 나를 인도하고 있다고 믿어라. 옳은 행동이 최고의 행동이고 신성한 법칙과 질서가 나의 삶을 지배하며 평화가 내 영혼을 가득 채운다는 것을 믿어라. 믿음을 창조하라는 것이 아니다. 신성한 법칙과 질서, 평화는 이미 내 안에 있기에 생기를 불어넣어 내 삶에서 강력하게 기능하도록 만들기만 하면 된다.

주체적으로 생각하라. 나는 내 감정을 조절하는 힘을 가지고 있다. 직장과 커리어에서 내 운명을 통제해야 하는 것은 상사나 동료가 아니라 바로 나다.

변하지 않는 진리를 현재의식이 받아들이면 잠재의식은 진리를 실현할 것이다. 목표를 향한 여정에서 장애물을 만나지 않을 것이며 커리어는 내가 선택한 방향으로만 움직일 것이다.

삶을 개선할 수 있다고 확신해야 한다. 확신이 지속되면 참인지 거짓인지 아니면 가치중립적인지와 관계없이 정신에 흡수된다. 반대 성격을 가진 확신이 기존 확신을 무력화하는 게 아니라면 확신은 조만간 형태를 갖춰 사실이나 모습, 원리, 상황 그리고 삶의 사건으로 발현될 것이다. 부정적인 신념을 긍정적인 신념으로 바꾸는 힘, 궁극적으로 삶을 더 나은 방향으로 바꾸는 자기 확신의 힘은 바로 나에게 있다.

편집자 아서 R. 펠 박사

차례

서문 잠재의식의 힘으로 성공을 확신하라   4

제1부   자기 확신의 힘으로 성공을 극대화하라

1   꿈을 목표로, 소망을 결심으로 만들어라   19
2   성공하고 싶다면 자존감부터 다져라   34
3   오늘보다 내일 더 긍정적인 사람이 되어라   49
4   인간관계를 결정하는 끌어당김의 법칙   63
5   세상은 열정적인 사람에게 길을 열어준다   78
6   실패는 성공이라는 게임을 계속하는 열쇠다   87
7   걱정은 마음속 그림자일 뿐이다   102
8   당신의 두려움에는 실체가 없다   116
9   내가 상상하는 모습이 내가 된다   129
10   습관이 나를 성공으로 이끈다   145

제 2 부 단단한 존재감으로 우뚝 서라

1 리더는 타고나는 게 아니라 길러지는 것이다 163
2 팀을 성공으로 이끌어라 180
3 감사를 잘 표현하는 것도 능력이다 195
4 소통 능력이 성공 여부를 판가름한다 210
5 까다로운 사람을 현명하게 상대하는 법 226
6 시간 관리는 더 많은 성취로 이어진다 242
7 설득력이 경쟁력이다 255
8 추앙하는 일을 찾고 발전시켜라 270

부록 사례로 검증받은 성공 확언 14개 286
저자·엮은이 소개 289

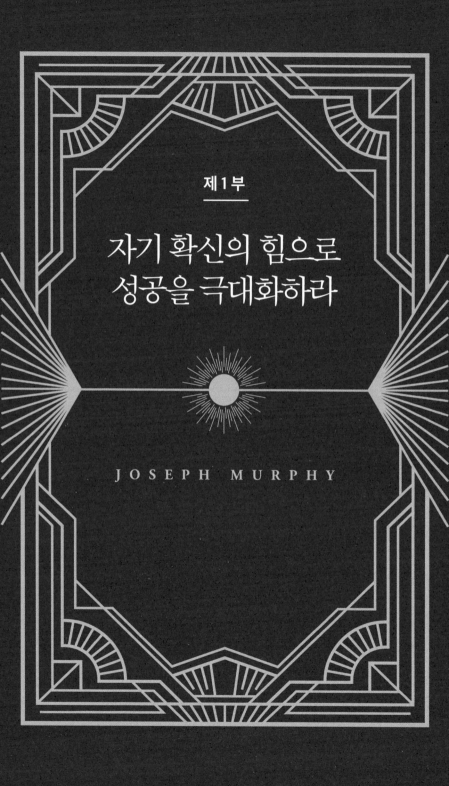

── 태어나서 위대한 사람도 있고, 노력해서 위대한 사람이 되는 사람도 있다. 그리고 위대함을 억지로 떠안은 사람도 있다.
- 셰익스피어, 《십이야》에서

성공을 억지로 떠안은 사람도 있지만, 대부분 성공하기 위해서는 몇 가지 단계를 반드시 따라야 한다. 하지만 안타깝게도 많은 사람은 내면의 힘을 알아차리지 못해 불행한 상황에서 갇히거나 성공의 사다리를 올라가지 못한다.

내 안에는 내가 사용하지 않는 잠재력이 숨 쉬고 있다. 잠들어 있는 잠재력을 내가 깨워주기만을 기다리고 있다. 자신감이나 자존감이 부족할 수도 있고, 끊임없는 걱정과 두려움에 사로잡혀 살아갈 수 있다. 커리어를 비롯해 인생의 여러 방면에서 예상치 못하거나 극복하기 어려워 보이는 장애물과 마주할지도 모른다. 우리 중 대부분은 비전 없는 일을 하거나 아침마다 간신히 일어나 불쾌한 근무 환경에서 보람 없는 일을 한다. 이 상황을 바꾸고 싶지만 바꿀 수 없다고 단정 짓는다.

하지만 인생을 변화시킬 수 있고 바꿀 수 있는 도구는 내 안에 존재한다. 내 안의 도구를 연마해서 사용하기만 하면 된다. 내면의 도구를 연마한다면 결실을 맺을 것이다.

이제부터 성공하기 위해 어떠한 자질이 필요한지 살펴보고 성공적인 커리어를 빠르게 구축할 수 있게 도와줄 잠재의식의 힘과 맞닿는 방법을 알아보자.

1
꿈을 목표로, 소망을 결심으로 만들어라

받기 위해서는 먼저 주어야 한다. 목표와 이상, 사업 등에 집중하면 잠재의식이 나를 지지해 줄 것이다.

성공한 사람들은 하나같이 목표를 가지고 시작한다. 목표를 세우고 달성하기 위해 노력하는 건 성공을 향한 긴 여정의 첫걸음이다. 목적지와 목적지에 도달하는 방법을 알면 시간과 에너지, 감정을 집중적으로 사용할 수 있고 올바른 길 위에서 시작할 수 있다.

배의 조정 키가 망가졌다고 치자. 배는 항구에 계속 정박해 있을 수도 있고, 연기를 내뿜으며 항해를 할 수도 있다. 하지만 우연히 항구를 발견하지 않는 이상 어떤 곳에도 도착하지 못한다. 안전해 보이는 곳에 잠시 배를 세울 수 있으나 화물을 내리기에는 사람이나 기후, 조건이 적합하지 않을 수 있다. 배는 화물을 적절하게 내릴 수 있고 싣고 온 화물이 필요에 맞게 사용될 수 있는 항구로 가야 한다. 햇빛 아래, 때론 바람과 폭풍, 안개를 뚫으며 항구를 향해 계속해서 항해해야 한다.

성공하고자 하는 사람도 마찬가지다. 인생의 바다에서 무작정 표류할 것이 아니라 내가 가고자 하는 항구만 보고 가라. 바다가 고요할 때도 풍랑이 몰아칠 때도 항로를 계속 유지해야 한다. 바람과 폭풍을 정면으로 뚫고 나아가야 할 때도 있을 것이다. '실망'이나 '반대'라는 안개가 껴 있을 때도 항로가 바뀌어선 안 된다.

모든 건 꿈에서 시작된다

꿈, 한마디로 미래에 대한 비전이 있는가? 그 꿈속에서 나는 부자인가? 유명하고 행복한가? 많은 사람이 그런 미래를 꿈꾼다. 하지만 대부분은 꿈에 불과하다.

성공한 사람에게도 그런 꿈이 있었다. 이 사람들은 꿈을 목표로 승화해 결국 현실로 만들었다. 그들의 꿈은 막연히 성공하겠다는 꿈이 아니라 구체적으로 성취하고자 하는 목표가 있는 꿈이었다. 예를 들어 에디슨은 전기로 밤을 밝히는 세상을 그렸고 조지 스티븐슨은 엔진으로 기차를 끄는 걸 꿈꿨다. 그 결과 무거운 짐을 등에 메고 옮기는 인간과 동물의 수고를 덜 수 있었다. 베토벤은 정신을 고양할 음악을 작곡하길 원했다. 이름을 떨치는 배우와 예술가, 음악가, 작가는 단순히 명성을 꿈꾸기보다 자신의 재능을 활용해 성공을 거두기를 소망했다.

꿈꾸는 것은 천재들에게만 국한되지 않는다. 예전부터 성공한 많은 사람은 한결같이 자신의 성공이 희망과 꿈에서부터 시작되었다고 말한다. 꿈에서 목표를 도출하고 어떻게 행동할지 계획을 세워 필연적으로 목표가 이뤄지도록 만들었다고 한다.

꿈꾸는 것은 젊은이들에 국한되지도 않는다. 새로운 꿈을 품고 목표를 세우는 데 늦은 때란 없다. 뒤늦은 나이에 꿈을 이룬 사람들의 성과는 놀랍기 그지없다. 벤저민 프랭클린은 50세가 넘어서 과학과 철학을 공부하기 시작했다. 존 밀턴이 서사시《실락원》을 완성하기 위해 책상 앞에 앉았을 때의 나이는 50세가 넘었고 이미 눈이 먼 상태였다.

시대의 편견과 선입견도 꿈을 막을 수는 없다. 많은 세월 동안 여성들은 할 수 있는 일에 사회적 제한을 받았다. 여성들은 소위 '여자가 하는 일'로만 여겨졌던 직업조차 가지기가 힘들었던 때가 있었다. 더욱이 그 밖의 일은 결단력과 용기가 없이는 시도하기 어려웠다.

일례로 프린스턴대 교수이자 영지주의와 초기 기독교를 주제로 베스트셀러를 저술한 일레인 페겔스가 있다. 그녀는 여성들이 제대로 된 직업을 가지는 걸 부정적으로 교육하던 시대에 태어났다. 하지만 자신이 좋아하는 일을 자유롭게 할 수 있고, 그 일을 하면서 생계를 유지할 수 있다는 걸 알게 되었다. 그러자 꿈은 목표로 변했다.

오늘날 대부분의 분야에서 성별의 장벽이 사라지는 중이다. 예를 들어, 미국 법학대학원과 의학전문대학원 학생의 절반 이상이 여자다.

1990년대와 2000년대 초 많은 미국 기업은 인건비가 매우 낮은 국가에 공장을 세우기 시작했고, 이로 인해 수천 명의 사람이 일자리를 잃었다. 은퇴한 사람들도, 구직을 포기한 사람들도 있었다. 어떤 사람들은 연금을 받아 생활했고 또 어떤 사람들은 어떤 사람들은 수년을 낙담하며 보냈다. 그러나 대다수는 자신의 내적 자원을 끌어모아 다른 분야의 직업 훈련을 받았다. 대부분 과거보다 낮은 임금을 받으며 재도전해야 했지만, 새로운 에너지와 열정으로 다시 한 번 성공의 사다리를 오르기 시작했다.

결단을 내릴 때 중요한 건 두뇌다. 목표를 이루는 데 그 무엇도 나를 방해할 수 없다는 확실한 믿음을 가진 사람, 이를 악물고 끈기 있게 노력하는 사람이 승리할 것이다. 꿈을 목표로 바꾸고 충분히 노력을 들인 자만이 목표를 달성할 수 있다.

삶을 더 편하고 풍요롭게 만들어주고 인간의 고된 수고를 덜어주며 외관을 아름답게 만든 발명은 한때 누군가의 꿈이었다. 우리는 꿈을 이룬 사람들에게 빚을 졌다.

꿈만 꾸는 것과 행동하는 것은 천지 차이다

안타깝게도 꿈을 꾸는 사람 중에는 꿈을 실현하지 못하고 몽상가로 남는 사람이 너무나 많다. 그들이 꾼 꿈은 여전히 꿈으로만 남아 있다. 하지만 꿈을 이루기 위해서는 꿈을 목표로 전환해야 한다. 그러면 꿈은 환상이 아니라 성공의 로드맵을 위한 목표가 된다. 꿈을 이루기 위해선 할 수 있는 모든 것을 하겠다는 결단력이 필요하다.

미국의 패션 디자이너 레이철 로이는 꿈을 목표로 바꾸어 성공한 여성 중 한 명이다. 레이철은 어린 시절 영화를 보고 패션을 향한 사랑을 키워나갔다. 영화 속에서 여성들이 입은 옷이 자신감과 성공의 기운을 불어넣어 주는 것 같았다. 그녀는 세련된 옷으로 자신뿐만 아니라 다른 여성에게도 긍정적 태도와 자신감을 심어줄 수 있으리라 생각했다.

레이철의 가족은 1년에 한 번 신학기를 준비하기 위해 쇼핑을 하러 갔다. 하지만 동네 가게에서 살 수 있는 옷은 스타일이 한정되어 있어 만족스럽지 않았다. 기회가 된다면 자신이 근사하고 모양새가 좋은 옷을 만들 수 있을 거라고 확신했다. 어머니는 레이철에게 바이어가 되면 그런 일을 할 수 있다고 말했다. 레이철은 꿈에 이름을 붙였다. '바이어.' 꿈이 목표로 변한 순간이었다. 레이철은 마음속으로 말했다. '그래, 패션 바이어가 되자.'

레이철이 졸업하고 처음으로 한 일은 상점 점원이었다. 그 후 그녀는 상점 매니저로 승진하여 퍼스널 쇼퍼와 의류 매장에서 스타일리스트로 일하다가 곧 패션 디자이너가 되어 회사의 상급 직책을 맡게 되었다.

레이철의 전 남편인 데이먼 대시는 당시 독자적인 라인을 런칭하고 싶어 했고, 레이철은 데이먼과 새로운 커리어를 시작하기 위해 다니고 있던 훌륭한 직장을 그만둘지 말지 결정해야 했다.

그녀는 다시 시작하기로 마음먹고 새로운 사업에 전념했다. 자신의 모든 역량을 발휘하며 사업에 기여할 수 있다면 모든 걸 했다. 사업의 여러 측면에 관심을 두고 참여했다. 자신을 대체 불가능한 존재로 만들고 싶었다.

약 6년 후 데이먼이 회사를 매각했을 때. 레이철은 자신의 새로운 라인을 런칭하려던 참이었다. 그러나 회사가 매각되자 자기 혼자서도 사업을 운영할 수 있다고 확신해 그녀 스스로 새로운 회사를 차렸다. 그녀의 디자인은 업계에서 호평을 받았으며, 오늘날 레이철 로이는 패션 업계에서 가장 뛰어난 디자이너로 손꼽힌다.

소망하는 자와 행동하는 자는 천지 차이다. 레이철 로이는 꿈을 꾸며 소원이 이루어지기를 바라는 사람 그 이상이었다. 그녀는 꿈을 목표로 바꾸고 그 목표를 이루기 위해 열심히 일했다.

소망이 결심이 될 때 잠재의식이 눈뜬다

잠재의식에는 꿈이 이루어지길 기대하고 포부를 실현해 현실이 되도록 믿게 만드는 힘이 있다.

미래에 아름다운 집에서 화목한 가정을 꾸리고 성공적인 커리어를 가지는 등 좋은 일만 생기고 번영하며 행복하리라고 기대하는 습관은 인생에서 가장 좋은 자본이다.

언제나 이상향을 표현하기 위해 노력한다면 잠재의식이 반응해서 삶에서 원하던 것들을 마련해 준다. 몸이 튼튼해지고 성격이 고귀해지며 성공하게 된다. 이러한 결과를 가능한 한 생생하게 실현하기 위해 최선을 다한다면 그렇지 않은 경우보다 꿈을 이룰 확률이 높다.

소망이 결심으로 변할 때 잠재의식은 일을 시작한다. 소망이 꿈을 이루겠다는 단호한 결심과 맞물릴 때 창조력이 깨어나는 것이다. 바라고 갈망하고 노력해야만 결과물을 도출할 수 있다.

특정한 방법으로 나를 발전시키고 싶다면 나에게 있었으면 하는 자질을 최대한 생생하고 집요하게 마음속에서 그려라. 최고로 이상적인 포부를 품어야 한다. 목표가 이루어지는 기운을 느낄 때까지, 또는 목표가 이루어질 때까지 쉬지 않고 마음속에서 이미지를 그려야 한다. 나는 이기고 정복하고 승리하는 삶을 살기 위해 태어났다. 그러므로 일이나 대인관계 등 삶의 여러 방면에서 성공을 거두어야 한다.

잠재의식에 명확한 지시를 내릴수록 잠재의식은 더 많은 도움을 준다. 선원들이 갑판 위 선장의 명령을 따라 엔진을 조작하고 선박을 조종하는 것처럼 마음은 나의 명령에 반응한다. 선장이 명료하고 확실하게 명령을 내린다면, 선원들은 선장이 원하는 대로 배의 방향을 바꾸거나 속도를 높일 것이다. 하지만 선장으로서 자신이 원하는 것을 확실히 모른다면, 함선은 계획 없이 바다를 표류할 것이다. 잠재의식도 마찬가지다. 잠재의식에 불분명한 메시지를 보내면 목적지 없이 이곳저곳을 떠돌 것이다.

그러므로 잠재의식에 원하는 걸 정확히 말해야 한다. 명확한 지시를 내려 목표를 달성하는 데 도움이 되도록 해야 한다. 진정한 소망이 무엇인지 알게 되면 잠재의식은 어김없이 그 소망을 향해 나아간다. 단 진정으로 열렬하게 원하는 것이 무엇인지 알고 흔들리지 않아야 한다. 그러면 모순되고 상반된 소원들과 마음속을 스쳐 지나가는 공상들이 아무런 위력도 발휘하지 못할 것이다. 이러한 방식을 따를 때 우리는 긍정적으로 사고하며 목표를 이룰 수 있다.

생각은 비슷한 생각을 끌어당긴다

성공은 마음에서 시작된다. 정신적인 태도가 목표와 반하는데 어떻게 목표를 달성하겠는가. 한 가지 일을 하면서 다른 것을 기대하는 건 최악이다. 왜냐하면 모든 것은 먼저 마음속에서 창조된 후 정신적 패턴으로 발전하기 때문이다.

정말 가난하게 살리라고 예상하거나 경제적으로 풍족하지 못할 것이라고 어림잡거나 지금처럼 돈이 없으리라 생각한다면 번영할 수 없다. 우리는 기대하는 것을 얻는 경향이 있기에 아무것도 기대하지 않는다면 아무것도 얻지 못한다.

당신이 지금 밟고 있는 과정이 실패할 거라고 생각한다면 어떻게 목표에 도달할 수 있겠는가? 방향이 올바르지 않거나 전망이 암울하다거나 가망이 없을 것이라고 생각하면 아무리 애를 써도 노력은 물거품으로 돌아간다.

생각은 자석 같아서 자신과 비슷한 성질의 것을 끌어들인다. 만약 마음이 가난과 질병에 머물러 있다면 가난해지고 병에 걸리게 된다. 마음가짐은 일종의 패턴으로 삶에 녹아 있기에 마음속에 품은 생각과 정반대의 결과가 나올 이유가 없다. 같은 원리로 목표는 먼저 마음속에서 성취해야 달성할 수 있다.

실패하리라는 공포와 목표에 대한 두려움, 창피를 당할지도 모른다는 걱정 때문에 많은 사람은 자신이 정말로 원하는 것을 얻지 못한다. 이러한 생각은 활력을 저하시키고 능력을 마비시킨다. 걱정과 불안에 휩싸이면 성공하는 데 필요한 창의적인 활동을 할 수 없게 된다.

낙관적으로 생각하라. 모든 걸 건설적으로 바라보는 습관을 들여라. 희망적으로 믿음과 확신을 가지고 바라보라. 의심과 불확실성을 가지고 삶을 바라보는 것을 자제하라. 가장 좋은 일이 일어나고 정의가 승리할 거라 생각하는 습관을 들여라. 진리가 오류를 이기고 조화와 건강을 실제로 누리고 있으며 불화와 질병이 일시적으로 사라질 수 있다는 믿음을 가져라. 이게 바로 궁극적으로 세상을 바꿀 낙관주의자의 태도다.

자신을 분석해 적성을 찾아라

세상에서 나를 성공 가도에 올려놓을 수 있는 사람은 나뿐이다. 그러므로 목표를 세우고 여정을 시작하기 전에 나 자신을 평가해야 한다. 마음속 깊은 곳을 탐색해 보자. 인생에서 무엇을 원하는지 잠재의식에 묻고 목표에 도달하는 데 필요한 자산을 잠재의식에서 끌어내라.

일단 현실적인 목표를 세워야 한다. 바람직해 보이는 목표를 설정하고 싶어도 목표를 달성하는 데 필요한 능력이 없을 수도 있다. 영화배우나 오페라 가수가 되고 싶어도 필요한 재능을 가지고 있지 않을 수도 있다. 내가 원하는 직업이 시도하기 불가능한 분야일 수도 있다. 반면 나도 모르는 적성과 능력을 찾기도 한다. 적성을 찾고 능력을 가꾸다 보면 이러한 노력이 높은 수입으로 이어지기도 한다.

그럼 어떻게 적성을 알 수 있을까? 내면을 깊숙이 들여다보아야 한다. 조심스럽게 찬찬히 살펴보면 답을 얻을 수 있다. 우리 대부분은 이미 자신이 무엇을 할 수 있고 할 수 없는지, 무엇을 좋아하고 좋아하지 않는지를 알고 있다. 한눈에 보이지는 않겠지만 내면을 성찰하고 나 자신에 관해 깊이 생각해 보면 답이 나온다.

미국 TV 드라마 〈그레이 아나토미〉와 〈프라이빗 프랙티스〉의 제작자이자 총괄 프로듀서인 숀다 라임스는 어렸을 때부터 자신이 작가가 되어 글을 쓰는 일을 하리라고 예상했다. 그녀는 글자를 쓰는 법을 몰랐을 때마저도 이야기를 지어낸 후 카세트테이프에 녹음했다. 어머니는 딸에게 녹음한 내용을 옮겨 적는 걸 권유했다. 그렇게 숀다는 이야기를 글이라는 실체로 만들었다.

적성을 알려면 전공, 과거의 경험, 취미, 관심사를 체계적으로 분석하면 된다. 어떤 일을 했을 때 성공하고 만족과 기쁨을 얻었는지 살펴보라. 이는 나중에 성공할 분야를 알려주는 지표다. 하지만 여기서 멈춰서는 안 된다.

성공한 사람은 경력을 막 쌓기 시작했을 때 어떤 '자원'을 끌어올 수 있는지 배운다. 내가 가지고 있는 자산과 자원의 '재고 목록'을 만들어라. 지금까지 성취한 일만 바라보지 말고 앞으로 성취할 수 있는 일이 무엇인지 생각해 보아야 한다. 대다수의 젊은이는 어떤 정신적 능력을 갖추고 있는지 알지 못한 채 경력을 쌓기 시작하고 시간이 지나고서야 자신의 능력을 발견한다.

대부분의 사람은 살아가면서 자신이 가진 능력의 1퍼센트 미만만 발견한다고 한다. 낮은 임금을 받고 높은 지위에 오르지 못하며 평범하고 지루한 일상을 느릿느릿 살아간다. 하지만 자원이 없는 사람은 없다. 자신이 어떤 자원을 가진지 알기만 한다면 더 높은 위치에 오를 수 있다. 반면 내가 가진 자원이 무엇인지 모르는 사람들은 스스로에게 걸맞지 않은 야망을 품는다. 자신을 한 단계 업그레이드해 줄 환경을 찾지도 않고, 내 안에 숨 쉬는 위대한 힘에 불을 붙여줄 일을 하지도 않는다.

나에게 어떤 잠재력이 숨어 있는지 알아보는 방법은 학교 교육과 여태까지 해왔던 직업이나, 참여했던 활동을 나열하는 것이다. 그런 다음 가장 즐겁고 만족스러웠던 활동과 가장 싫어했던 일을 떠올려보라.

스물다섯 살의 대학 졸업생인 조시는 보험회사에서 보험금 손해사정사로 일했다. 하지만 직업이 마음에 들지 않았다. 경영학 전공자로서 경영진이 될 수 있으리라는 생각에 입사했는데 만년 손해사정사를 벗어나지 못했던 것이다. 자신이 해온 모든 활동을 나열해 보니 지금 하는 종류의 일을 좋아하지 않는다는 걸 깨달았지만 그의 상사와 상사의 상사마저 대부분의 시간을 자신과 비슷한 일을 하며 보내고 있었다.

그는 보험 가입자를 상대하고 면담하며 보험금 청구를 심사하는 일을 했을 때 가장 즐거웠다는 걸 깨달았다. 학창 시절과 지역사회 그룹에서 했던 프로젝트를 떠올려 보니 사람을 대하는 일이 가장 보람 있다는 걸 알게 되었다. 조시는 회사 인사과에 면담을 신청해 자신은 사람을 상대하는 활동을 더 좋아한다고 말했고, 인사과는 영업 사원으로 일한다면 자신만의 틈새 시장을 찾아 성공할 수 있지 않겠냐고 제안했다. 지금 조시는 영업 부서로 옮긴 후 자신이 맡은 일을 즐기며 성공적인 커리어를 향해 나아가고 있다.

목표는 하나여야 한다

성공한 사람들은 자신의 목표에 전적으로 헌신해야 한다고 굳게 믿는다. 그런 결심에는 엄청난 힘이 깃들어 있기에 의구심이 들어설 자리가 없다. 뚜렷한 목적의식과 끈기는 길에 놓인 모든 장애물을 치운다. 얼마나 오랜 기간이 걸리든, 어떤 희생이나 대가를 치르든 오로지 목표에만 집중하게 한다.

성공을 위해선 마음의 모든 능력을 하나의 확고한 목표에만 집중해야 한다. 승리가 아니면 죽음을 달라는 자세로 목적의식과 근성을 가져야 한다. 유혹이 될 만한 것들은 모두 자제해야 한다.

재능이 한 가지만 있어도 확실한 하나의 목표가 있는 사람은 열 가지 재능이 있지만 에너지를 이곳저곳에 쏟으며 어떻게 하면 좋을지 모르는 사람보다 크게 성공한다. 자신의 힘을 한 가지 일에 집중하면 아무리 나약한 생명체라도 무언가를 성취할 수 있는 한편, 아무리 강한 생명체라도 에너지를 여러 일에 분산시키면 아무것도 이루지 못한다.

양질의 화약은 그 양이 아주 적을지라도 정제되지 않은 화약 한 줌보다 더 큰 폭발력을 발휘한다. 또한 화약의 방향을 잡아주는 총열이 없다면 아무리 좋은 총일지라도 제 역할을 하지 못할 것이다.

마찬가지로 하나의 목표만 보고 달려가는 사람이 승리한다. 성공한 사람들은 목표를 이루기 위해 계획표를 따른다. 목표를 이루기 위한 과정을 계획하고 실행하며 세운 계획을 고수한다. 자신의 목표로 곧장 나아가는 것이다. 가는 길에 장애물을 마주해도 이 길로 향했다가 저 길로 향했다가 하지 않는다. 장애물을 뛰어넘지 못한다면 장애물과 직면한다. 한 가지 목표에 집중하면서 자신의 능력을 꾸준하게 사용한다면 힘과 능력이 길러지지만, 목표나 목적 없이 사용한다면 그 능력은 약해지고 말 것이다. 확실한 목적이 있어야 마음을 한 군데에 집중할 수 있다. 목적이 없으면 마치 무게 중심을 잡아주는 휠 밸런스 같은 장치가 없는 기계처럼 제대로 작동하기 어렵다.

조셉 머피의 미라클 노트

성공의 첫걸음은 합리적이고 달성 가능한 목표를 세우는 것이다. 이는 직업뿐만 아니라 삶의 여러 방면에서 적용되는 이야기다. 잠재의식에 씨앗을 심어야 잠재의식이 목표를 받아들이고 구현할 수 있다. 잠재의식에 씨앗을 심는 일곱 가지 단계는 다음과 같다.

1. 목표를 명확히 밝혀라.
성취하고자 하는 바를 명확하게 표현하라. 목표는 구체적이고 확고해야 한다. 예를 들어 "회사에서 최고의 영업 사원이 되는 게 제 목표입니다"라는 말은 좋게 들리지만, 좀 더 구체적으로 말하는 게 좋다. "저의 목표는 다음 회계 연도에 ○○달러 판매량에 도달하는 것이며, 향후 3년 동안 매년 10퍼센트씩 판매량을 올리는 것입니다"라고 말이다. 이제 목표를 세웠으니 잠재의식은 그 수치에 도달할 수 있도록 노력을 집중시킬 것이다.

2. 영감을 줄 수 있는 목표를 세워라.
너무 쉽게 달성할 수 있는 목표를 설정하면 최소한의 일만 하려고 하므로 더 이상의 동기부여가 되지 않는다. 나에게 영감을 주고 앞으로도 계속 나아갈 수 있는 목표를 설정한 후 목표 달성을 위해 더 열심히 노력하라. 목표를 달성하는 사람들은 계속해서 발전하고 성장할 수 있는 다른 목표를 세운다.

3. 측정 가능한 목표를 세워라.
언제나 목표를 정량화하는 것은 불가능하다. 하지만 재정 목표 등 수치로 측정할 수 있는 목표도 있다. 월, 분기 또는 연도별로 달성하고자 하는 매출을 제품 단위 수나 금액으로 설정할 수 있다. 생산 목표를 금액별로 정하는 것도 가능하다. 숫자로 표현할 수 없는 무형의 목표까지도 측정이 되는 단위로 바꾸어야 한다. 제일 중요한 목표를 작은 단위로 쪼개 각각의 일정표를 만들고 목표 달성 일자를 설정하라. 이런 방법으로 각 세부 목표에 얼마나 가까워졌는지 측정하고 시기적절하게 목표를 달성할 수 있도록 활동을 세세하게 조정해야 한다.

4. 목표는 행동으로 옮길 수 있어야 한다.
목표가 정해져 있는데 행동하지 않는다면 목표는 꿈 그 이상도 그 이하도 아니다. 여기서 행동은 정신적·신체적·정서적 활동을 의미한다. 정신적으로는 시간이 날 때마다 목표를 실현하기 위해 어떤 행동을 취해야 하는지 고민해야 한다. 잠재의식은 생각을 행동으로 전환하는 걸 도울 것이다.

5. 목표를 글로 적어라.
바쁜 일상에서 목표를 잊거나 목표와 멀어지지 않는 한 가지 방법은 목표를 글로 적는 것이다. 장기적으로 달성하고자 하는 목표의 목록을 만들고, 중기와 단기 목표로 나누어라. 큰 글씨로 써서 매일 볼 수 있는 곳에 올려두자. 책상 위, 냉장고, 거울 등 잘 보이는 곳이라면 어디든 좋다. 목표를 읽고 외우고 다시 읽고 매일 자기 자신에게 물어보라. "이 목표를 달성하기 위해 나는 무엇을 하고 있는가?"

6. 다른 사람에게 목표를 알려라.
새해를 맞아 세운 목표를 반드시 달성할 수 있는 또 다른 방법은 누군가에게 나의 목표에 관해 이야기하는 것이다. 내가 존경하거나 나의 말에 귀를 기울여 주는 사람이면 좋다. '익명의 알코올 중독자들'이라는 모임을 만든 빌 윌슨은 참가자들이 자신의 목표를 다른 사람과 공유하는 게 술을 끊는 데 아주 큰 도움이 된다고 밝혔다. 체중 감량 프로그램을 제공하는 회사 웨이트워처스의 창립자 진 니데치도 의견을 같이했다.

7. 목표는 유연해야 한다.
상황이 바뀌거나 이전에 설정한 목표가 더 이상 적절하지 않을 때가 있다. 창업하는 데 경제적 여건이 뒷받침되지 않을 수도 있고, 기술이 발전하여 목표가 무산되었을 수도 있다. 아니면 조사 단계에서 생긴 착오로 목표를 달성하기 어려울 수도 있다. 하지만 그렇다고 해서 반드시 목표를 포기해야 하는 것은 아니다. 새롭게 생각하거나 더 많은 탐구를 해야 할 경우도 있다. 이러한 상황에 직면한 경우 무슨 일이 일어났는지 검토하고 필요한 조치를 취하라.

2
성공하고 싶다면
자존감부터 다져라

자신을 실패자라고 생각하고 상상하면 실패할 것이다. 성공을 생각하라. 나는 성공하고 이기기 위해 이 세상에 왔다. 성공하고 행복하며 자유로운 모습을 상상해 보면 정말 그렇게 될 것이다. 내가 현재의식에서 생각하고 느끼는 건 잠재의식에 새겨져 경험으로 발현된다. 이것이 마음의 법칙이다. 마음의 법칙은 불변하고, 시대를 초월하며, 한결같다. 확신을 가지면 모든 장애물을 이겨낼 수 있다.

커리어나 사업에서 성공하는 사람이 있는 반면 실패하는 사람도 많다. 성공하고 실패하는 이유는 무수하다. 오랜 세월 동안 부유하고 가난한 사람들, 유명하고 평범한 사람들을 만나본 결과 자기 자신을 어떻게 느끼는지가 성공 또는 실패를 예측하는 가장 중요한 요소라는 걸 알게 되었다. 자신을 진정으로 사랑하는 사람들과 자신이 가치 있다고 느끼는 사람들은 자신을 사랑하지 않는 사람들보다 성공을 거둘 확률이 훨씬 높다.

성공한 사람들은 가졌지만 다른 사람들이 가지지 못한 것은 무엇일까? 바로 자존감 또는 자신감이다. 성공한 사람들은 내면의 힘을 믿는다.

성공은 의지가 아닌 자존감의 문제다

'자기 자신을 좋게 느끼는 것.' 자존감을 가장 잘 정의한 문장이다. 자존감이 높은 사람들은 자신이 하는 대부분의 일에서 성공할 가능성이 크다고 믿는다. 그들은 자기 자신을 존중하는 동시에 다른 사람들이 자신을 존중한다는 걸 알고 있다. 그렇다고 해서 이들이 매사에 낙천적이고 활기차며 언제나 얼굴에 미소를 짓고 있다는 건 아니다. 평범한 사람들처럼 기분이 안 좋은 날도 있고 일이 자꾸 꼬이는 날도 있다. 그러나 자존감이 높은 사람들은 이런 상황을 받아들이고 절대 압도되지 않는다.

자존감은 자신감을 구성하는 한 부분이다. 내가 내린 결정이 좋다고 믿기 전에, 먼저 나 자신을 믿고 진정으로 나는 가치 있는 사람이라고 믿어야 한다. 자존감이 없다면 어떻게 내가 결정이 가치 있다고 자신할 수 있겠는가?

그렇다면 왜 사람들은 자신감이 부족한 걸까? 한 가지 일반적인 이유를 들자면, 유년 시절에 실패한 경험이 있어 그와 비슷한 일이 다시 일어날까 두렵기 때문이다. 또 다른 이유는 다른 사람들에게서 비롯된다. 선생님들이나 부모들은 학생이나 자녀가 자신이 원하는 학업 성적을 올리지 못하면 열등감을 느끼게 만든다.

성공을 맛본 사람도 실패가 뒤따를 때가 있지만 모든 것은 마음먹기에 달려 있다. 실패하리라는 생각이 마음을 지배하면 자신감이 부족해지고 모든 일이 잘 풀리지 않는다. 자기 자신에 대한 인식과 느낌을 바꾸는 열쇠는 잠재의식에 있기에 자신감을 키우려면 잠재의식에서 출발해야 한다. 잠재의식에 도달하는 유일한 방법은 현재의식을 통하는 것이다. 현재의식을 지배하는 생각이 잠재의식을 통제한다. 잠재의식은 두 가지 모순되는 명제 중 더 강력한 것을 받아들인다. "자신감이 넘쳤으면 좋겠지만 자신감을 높이는 건 불가능해. 그렇게 열심히 노력하고 기도하고 모든 의지력을 사용했는데도 말이야"라고 말하지 않았는가? 부정적인 생각을 고치지 않는다면 아무리 노력해도 소용이 없다.

어떤 사람들은 '의지력'을 발휘해서 방법을 바꾸려고 한다. 하지만 의지력을 써서 잠재의식이 생각을 받아들이도록 강요해서는 안 된다. 이런 시도는 실패할 수밖에 없으며 기대했던 것과는 정반대의 결과를 가져온다. 왜 그럴까?

의지력은 너무나 공공연한 시도다. 의지력에 집중하면 잠재의식에서는 내가 극복하려는 행동이 강화되기만 한다. 예를 들어 흡연자가 의지력을 이용하여 담배를 끊으려고 한다고 치자. "나는 담배를 피우지 않을 거야"라고 계속 되뇌면 잠재의식은 담배를 피우는 행위에 초점을 맞춘다. 반면 깨끗하고 신선한 공기를 마시는 등 금연의 이점을 누리고 자유로움과 즐거움에 집중한다면 잠재의식은 이에 반응한다.

부정적인 생각을 긍정적인 생각으로 대치하면 잠재의식 속에서 긍정적인 생각만이 오롯이 남는다. 의지력은 부정적인 생각을 강화하기만 하므로 자신이 원하는 최고의 결과를 얻으려면 잠재의식에서 부정적인 생각부터 최우선적으로 제거해야 한다.

실패했다고 실패자는 아니다

　나를 지배하는 건 나에 대한 평가와 청사진 그리고 믿음이다. 그러나 중요한 건 나에 대한 다른 사람의 믿음이 아니다. 누군가가 "당신은 실패했습니다. 아무것도 못 이룰 거예요"라고 말한다면 어떻게 하겠는가? "다른 사람이 나에 대해 말한 것은 나에게 아무런 영향도 주지 못합니다. 나는 이기고 성공하기 위해 태어났습니다. 나는 반드시 성공합니다. 나만의 방법으로 비범하게 성공할 것입니다"라고 나 자신에게 말하면서 그의 의견에 반박해 보자.

　실패하리라는 말은 잠재의식의 힘에 대한 나의 믿음을 굳힐 뿐 실패를 초래하지는 않는다. 이는 자신의 실패를 남의 탓으로 돌리지 말라는 뜻도 된다. 상황이나 조건을 탓하지 마라. 성공한 사람들은 열악한 상황을 극복하기 위해 노력한다. 물론 실패할 수도 있다. 하지만 그렇다고 내가 실패자라는 뜻은 아니다. 나는 실패를 뒤집고 성공으로 나아갈 수 있는 창조력을 가지고 있다. 타인은 나를 통제할 수 없다. 다른 사람이 나를 조종하는 건 내가 허락하지 않는 한 불가능하다.

　성공할 때마다 자존감은 커진다. 잠재의식에는 힘이 있으며 그 힘이 나와 함께한다는 걸 믿는다면, 또 행동으로 잠재의식의 힘을 증명했다면 실패를 마주할 때마다 도리어 자존감은 높아질 것이다.

　생각이 나를 만들고 마음속에서 그린 나에 대한 이미지가 곧 내가 된다. 자존감과 자신감은 자신에 대한 이미지를 거울처럼 비춘다. 긍정적인 자아상을 강력하게 유지한다면 행복하고 성공한 사람이 될 것이다. 아무리 어려운 장애물일지라도 뛰어넘을 수 있고 스스로 설정한 목표를 달성할 수 있는 사람이 될 것이다.

가장 필요한 것은 당신과 당신이 하는 일 그리고 궁극적인 운명을 믿는 것이다. 나에게 진정한 자아가 있으며 모든 것이 가능하다는 믿음이 동반될 때 자립심과 자신감이 가장 크게 표출된다.

지금 내가 가지고 싶은 것을 모두 가질 수 있다고 믿어라. 믿는 대로 이루어진다. "맞는지 확인한 다음 행하라"라는 말이 있다. 그 어떤 것도 마음을 움직이거나 신념을 흔들지 못하게 하고 이런 태도가 마음가짐의 일부가 되게 하라. 믿는 대로 이루어진다는 태도를 가진다면 나는 인생에서 성공할 수 있고 앞으로 나아갈 수 있다.

긍정적인 내 인생의 대본을 써라

심리학자들은 우리 모두가 자기 인생의 대본을 쓰고 있다고 말한다. 긍정적인 인생의 대본을 쓰는 사람도 있고 부정적인 인생의 대본을 쓰는 사람도 있다. 나 자신을 행복한 모습으로 그리는 사람도 있고 곤경에 처한 모습으로 그리는 사람도 있다. 긍정적인 태도와 자존감이 반영되는 대본도 있고 부정적인 태도와 자기혐오가 서려 있는 대본도 있다. 커리어 초기에 실패를 경험한 사람들은 자존감과 자신감이 떨어지기 마련이다. 인생 초반에 실패를 겪은 사람은 실패했던 경험이 남들보다 크게 와닿기에 무의식적으로 실패하는 인생의 대본을 쓴다. 그래서 믿음을 새롭게 하지 않는 이상 다시 실패하게 된다.

실패하는 대본을 썼다면 실패가 내 생각과 행동을 지배할 것이다. 항상 자신을 실패자로 간주한다면 실패자로 살아갈 수밖에 없을 것이다. 대본을 다시 쓰지 않으면 평생 실패하고 불행을 겪게 된다.

성공한 사람 대부분은 성공하는 유전자를 타고 나서 성공하는 게 아니다. 위인들의 삶에는 빈곤과 우울증을 극복하고 목표를 이루기 위해 장애물을 뛰어넘었다는 이야기가 빠지지 않는다.

그들은 정신적 대본을 다시 써서 부정적인 자아상을 긍정적인 자아상으로 모두 바꾸었다. 그런 다음 마음을 굳게 먹고 목표를 이루기 위해 헌신하며 노력했다. 그러다 보니 자신이 쓴 대본대로 성공을 거두기 시작했다.

프레더릭 더글러스보다 더 낮은 위치에서 출발한 사람은 없을 것이다. 그는 목화 농장에서 노예로 태어났다. 자기 발전이나 자기 개발을 할 수 없는 절망적인 상황이었고 도와줄 사람이 아무도 없었다. 그는 주변을 바라보면서 자신이 노예라는 사실을 다시 한 번 확인했다. 허망했다.

"나는 목화 농장의 노예일 뿐이야. 아무리 큰 포부를 품어봤자, 이 상황에서 벗어나려고 발버둥을 쳐봤자 아무런 희망도 없어. 나는 노예로 태어났잖아. 어머니 아버지도, 할머니 할아버지도 모두 노예인걸. 교육을 받거나 플랜테이션 농장 밖으로 나가서 새로운 삶을 살 기회는 없어."

만약 이렇게 생각했다면 세상에 이름을 떨칠 수 있었을까? 당연히 그러지 못했을 것이다. 수백만 명의 다른 노예들처럼 살다가 세상을 떠났을 것이다. 하지만 그는 승리하고자 하는 의지가 있었다. "못 해. 못 할 거야"라고 말하는 대신 "할 수 있어. 열심히 해서 이 상태를 벗어날 거야"라고 말했다.

그는 자신을 위해 대본을 썼다. 모든 인간 안에 살아 숨 쉬는 신비한 힘에 기댔다. 그 힘은 언제나 부름에 응답한다는 것을 알았다. 자유와 교육이라는, 극복할 수 없는 것처럼 보이던 장애물을 뛰어넘었다. 그는 울타리에 걸린 포스터, 인쇄된 종잇조각, 플랜테이션 농장에서 주운 오래된 연감을 보면서 알파벳을 익혔다. 글자를 읽는 법을 배우기 전까지는 책을 한 번도 본 적이 없었다.

이런 척박한 환경에서 그는 작은 것부터 실천해 나갔다. 그렇게 노예였던 소년은 자유를 쟁취하고 교육을 받을 수 있었다. 노예라는 신분제를 극복한 위인으로 전 세계적인 명성을 얻었고 노예제 폐지에 일생을 바쳤다. 그의 업적을 눈여겨본 미국 대통령은 그를 아이티 주재 대사에 임명했다.

인생의 수렁에 나 자신을 가두려 하는 대본을 충분히 다시 쓸 수 있다. 헌신과 끝없는 노력이 필요하지만 수렁에서 벗어나고 싶다면 반드시 대본을 다시 써야 한다.

대본을 다시 쓰기 위해서는 따라야 할 몇 가지 단계가 있다.

1. 나 자신을 사랑하라. 내가 나를 진정으로 존중하지 않는 한 다른 사람도 나를 사랑하고 존중하지 않는다.

2. 나 자신을 믿어라. 인생에서 결정을 내릴 때 주저하지 마라. 목표를 설정하고 성공을 확신하는 경우, 결정을 내리는 걸 두려워할 필요가 없다. 목표를 달성하는 데 도움이 되리란 걸 알기 때문이다.

3. 긍정적인 부분을 강조하라. 물론 실패도 따를 것이다. 하지만 실패했다고 너무 낙심해서는 안 된다. 매일 성취하는 것들에 집중하면 성공의 대본은 강력해진다. 자존감은 낮아지기 쉬우므로 끊임없이 자존감을 높이고 강화해야 한다. 말과 행동, 태도, 경험을 통해 자존감을 높일 수 있다. 자존감을 유지하려는 끊임없는 노력도 필요하다.

4. 자신에게 많은 것을 요구하라. 소소한 성공을 거두면 축하해 주어야 한다. 하지만 현실에 안주하기에는 아직 이르다. 소소한 성공을 유인 동기로 삼아 더 큰 성과를 추구하라.

5. 프랑스 철학자 에밀 쿠에의 명언을 되뇌어 보라. "나는 날마다 모든 면에서 점점 더 나은 사람이 되고 있다."

자기 격려로 자존감의 씨앗을 뿌려라

자존감을 높여야 할 때가 있다. 운동 코치를 흉내 내보자. 팀이 뒤처지면 코치는 동기를 부여하기 위해 선수들에게 다가가 격려의 말을 건넨다. 코치는 적절한 말로 선수에게 열정과 자신감을 심어준다. 우승해야겠다는 마음을 먹게 할 뿐만 아니라 목표에 도달하기 위해 쏟아부은 헌신을 상기시켜 준다.

운동선수가 아닌 일반인들에게도 격려의 말이 필요하다. 삶에 대한 열정이 식을 때, 우울하거나 실패했을 때, 나에 대한 확신이 사라지고 믿음이 흔들릴 때 응원이 필요하지만 도움을 줄 코치는 없다.

그러니 나 스스로 코치가 되어야 한다. 마음속 대본을 바꾸려면 스스로에게 격려의 말을 건네야 한다. 지금 잘하고 있고 승리할 것이며 과거에 해냈듯이 미래에도 성공할 것이라고 격려하라. 나 자신에게 하는 격려의 말은 현재의식에 심는 자존감의 씨앗이다. 씨앗을 계속해서 심으면 잠재의식에 스며들어 행동의 뿌리가 된다.

이러한 자존감은 인생 내내 나를 따라다닌다. 젊은 시절에는 앞으로 나아가게 하고 중년에는 지탱해 주며 말년에는 나를 새롭게 한다.

내 인생 대본에 있는 부정적인 단어를 긍정적인 단어로 바꾸는 연습을 해야 한다. 절망 대신에 희망을, 실패 대신 성공의 말을 잠재의식에 새겨야 한다. 패배 대신 승리를, 걱정 대신 응원을, 무관심 대신 열정을, 증오 대신 사랑에 대한 말을 하라. 모든 부정적인 단어를 자존감을 높이는 단어로 대체하라. 밤이 지나면 낮이 오듯 자연스럽게 자존감과 자신감이 올라가 삶에 활력을 불어넣을 것이다.

장애물이 클수록 경험의 가치도 커진다

장애물을 마주했을 때 자칫하면 자신감이 흔들릴 수 있다. 계획이 틀어지거나 예상치 못한 장애물이 생기면 모든 것이 무너지는 것 같다. 이제 나에 대한 믿음을 새롭게 해야 할 때다. 지금이야말로 내가 갖고 있는 모든 자원을 꺼내 장애물을 마주하고 이겨내야 한다. 나는 성공할 것이고 자존감은 높아질 것이다.

높은 지위에 오른 경영인들은 일반적으로 방해물이 클수록 더 큰 자신감이 필요하며 추후 그 경험이 더 가치 있게 된다는 데 의견을 같이 한다. 비교적 어린 나이에 P&G의 최고경영자가 된 래플리는 일본에 대지진이 일어나고 아시아에 경제 위기가 닥쳤을 때 아시아 사업을 담당하고 있었다. 그는 자신에 대한 믿음을 잃지 않고 위기 상황에서 열 배 더 많이 배운다는 사실을 명심하며 어마어마한 장애물을 헤쳐나갔다.

제너럴 일렉트릭의 전 최고경영자 제프리 이멀트도 비슷한 위기에 놓였다. 1988년 수백만 대의 냉장고 컴프레서에 결함이 발견되자, 당시 최고경영자였던 잭 웰치는 제프리 이멀트에게 상황을 해결하라고 지시했다. 냉장고나 리콜 경험이 전혀 없었던 제프리는 눈앞이 깜깜했다. 당시 회사는 리콜 상태를 극복하기 어려운 장애물이라고 생각했다. 그는 훗날 "불가능해 보이는 일을 처리하는 능력에 대한 확신이 없었다면 오늘날 최고경영자 자리에 오르지 못했을 것"이라고 말했다.

큰 장애물을 뛰어넘은 다른 예는 시스코의 최고경영자 존 체임버스다. 그의 연설은 비즈니스 세계에서 역동적이고 전율을 선사하기로 유명하다. 너무 많은 연설문을 외워둬서 그런지 사전 준비 없이도 입에서 연설이 술술 나온다고 한다. 마이크를 잡을 때면 연단에서 내려와 청중과 계속해서 눈을 맞추면서 청중과의 심리적 거리를 좁힌다. 무대 위의 마법사인 그에게 깐깐한 경제 신문마저 '놀랍다'라는 찬사를 보낸다.

누구보다도 아이디어를 명료하게 전달하는 이 남자가 사실 자신감이 부족하여 청중들 앞에 서기 위해 장애물을 극복해야 했다는 걸 믿을 수 있겠는가?

그렇다면 어떤 계기로 자신감을 얻었을까? 챔버스는 어렸을 때 난독증을 이겨낸 경험을 살렸다. 청중 앞에서 이야기하기 위해 챔버스는 스파르타식으로 훈련했다. 상황을 불평하는 대신 그 상황을 통해 자신을 변화시킬 수 있는 도전으로 삼았다. 난독증 덕분에 나무보다 숲을 볼 수 있었는데, 청중들은 주로 '나무,' 즉 세부적인 이야기를 할 때 지루해했기 때문에 큰 도움이 되었다. 또한 난독증 때문에 중요한 내용을 외워야 했고 다른 사람들보다 더 성실하게 준비해야 했다.

그의 발표는 신선한 내용을 즉각적으로 소개한다는 점에서 다른 연설과는 차별성이 있다. 종이에 있는 글자를 있는 그대로 읽는 것과 자료를 암기하여 청중에게 생동감 있게 제시하는 건 천지 차이다. 존 체임버스는 어린 시절의 장애를 극복했을뿐더러 나아가 한 단계 더 도약했다. 난독증이 삶을 지배하도록 내버려 두지 않았고 자신감을 키우기 위해 열심히 노력했다. 그 결과 꿈을 가지고 제품 가치를 확신하며 자신이 말하고자 하는 내용을 명료하게 전달하는 비즈니스 리더로 성장했다. 모두가 보고 싶어 하는 '큰 그림'을 제시한 것이다.

자신을 벌주는 것을 멈춰라

마음속에서 무언가를 완전히 받아들이면 조건이나 상황, 외부의 힘과 관계없이 원하는 것을 무한대로 얻는 경험을 하게 될 것이다. 승진은 내 손에 있고 성공은 나의 몫이라고 되뇌어라. 올바르게 행동하고 부를 거머쥘 수 있다고 믿어라. 부는 나의 것이다. 이러한 진리를 마음속에 품으면 창의적인 매개체인 잠재의식에 자리를 잡고 인생에서 기적을 일으킬 것이다.

한 법무법인 비서가 목사에게 찾아와 불평했다.

"한숨 돌릴 시간도 없어요. 상사와 다른 직원들이 저를 못살게 굴거든요. 친척들은 평생 집에서 저를 막 대했습니다. 징크스가 따라다니는 게 틀림없습니다. 내가 좋은 사람이 아니라서 이런 일이 일어나는 걸 거예요. 콱 물에 빠져 죽어야겠어요."

목사는 이 여성을 정신적으로 괴롭히는 건 상사나 직장 동료가 아니라 바로 자기 자신이라고 설명했다. 스스로를 채찍질하고 연민의 눈길로 바라보다 보니 정말 자신이 초라해지고 벌을 받을 만한 일들이 외부에서 생겨났다. 내가 나에게 못되게 굴면 전 세계 어디를 가든지 나에게 못되게 구는 사람들만 만나게 될 것이다. 나 자신을 벌레라고 생각한다면 모두가 나를 밟아 죽이려 들 것이다. 다시 말해, 주변 사람들의 태도와 행동에 나의 내면의 상태가 반영된다

이러한 사실을 깨닫자 그녀는 자기 자신을 채찍질하는 걸 멈췄다. 일을 효율적으로 했다며 칭찬을 받고 연봉을 인상해 주겠다고 말하는 상사의 모습을 상상했다. 끊임없이 상사와 동료 모두에게 사랑과 선의를 전하면서 몇 주 동안 하루에도 여러 번 칭찬받는 장면을 그렸다. 그러자 정말 일을 잘했다고 상사에게 칭찬받았고 심지어 몇 달 후에는 관리직으로 승진되었다. 승진 소식을 듣고 그녀는 입을 다물지 못했다. 잠재의식이 기적을 일으켰다. 보물창고를 여는 열쇠를 발견한 것이다.

'못 해'를 '할 거야'로 대체하라

〈월간 애틀랜틱〉의 편집장이자 《질병의 해부학 Anatomy of an Illness》과 《인간의 선택 Human Options》의 저자 노먼 커즌스는 아직 손대지 않은 내면의 자원을 끌어다 쓴 대표적인 인물이다.

그는 목과 팔, 손, 손가락, 다리가 마비되는 병에 걸렸다. 병세가 심각해지자 병원에 입원했는데 의사는 자가 면역 질환의 일종인 결합조직병으로 진단 내렸다. 주치의는 상태가 심각하다며 완전히 회복할 수 있는 확률은 0.002퍼센트에 불과하다고 덧붙였다.

처음에 커즌스는 병원에서 치료를 받았다. 의사는 약물을 투여했고 예후 진단 검사를 하며 병을 추적했다. 하지만 병세는 나아지지 않았다.

커즌스는 운명을 받아들일 수 없었다. 그는 병을 고치는 치료제는 약물이 아닌 웃음과 자신감, 삶의 의지라고 믿었다. 그래서 긍정적인 감정을 느껴볼 방안을 마련한 다음. 간호사의 도움을 받으면서 사람들의 지지와 웃음, 가족들의 사랑을 바탕으로 병을 극복하려는 계획을 짰다.

그는 병원에서 퇴원해 호텔에 따로 방을 마련한 다음 간호사를 한 명을 두고 재미있는 영화와 텔레비전 프로그램을 시청했다. 처음 몇 달은 재미있는 프로그램을 보면서 10분 동안 배꼽 빠지게 웃으면 두세 시간 동안 고통 없이 잘 수 있었다.

한 주 두 주 지나면서 그는 튼튼해졌고 해를 거듭할수록 관절이 부드럽게 움직이기 시작했다. 살고자 하는 의지는 비범한 힘을 발휘한다. 나을 수 있다는 자신감이 잠자고 있던 내면의 힘을 깨운 것이다. 커즌스는 그 후 16년 이상 왕성한 활동을 하며 생산적인 삶을 살았다.

내가 잘하는 일을 칭찬하라

자신감은 모든 성취의 기본이다. 무언가를 할 수 있다는 확신에는 엄청난 힘이 있다. 자신의 능력을 굳게 믿는 사람은 자기가 있어야 할 자리에 있다고 생각한다. 자신의 능력을 의심하거나 미래를 두려워하지 않는다.

대부분은 지금 인생에서 큰 성공을 거두지 못했을지라도 자신이 맡은 일은 능숙하게 해낼 것이다. 부서에서 가장 성과가 좋은 직원이 아니더라도 맡은 업무를 수행할 만한 특별한 역량을 갖췄을 것이고 사람들에게 존중받을 것이다. 친구들만큼 운동에 뛰어난 소질은 없을지는 몰라도 멋진 미술 작품을 그렸을 수도 있고 이웃만큼 수입이 높지는 않아도 집안에 망가진 물건을 고치는 손재주를 타고났을 수도 있다.

  인간이라면 부족한 점을 걱정하기 마련이다. 이를 약점을 개선하려는 유인 동기로 활용하는 사람도 많지만 대부분은 열등감을 느낀다. 어떤 일에 소질이 없다고 축 처져 있지 말고 내가 잘하는 일에 찬사를 보내라. 그러면 자존감과 자신감이 높아져 노력을 기울이는 일마다 성공하고 내면의 성장이 일어날 것이다.

조셉 머피의 미라클 노트

- 스스로를 실패자라고 생각하고 상상하면 실패할 것이다. 성공을 생각하라. 성공의 가도를 달리고 있는 자신을 상상해 보라.
- 지금 하고 싶은 일을 할 수 있고 진심으로 되고 싶은 사람이 될 수 있으며 갖고 싶은 것을 가질 수 있다고 마음을 먹어라. 그럼 믿는 대로 이루어질 것이다.
- 성공하려면 부정적인 자아상을 버리고 긍정적인 자아상을 빚어야 한다. 자신을 사랑하고 존중하지 않으면 성공적인 자아상을 쌓을 수 없다.
- 나 자신에게 친절하게 대하라. 나를 나쁜 사람이라고 비하하거나 불쌍하게 여기면 안 된다. 성격이 나약하다든가 일을 비효율적으로 한다든가 몸이 아프다고 생각하지 말고, 나는 완벽하고 온전한 사람이라고 상상하라.
- 커리어를 발전시키는 도중 장애물을 맞닥뜨리는 건 당연하다. 절대 자신감을 잃지 마라. 성공으로 가는 길은 평탄하지 않다. 목표를 달성하려면 먼저 잠재의식을 적절한 상태로 준비해 놓아야 한다. 잠재의식의 힘을 이용하여 장벽을 무너뜨리고 목표를 성취하라.

3
오늘보다 내일 더 긍정적인 사람이 되어라

생명의 법칙은 곧 믿음의 법칙이다. 여기서 믿음이란 마음속 생각을 뜻한다. 나에게 해를 끼치거나 상처 주는 일이나 대상에 믿음을 두지 마라. 영감을 주고 몸과 마음을 튼튼하게 하며 삶을 번영으로 이끄는 잠재의식의 힘을 믿어라. 결국 믿는 대로 이루어진다.

부정적으로 생각하면 아무것도 성취할 수 없다. 부정적인 생각에는 생명력이 깃들어 있지 않기 때문에 상황의 악화나 파괴 및 죽음을 불러온다. 부정적인 생각은 성공의 가장 큰 적이다. 남을 깔보거나 힘들다는 말을 입에 달고 사는 사람들, 일이 잘 안 풀리고 몸이 아프고 돈이 없다고 불평하는 사람은 파괴적이고 부정적인 영향력을 끌어당겨 여태까지 한 모든 노력을 헛수고로 돌아가게 한다.

파괴적인 사고방식과 언어 습관을 가진 사람과 건설적인 사고는 멀어질 수밖에 없다. 부정적인 사고는 긍정적인 에너지와 주파수가 맞지 않아 긍정적인 사건이나 사람을 끌어당기지 못하기 때문이다. 부정적이고 파괴적인 분위기 속에서 창조의 원리는 살아남을 수가 없으며 목표는 갈수록 더 멀어진다. 그래서 부정적인 사람들은 항상 일이 잘 풀리지 않게 되고 하는 일마다 실패하게 된다. 확언을 해도 아무런 힘을 발휘하지 못한다. 망망대해에 표류하며 앞을 내다보지 못하는 상태에 놓이는 것이다.

부정적인 생각은 인생의 독이다

부정적인 생각에 빠져 있으면 가지고 있던 희망들이 사라진다. 인생에 독을 타는 꼴이다. 자신감이 추락하여 상황의 주인이 되기는커녕 상황의 피해자로 전락할 것이다. 이 일을 해낼 수 있다는 힘은 자신에 대한 믿음과 자신감에서 나온다. 어떤 일을 시작하려면 먼저 머릿속으로 할 수 있다고 생각해야 한다. 머릿속에서 그 일을 해보고 손에 익었다고 느끼기 전까지는 결코 숙달하지 못할 것이다. 내가 하고자 하는 일을 먼저 상상속으로 그려보지 않으면 실제로도 해낼 수 없다. 상상에서의 성취가 전제되어야 한다.

두려움과 실패하리라는 생각이 너무 많은 사람의 인생을 지배한다. 그래서 도전하지 않아도 되고 장래성도 없는 직업에 안주한다. 평범한 수입을 올리고 남들과 다를 바 없는 삶의 방식을 따르며 최소한으로 직업에 만족하면서 산다. 심지어 건설적이고 혁신적인 아이디어가 떠오를 때도 제안하는 걸 두려워한다. "무슨 소용이 있을까?"라며 고개를 내저으며 분명히 거절당하리라 생각한다.

긍정적인 태도를 가진 사람은 평범한 삶에 안주하지 않는다. 자신감을 두려움으로 대체한다면 커리어를 발전시킬 수 있을 것이다.

긍정적 태도가
인간관계의 문제를 풀 수 있다

다른 사람에 대해 악한 마음을 품고 있는가? 건전하지 않고 조화롭지 않으며 질병과 죽음에 관한 생각이 얼굴 즈음까지 올라왔다면 당장 "멈춰!"라고 말하라. 햇빛을 보라. 선을 행할 수 없다고 해서 세상에서 원한과 증오의 씨앗을 퍼뜨려서는 안 된다.

직장에서뿐만 아니라 평소에도 항상 친절하고 사랑스러우며 자애로운 생각을 품어야 한다. 넓은 아량으로 다른 사람을 품고 사랑으로 대하라. 다른 사람을 우울하게 하거나 방해하지 마라. 슬픔 대신 기쁨을, 그림자 대신 햇빛을, 좌절 대신 도움과 격려를 선사하라.

새 직장에 출근한 마리사는 그곳에서 자기 혼자 흑인이라는 사실을 알게 되었다. 동료들과 친해져 보려 해도 아무도 살갑게 대해주지 않았다. 그녀를 무시했을 뿐만 아니라 일부러 못살게 굴었다.

가장 먼저 든 생각은 인사과에 신고하는 것이었다. 고용 평등 기회 정책의 위반이라고 문제를 제기할까 생각했지만 많은 고민 끝에 자기 손으로 처리하기로 했다. 방어적인 자세를 취하면서 동료들과 맞서는 대신 긍정적인 접근 방식을 택했다. 원망스러운 감정을 몰아내고 동료들의 태도를 이해해 보려고 애썼다. 또한 어떻게 하면 동료들의 태도를 변화시킬 수 있을지 곰곰이 생각했다. 그래서 동료들의 업무 습관을 연구한 후 자신이 맡은 일과 관련한 전문 지식을 공유하기로 마음먹었다.

그 결과 마리사는 비교적 이른 시일 안에 문제를 해결할 수 있었다. 동료들은 마리사에게 친절하게 대하기 시작했고 그녀의 전문성을 인정했다. 마리사를 부서의 일원으로 받아들인 것이다.

무슨 일이 일어났느냐보다
생각이 중요하다

희망적인 태도보다 기분을 좋게 하는 습관은 없다. 일이 잘 풀리고 아프지 않으리라는 믿음, 성공하고 실패하지 않으리라는 믿음, 무슨 일이 일어나도 행복하리라는 믿음은 기분을 고양한다.

즐겁게 일하고 성공과 발전에 도움이 될 만한 관계를 구축하는 데 가장 도움이 되는 태도는 낙관적이고 좋은 일이 일어나리라고 기대하는 것이다. 항상 좋고 행복한 일만이 일어나리라 믿으면서 어떤 상황에서도 비관하거나 낙담하지 않는 것이 핵심이다.

나는 세상에서 나에게 주어진 일을 할 것이다. 성공할 수 있을지 단 한 순간도 의심해서는 안 된다. 의심이 올라온다면 밀쳐내라. 자신이 달성하려는 목표와 도움이 되는 생각을 '친구'로 좌절과 실패, 불행을 암시하는 모든 생각은 '적'으로 두어라. 친구는 가깝게 지내고 적은 멀리해야 한다.

방송계 유명 인사이자 온라인 신문 〈허핑턴 포스트〉의 공동 창립자인 아리아나 허핑턴은 그리스 출신이다. 학창 시절 그녀는 우연히 잡지에서 케임브리지대학교 사진을 보고 그곳에 가고 싶다고 가족과 친구들에게 털어놓았다. 하지만 모두 말도 안 되는 소리라며 꿈을 깨라고 했고, 아버지는 현실성이 없다고 일축했지만 어머니는 딸과 함께 케임브리지대학교에 가보기 위해 저가 항공권을 샀다. 딸이 대학교에 다니는 자신의 모습을 더 잘 상상할 수 있도록 말이다. 그렇다고 해서 입학처 관계자를 만난 건 아니다. 그들은 비를 맞으며 캠퍼스를 걸어가면서 아리아나가 이미 케임브리지에 다니고 있다고 상상했다.

3년 후 아리아나는 케임브리지대학교에 장학생으로 합격했다. 어머니는 항상 새로운 것을 시도해 보라고 자신감을 심어 주었고, 그로 인해 아리아나는 어렸을 때부터 긍정적인 태도 앞에서는 그 어떤 장애물도 문제가 되지 않는다는 걸 깨달았다고 한다. 그 후 몇 년 동안 아리아나는 긍정적인 태도 덕분에 정계와 방송계에서 명성을 떨칠 수 있었다. 그녀는 현재 〈허핑턴 포스트〉의 창립자로서 세계에 영향력을 행사한다.

  무엇을 하든, 어떤 사람이 되고 싶든 항상 좋은 일이 생기리라고 기대하라. 희망을 품고 낙관적인 태도를 지니면 성장하고 능력을 키워나갈 수 있다. 당신은 전반적으로 발전하는 자신의 모습에 놀라게 될 것이다.

  함께 사업을 시작한 형제가 있었다. 몇 년 동안은 사업이 꽤 잘됐다. 하지만 선물과 원자재 시장에 뛰어들어 결국 모든 돈을 잃고 사업은 쇠락의 길로 접어들었다. 형제는 5만 달러를 빚졌는데, 사실상 갚는 건 불가능하여 결국 파산하고야 말았다.

  동생은 긍정적이었다.

  "돈을 잃긴 했지만 또 벌면 되지. 다시 사업을 시작해야겠다. 좋은 교훈을 얻었어. 궁극적으로는 나에게 도움이 될 거야. 실패했다고 해서 나에 대한 믿음과 자신감이 사라진 건 아니야. 다시 일어나서 성공할 수 있는 능력도 아직 갖추고 있지. 세상에 할 수 있는 일이 이렇게나 많은데, 다시 한 번 크게 성공할 거야."

  그는 증권 회사에 취업했다. 발이 넓었던 덕분에 새로운 고객을 쉽게 유치할 수 있었고, 사장은 흡족해했다.

  한편 형은 모든 것을 잃었다는 생각에 수치스러워했고 그 사실에 모욕감을 느꼈다. 만나는 사람마다 전 재산을 날렸다고 토로했다. 잘못 내린 결정과 실수를 정당화하기 위해 쉴 새 없이 브로커 탓을 했고 친구들은 그를 멀리하기 시작했다. 낙심해서 우울해지자 건강은 급속도로 나빠졌다. 형은 상담을 받는 것을 거부하고 복지 수당을 타서 근근하게 살아갔다.

두 형제는 똑같이 돈을 잃었다. 하지만 한 명은 건설적으로 반응했고 다른 한 명은 부정적으로 반응하면서 허무주의에 빠졌다. 나에게 무슨 일이 일어나는가가 중요한 게 아니다. 중요한 건 생각이다. 건설적으로 사고하느냐 부정적으로 사고하느냐가 일의 판도를 가른다.

동생은 상상력을 지혜롭게 사용했다. 머릿속에서 새로운 사고 패턴을 만들고 미래의 가능성을 보았다. 더 나은 삶을 위해 믿음과 상상력이라는 날개를 달았다. 그는 성공과 부가 자신의 마음속에 있다는 것을 알았다.

부정적인 생각을 긍정적인 생각으로 바꿔야 한다. 부정적인 생각을 하면서 살면 잠재의식 안에 있는 생명력이 힘을 발휘하지 못한다. 이는 물이 나오는 호스의 입구를 막아버리는 것과 다름없다. 잠재의식에 젖어 있는 부정적인 감정은 정신적·육체적인 질병으로 발현된다.

부정적인 태도와 악감정을 버리고 타인과 나를 비판하는 것을 멈추어라. 조화와 건강, 평화, 기쁨, 선의라는 건설적인 생각으로 마음을 채우면 삶이 변화할 것이다.

우주의 원리를 기반으로 건설적인 생각을 하면 마음에 새겨진 모든 부정적인 패턴이 변해 행복한 삶을 영위할 수 있다.

정신적·물질적·경제적인 부가 넘치는 왕도를 걷기 위해서는 다른 사람의 길에 장애물을 올려놓지 마라. 시기 질투하거나 원망해서도 안 된다. 생각에는 창조력이 있기에 다른 사람에게 어떤 생각을 품으면 그와 비슷한 일을 경험하게 된다.

수많은 회사 직원은 남보다 먼저 승진하고 더 큰 영향력을 미치려고 서로 경쟁한다. 어떤 사람들은 경쟁심이 너무 강한 나머지 경쟁자들이 승진하지 못하도록 극단적인 행위도 서슴지 않는다.

배리는 수년간 좋은 성과를 내고 있었다. 회사는 그의 혁신을 높게 샀고 업무의 질이 높다고 칭찬했다. 상사는 그해 말 퇴직할 예정이었기에 모두 배리가 그 자리를 대신 맡을 것이라고 예상했다. 하지만 6개월 전 칼이 배리의 부서로 발령 났다. 이전 부서에서 성적이 저조하던 칼은 새로운 부서에서 승진하려는 야심을 품고 있었다.

그는 배리를 가장 큰 경쟁자라 생각했다. 칼은 승진하기 위해서 배리를 깎아내릴 기회를 찾는 데 혈안이 되어 있었다. 회의에서 배리가 어떤 제안을 할 때마다 칼은 콧방귀를 뀌었다. 기회가 닿을 때마다 상사의 관심을 끌려고 애썼고 배리가 하는 일을 꼬이게 만들었다.

배리는 분노에 휩싸였다. 승진을 위해 몇 년 동안 열심히 일했는데 칼이 훼방을 놓고 있었다. 친한 친구들과 목사님과 많이 고민하고 이야기를 나눈 끝에, 배리는 권모술수에 뛰어난 모략가를 이기는 방법은 없다고 판단하여 새로운 접근법을 사용하기로 했다.

그는 칼의 계략이 아닌 자신의 강점에 집중하면서 이렇게 기도했다.

"칼은 유능한 직원입니다. 그는 그만한 꿈을 품을 자격이 있습니다. 또 부서에 필요한 귀중한 자산을 많이 가지고 있습니다. 나는 칼만큼 능력 있는 사람으로, 여러 번 그 능력을 나 자신에게 증명한 바가 있습니다. 앞으로도 업무에 집중하고, 목표 달성에 매진하겠습니다. 칼은 내가 일하거나 생각하는 방식에 아무런 영향을 줄 수 없습니다."

그 결과 배리의 업무 성과는 점점 더 좋아졌고 상사가 퇴직하자 배리가 상사 자리를 꿰찼다.

나에 대한 다른 사람의 부정적인 생각이나 제안은 내가 직접 힘을 실어주지 않는 이상 아무런 힘이 없다. 암시는 힘이다. 하지만 조화와 아름다움, 사랑, 평화로움을 흐르게 하는 '잠재의식의 힘'만큼은 강하지 않다. 주변 사람들이 부정적인 태도를 보이거나 나에 대한 부정적인 암시를 할 때, 나에게는 무한한 지성과 정신적으로 하나가 될 능력이 있다는 걸 기억하라. 내면에 있는 무한한 지성은 부정적인 태도가 아닌 사랑과 관대, 조화를 원칙으로 한다.

부정적인 말이 나올 때 즉시 멈추고 했던 말을 바로잡으면 인생에서 기적이 일어날 것이다. 두려움이나 걱정 등 파괴적인 생각에 빠져 있었다면 잠재의식은 부정적인 생각을 받아들여 경험으로 발현할 것이다. 그러므로 잠재의식에 친절과 평화를 쏟아붓고 타인을 용서하라. 잠재의식에는 창조력이 깃들어 있으므로 내가 진심으로 원했던 삶의 본질을 창조해 나간다.

부정적인 생각이나 말을 하면 마음이 혼란스러워진다. 여태까지 쏟아부었던 노력이 물거품이 되며 실패를 거듭하게 된다. 부정적인 생각은 내 일이 잘 풀리지 않게 해달라고 기도하는 것과 다름없다. 고요한 내면에서 내가 지향하는 목표를 그려라. 부정적인 생각이 실패를 낳는다. 실패하는 이유는 다양하지만 가장 결정적인 이유는 실패를 절대 피해갈 수 없으리라는 확신이다.

잠재의식에서 무언가를 확신하면 나를 구성하는 생각들이 외부 세계로 펼쳐질 것이다. 잠재의식은 현재의식에 새긴 내용을 실현하는 습성이 있기 때문이다. 마음속에서 확언한 내용은 현실이 되므로 외부 세계에서 경험하고 싶지 않은 일이 일어나리라고 믿어서는 안 된다.

다른 사람이 아닌 자기 자신에게 기대라

누군가가 계속 응원해 주고 열정을 불어넣으며 영감을 준다면 많은 사람은 삶에서 꽤 좋은 성적을 거둘 것이다. 하지만 스스로 이 역할을 자처하는 경우는 거의 없기에 평범한 사람으로 남게 되고, 다른 사람에게 기대 원동력을 얻는 일이 다반사다. 좋은 이야기를 해주고 희망을 불러일으키며 가능성과 야망을 일깨우는 건 자동차 배터리를 충전하는 것에 비유할 수 있다. 타인에게 의지하는 사람들은 며칠 동안 아주 잘 지낸다. 하지만 새롭게 출발하고 열정을 유지할 수 있으리라고 생각하는 순간 다시 무너져 내린다. 그들을 지탱했던 힘이 사라진 것이다. 누군가가 다시 충전해 주어야 한다.

이들은 결코 스스로 충전하는 법을 모르는 것 같다. 동기를 유발하는 능력과 자기 주도 능력이 부족하다. 체스보드 위에 있는 체스 말처럼 누군가가 앞으로 옮겨줘야 한다. 혼자라는 걸 자각하거나 기댈 수 있고 원동력을 공급해 줄 사람이 없다는 걸 깨달으면 어안이 벙벙해져 어쩔 줄 모른다.

세상에 포부를 가진 사람은 많지만 스스로 추진하는 능력까지 갖춘 사람은 적다. 이런 사람들은 어떤 일이 일어나기를 기다린다. 누군가가 자신을 높은 자리에 올려주거나 영향력 있는 친구가 끌어주기를 기다린다. 또한 목표를 이루기까지 최소한의 장애물만 있었으면 하고 바란다. 성공하고 싶어도 치러야 할 대가가 두렵고, 넘어야 할 산이 너무 많아 보인다. 성공한 삶은 고돼 보이기까지 하다. 해야 할 일이 너무 많고 극복하기 어려운 장애물을 마주치더라도 끈기를 가지고 버텨야 한다. 이 세상 어딘가에 자신을 기다리는 무언가가 분명히 있을 것이며 오랫동안 기다리면 기회가 자기 앞에 나타나리라고 믿는 건 오산이다. 다른 사람들의 응원과 지지에 기대서 기적 같은 일이 일어나길 기다린다면, 자립심 없이 외부의 힘에 의존한다면 어떠한 진보나 성취도 이루지 못할 것이다.

샘이라는 남성이 있었다. 샘은 일자리를 쉽게 찾을 거라고 마음 놓고 있었지만, 현실은 녹록지 않았다. 일자리를 구하기 위해 직업 상담사를 찾아가야 했다. 전혀 예상하지 못한 시나리오였다.

"사업하시는 아버지나 삼촌이 언젠가는 자리를 하나 마련해 주시리라고 생각했습니다. 아버지 사업이 실패한 후에도 가족이 인맥이 많으니 누군가가 나를 써주리라고 생각하고 있었어요."

샘은 자기 자신을 위해 무언가를 해본 적이 없었다. 평생 다른 사람이 대신해 주었기 때문이다. 좋은 학교를 나왔지만 자기 자신 외에는 의지할 사람이 아무도 없었다. 이런 적은 처음이었다.

샘은 현실과 맞닥뜨려야 했다. 몇 주 동안 상담사와 자주 이야기를 나누며 자신의 장단점, 그리고 좋아하는 일과 싫어하는 일이 무엇인지 알게 되었다. 다양한 분야에서 일할 기회가 있고 원하는 종류의 직업을 가지려면 추가 교육을 받아야 한다는 걸 깨달았다. 무엇보다도 자립해 두 발로 오롯이 서야 한다는 사실을 받아들였다. 진정으로 성숙한 인간이 되려면 다른 사람이 아니라 자기 자신에게 기대야 했다.

빈민가 출신이 우연히 부자가 되고 명예와 명성을 얻는 법은 없다. 바닷가에 빠진 사람을 구해주거나 백만장자가 나에게 사랑에 빠져 부자가 되는 일은 더더욱 없다. 다음 진리를 기억하라. 성품은 곧 운명이고 내가 생각하고 느끼는 방식의 집합체다. 성품은 나의 가치와 자질, 진실성, 정직함을 반영하므로 갈고 닦은 성품과 마음가짐을 밖으로 표현하면 좋은 일이 생길 것이다.

좌절을 넘어 새로운 도약으로

원치 않는 감정을 없애는 가장 이상적인 방법은 '대체의 법칙'을 실천하는 것이다. 부정적 사고를 긍정적이고 건설적인 사고로 대체하라. 부정적인 생각이 마음속에 들어왔다면 부정적인 생각과 싸우지 말고 스스로에게 "모든 일이 잘 풀리리라고 믿는다"라고 말하라. 빛이 어둠을 없애듯 부정적인 생각도 자취를 감출 것이다.

가끔은 불만이 생기고 화가 날 것이다. 걱정을 하고 다른 사람이 한 말을 곱씹는 등 과거의 사고방식으로 되돌아가려 할 것이다. 이러한 생각이 떠오른다면 "멈춰! 잠재의식에 잘못된 인상을 새기지 않을 거야"라고 말하라. 공적인 일이든 사적인 일이든, 필요하다면 하루에 백 번, 천 번이라도 이렇게 말하라.

인생에서 큰 문제에 직면한 많은 사람은 희망을 잃고 매사를 부정적으로 바라본다. 하지만 다른 사람들과 함께라면 두려운 상황에서도 힘을 내 영웅적인 일을 할 수 있다. 매사추세츠주에서 수전 셔먼과 골드스타인 셔먼 부부가 운영하는 숙박업소인 '마사의 포도밭'은 2001년 12월 화재로 소실되었다. 복구 작업을 하느라 한 달 동안 저녁을 먹을 시간이 없을 정도로 피해는 막심했다. 부부는 친구들이나 지인에게 밥을 얻어먹고 얹혀살아야 했다. 하지만 화재의 여파에 휘둘리지 않도록 마음을 다잡았다. 마을에서 존재감을 유지하기 위해 먼저 여관 내 레스토랑을 다시 열기로 결정 내렸다. 레스토랑을 복원하면서 '시련은 곧 기회다'라고 쓰인 거대한 현수막을 내건 골드스타인 부부는 화재를 기회로 삼아 작고 허름한 여관을 탈바꿈했다. '맨션 하우스'라고 이름을 바꾸고 최고급 시설로 업그레이드해 더 많은 손님을 끌어들였다. 셔먼 부부는 여관을 불태운 화재 사건이 실제로 새로운 도약을 하는 데 도움이 되었다고 말한다. 긍정적 사고 덕택에 그들은 다시 일어나 새롭게 시작할 수 있었다.

성공을 위한 시각화 기법

매일 직면하는 어려움에 멋지게 대처하는 나의 모습을 그려보라. 프레젠테이션이 잡혀 있거나 경영진 회의를 위해 보고서를 준비해야 하거나 생산적인 활동을 할 예정이라면, 어떤 말을 할 것인지, 어떻게 말할 것인지, 어떤 조치를 취할 것인지 상상해 보라. 마음속에서 반복적으로 리허설을 해보라. 그럼 그 모습이 잠재의식 깊숙이 가라앉아 뇌세포에 스며들 것이다. 고객에게 상품을 판매하거나 경영진 앞에서 프레젠테이션할 때 잠재의식의 힘을 활용하면 원하는 결과를 얻을 수 있으며 성공할 수 있다.

월요병을 고치는 법

'드디어 금요일이다TGIF'라는 표현은 오늘날 노동자 대다수의 태도를 대변한다. 그들은 주말에는 일에서 벗어나 한숨 돌리기를 기다린다. 이게 나쁘다는 건 아니다. 모두 휴일을 즐겨야 마땅하다. 하지만 포부를 가진 사람들과 성공한 사람들은 금요일을 기다리듯이 월요일을 기다린다.

많은 사람은 월요일을 '혐요일'이라고 부른다. 사람들은 자신의 '운명'에 따를 준비가 되어 있으며 이미 삶이 멈춘 것처럼 행동한다. 그래서 월요일에는 체념의 의미가 담겨 있다. 일요일에 현재의식에서 미래에 대한 명령을 내리니 잠재의식이 반응한 것이다.

사람들은 자신이 미리 운명을 계획하고 만들어낸다는 걸 모른다. 일에 대한 체념을 긍정적인 생각으로 대체하고 앞으로 닥쳐올 도전과 기회를 기대한다면 월요일 아침에 상쾌하게 눈을 뜰 수 있을 것이다.

조셉 머피의 미라클 노트

- 긍정적 사고는 잠재의식의 힘을 이해하는 데서 출발한다.
- 커리어의 방향키를 쥐고 있는 사람은 나다. 직장 상사와 동료가 커리어를 흔들게 내버려 두어서는 안 된다. 커리어 성장을 방해하는 부정적인 영향력을 극복하는 힘이 내 안에 있다는 걸 잊지 말자.
- 낙관적이고 좋은 일이 일어나리라고 기대하는 태도, 즉 항상 최고와 최선 그리고 행복을 추구하는 태도만큼 도움이 되는 것은 없다. 비관하거나 낙담하지 마라.
- 부정적인 말이 나온다면 즉시 멈추고 번복하라. 잠재의식에는 창조력이 깃들어 있으므로 부정적인 말을 긍정적으로 바꾸면 내가 진심으로 원했던 삶의 본질을 창조해 나갈 수 있다. 그렇게 하면 인생에서 기적이 일어날 것이다.
- 일상에서 직면하는 문제와 어려움에 대처하는 나의 모습을 그려보라. 영업 프레젠테이션이 예정되어 있거나 경영진에게 보고서를 제출해야 한다면 무슨 말을 할지, 어떻게 말할지, 어떤 조치를 취할지 마음속으로 떠올려 보라.

4
인간관계를 결정하는
끌어당김의 법칙

사람은 자석과 같다. 쓰레기더미에 자석을 갖다 대면 쇠가 들어간 물건만을 끌어 올리듯 우리는 나와 같은 생각을 하고 비슷한 이상을 가진 사람들을 끊임없이 끌어당겨 관계를 맺는다.

왜 어떤 사람은 쉽게 타인의 관심을 끌고 존경받으며 친구를 빨리 사귀는 데 반해 어떤 사람은 인간관계를 힘들어할까?

사람들을 만나다 보면 유쾌한 성격으로 남들에게 영감을 주는 사람들이 있다. 자기를 표현하는 방식에 자신감이 묻어나오고 존경할 만한 품성을 지녔다. 또 같이 있으면 편안하다. 이들은 끌어당김의 법칙에 통달한 사람들로, 상사와 고객을 비롯한 많은 사람을 끌어당긴다. 사람들은 이런 사람들을 멘토로 선정한다. 그들은 그룹의 일원에서 기업의 리더로 성장하는 등 쉽게 성공의 사다리를 타고 올라간다.

미국의 심리학자 윌리엄 제임스는 성격이란 '특징적 행동 패턴의 집합체'라고 정의했다. 행동 패턴은 개별적으로 진화해서 매일 현재의식과 잠재의식에서 영향을 미친다. 성격은 타고난 욕구와 의식적·외부적

통제 간의 균형을 보여주기도 한다.

반드시 기억해야 할 점은 누구든 성격을 가꾸어나가 매력적인 사람이 될 수 있다는 점이다. 외모나 지능, 재능은 어느 정도는 타고나는 것이 맞지만 선천적인 특성을 최대한 활용하여 다른 사람들이 우러러볼 만한 성격으로 발전시킬 능력이 내 안에 있다. 바로 끌어당김의 법칙을 배워 활용하면 된다.

내가 되고자 하는 사람으로 성장하는 건 쉽지 않다. 하지만 선천적인 특성을 개발하고 목표를 달성하고자 노력한다면 성장을 향한 발판을 마련할 수 있을 것이다. 외향적이고 쾌활하며 낙천적이고 긍정적인 태도를 계속 발달시키면 나와 관계를 맺는 사람들은 내 성격에 호감을 느낄 것이다.

자본보다 성격에 투자하라

앞서 언급한 심리학자 윌리엄 제임스는 성격이란 한 개인이 가진 모든 특성의 총체라고 말했다. 성격은 신체적·정신적 능력뿐만 아니라 옷차림, 집, 배우자, 자녀, 조상, 주변 친구, 평판과 직업, 재산, 통장 잔고까지 아우르는 개념이다. 왜냐하면 같은 일을 겪어도 성격에 따라 느끼는 감정이 다르기 때문이다. 성격이라는 식물을 보살피고 꽃을 피운다면 승리감을 느낄 것이고, 물을 주지 않는다면 시들어 쉽게 낙담할 것이다. 사람마다 정도의 차이는 있겠지만 결국 결과는 비슷하다.

성격은 나 자신을 외부 세계에 표현하는 방법이다. 인간은 타인의 관심을 받는 걸 좋아하는 사교적인 동물로, 타인이 자신을 긍정적으로 바라봐 주고 주목해 주길 바란다.

어떤 성격은 조각 같은 육체보다 더 아름답고, 학습하고 익힌 내용보다 더 강력하다. 매력 있는 성격은 하늘이 내린 선물과 같다. 고집 센 사람의 마음을 움직이고 직장에서 승진하는 데 플러스 요소가 되며 한 국가의 운명을 좌지우지하기도 한다.

다른 사람을 자석처럼 끌어당기는 사람은 타인에게 무의식적인 영향을 미친다. 이들의 존재감 속으로 빨려 들어가면 나의 세계가 확장되는 느낌을 받는다. 이들은 직장에서 부하 직원과 고객에게 영감을 주고 그들의 커리어와 인생에 있어 롤모델이 된다. 이들은 이전에 생각지도 못했던 내 안의 가능성을 열어주는 사람이다. 이런 사람을 만나면 지평이 넓어지고, 새로운 힘이 나의 존재를 휘젓는 것처럼 느껴진다. 마치 오랫동안 나를 짓누르던 무거운 짐이 사라진 것 같은 안도감을 경험한다.

남들을 끌어당기는 성격과 매력 대부분은 정교하게 만들어진 것이다. 그중 가장 중요한 요소는 아마 눈치일 것이다. 눈치가 있어야 지금 무슨 일을 해야 하는지 정확하게 알고, 나아가 적절한 시기에 올바른 방법으로 행할 수 있다. 매력적인 성격에 판단력과 상식은 필수다. 고상한 취향을 가지면 매력적으로 보일 수 있겠지만 상대방의 취향을 존중하는 능력이 없다면 되려 상대방의 감정만 상하게 한다.

성격에 가장 크게 투자하는 방법은 고귀한 태도를 가지고 다른 사람을 진심으로, 너그럽게 대하는 것이다. 성격에 투자하면 만족스러운 삶을 살아갈 수 있으므로 자본에 투자하는 것보다 백배 낫다. 빛나고 유쾌한 성격을 가진 이에게는 모든 문이 열린다. 어디서나 환영받고 모두 그 사람을 찾는다. 성격적 특성은 후천적으로 습득할 수 있다. 모든 사람이 동등한 권리와 기회를 가진다는 것을 인정하는 동시에 모든 이들이 각기 다른 지적·신체적 능력과 활력을 가지고 있다는 걸 인지해야 한다. 지위가 어떻든 배우고 자기를 개발하면서 성장할 수 있다. 지식 쌓기를 갈망하고 남들보다 큰 포부를 품은 사람은 자연스레 앞을 내다볼 것이다. 나는 내가 원하는 성격적 특성을 개발하고 응용할 수 있다.

온전한 인간이 되려면 인내심을 가지고 남을 친절하고 너그럽게 대해야 한다. 또 겸손하고 예의를 갖춰야 한다. 이타심과 온화한 성격 그리고 성실함은 필수 덕목이다. 이러한 자질은 본래 가지고 태어나는 것이 아니라 살면서 개발해 나가야 하는 것이다. 이런 덕목을 큰 틀로 삼아, 숨어 있는 자질을 깨운 후 그 틀에 맞추어 성격을 창조해 나가야 한다.

불행히도 외모가 처지기 때문에 성격이 좋아봤자 아무 소용없다고 생각하는 사람들도 있다. 외모가 반드시 신체적인 아름다움을 의미하는 건 아니다. 즉 얼굴이 예쁘거나 몸매가 좋아야 외모가 수려한 건 아니다. 상황에 맞는 옷을 단정하게 입고, 얼굴을 찡그리는 대신 미소를 짓고 깔끔하게 꾸미기만 하면 된다. 외모가 지나치게 뛰어나면 오히려 성격이 외모에 묻혀버릴 것이다.

물론 외모는 중요하다. 첫인상이 좋아야 훌륭한 자질을 보여줄 수 있기 때문이다. 다른 사람들은 외모로 나를 판단할 뿐만 아니라 나 또한 남을 외모로 판단한다. 본능적으로 사람들은 자신이 좋아하는 사람들의 외모와 비슷해지려고 한다. 롤모델이 입은 옷을 사고 머리 모양을 따라 하며 비슷하게 행동한다. 하지만 외모뿐만 아니라 성격도 닮아가는 게 가능하다. 존경하고 우러러보는 사람에게 어떤 성격적 특성이 있는지 자세히 살펴보라. 그 사람을 보면서 내가 되고자 하는 모습을 상상할 수 있다. 개인적으로 알고 있는 사람뿐만 아니라 이상적인 성격의 본보기가 될 만한 사람들의 과거와 현재를 기준으로 삼고 살피는 게 좋다.

성격이 성공의 성패를 결정한다

긍정적인 관점을 가지는 게 어렵다고 생각하는 사람이 많다. 불행하고 안 좋은 일만 찾아다니는 것만큼 좋고 아름다운 것만 보고 느끼는 건 쉽다. 천박함 대신 고귀함을 좇고, 어둡고 암울한 것 대신 밝고 쾌활한 면을 봐라. 절망 대신 희망을 찾고 어두운 면 대신 밝은 면을 보는 건 전혀 어렵지 않다. 그늘을 보는 것만큼이나 빛이 비추는 곳으로 고개를 돌리는 건 쉽다. 이런 성격 차이가 만족과 불만, 행복과 불행, 번영과 고난, 성공과 실패를 결정짓는다. 이러한 생각을 잠재의식에 주입하면 다른 사람들을 끌어당길 수 있을 것이다.

빛을 향해 고개를 돌리는 법을 배워라. 긍정적인 태도로 인생의 상처와 흉터, 부정적인 이미지, 불화를 거부하라. 즐거움을 주거나 나에게 도움이 되거나 영감을 주는 것에 생각을 고정하면 사물을 바라보는 관점이 바뀌어 짧은 시간 안에 성격이 변할 것이다.

내 성격을 가장 잘 개발하는 방법은 다른 사람의 성격에서 어떤 점을 가장 높이 사는지 생각해 보는 것이다. 만나는 사람마다 크게 인정을 베풀고 사회적 가면에 숨겨진 속마음을 들여다보며 모든 사람에게 친절하게 대한다면 '값진 선물'을 손에 넣을 수 있다.

다른 사람이 나와 함께 있을 때 편하게 느끼고 행복해하며 만족스러워하는 것보다 더 좋은 선물은 없다. 성격이 밝은 사람들을 만나면 우울한 햇빛이 어둠을 몰아내듯 기분이나 걱정, 불안이 사라진다. 풀이 죽어 지루한 대화를 나누는 사람들이 가득한 방에 명랑하고 쾌활한 사람들이 들어가면 폭풍이 지나간 후 먹구름 사이로 햇빛이 비치듯 분위기가 환해진다. 기분이 고양되고 좋은 기를 받는다. 말이 술술 나오고 질질 늘어지던 대화는 밝고 활기가 생기며 기쁨과 환희가 넘치는 분위기가 조성된다.

타인과 공감하라. 공감 능력이 뛰어난 사람들은 자신과 관계를 맺고 있는 상대방의 처지에서 생각해 본다. 상대방이 하는 말을 경청할 뿐만 아니라 순간적으로 느끼는 감정까지 잡아낸다. 그런 사람들에게 어떻게 긍정적으로 반응하지 않을 수 있을까.

밝음은 사람을 끌어당긴다

현실을 비통해하지 말고 속임수를 쓰지 마라. 매일을 축복이라고 느껴라. 즐겁고 행복하게 살지 않으면 불행하고 비생산적인 삶을 살게 될 가능성이 크다.

다른 사람에게 복수하려는 마음을 품고 있거나 투덜댄다면 최선의 결과물을 낼 수 없다. 완벽한 조화를 이룰 때만 능력이 최대치로 발휘된다. 머리로만 생각하거나 몸으로만 도와준다고 해서 선한 일을 할 수 있는 건 아니기 때문에 마음에 선의가 먼저 자리 잡아야 한다. 비소를 먹으면 사망에 이르는 것처럼 증오와 복수, 질투는 고귀한 자질을 죽일 수 있을 만큼 치명적이다.

친절한 태도와 타인에게 베푸는 호의는 증오와 상처를 주는 생각으로부터 나를 보호하는 최선책이다.

상냥한 성격을 가진 사람들은 사람을 끌어당기는 매력이 있다. 친절한 사람들에게는 벗어나기 힘들고 속이기도 어렵다. 아무리 바쁘고 걱정이 많더라도, 다른 사람이 귀찮게 하는 걸 싫어하더라도 유쾌한 성격을 가진 사람에게 등을 돌리기는 쉽지 않다.

주변 사람들은 내 마음의 결과물이다

미국의 사상가이자 시인인 랠프 월도 에머슨은 "모든 건 말보다 행동에서 드러난다"라는 말을 남겼다. 내가 어떤 사람인지, 무슨 감정을 느끼는지 숨기는 건 불가능하다. 성격은 곧 풍기는 분위기이기 때문이다. 한 사람을 지배하는 특성과 자질에 따라 차가운 분위기를 풍길 수도 있고, 따뜻한 분위기를 풍길 수도 있으며 사람을 끌어당길 수도, 밀어낼 수도 있다.

항상 자기만을 생각하면서 자신의 이익만을 좇는 사람, 공감 능력이 부족하며 탐욕스러운 사람은 온화한 분위기를 풍길 수 없다. 본성이 이기적이고 탐욕스럽다면 이에 걸맞은 분위기를 풍겨 다른 사람들을 몰아낼 것이다. 사람들이 본능적으로 싫어하는 성격이기 때문이다.

사람을 끌어당기는 자질은 밖으로 흘러나오고 밀어내는 자질은 안으로 흘러들어 간다. 즉 다른 사람을 끌어당기는 자성이 없는 사람들은 자기중심적이라 스스로의 생각에 지나치게 푹 빠져 있다. 그래서 다른 사람에게 베풀지 않는다. 언제나 혜택을 받고 이득을 얻으려고 한다.

동정심도 없고, 말과 행동에 진심이 우러나오지도 않으며 동료애도 없다. 나쁜 성격만 섞여 있다.

조그만 자석 한 조각도 쇠를 끌어당긴다. 자석을 갖다 대더라도 나무나 구리, 고무 등 철을 함유하지 않은 다른 물질은 아무런 반응을 보이지 않는다. 어린 시절 자석은 바늘을 끌어당기지만, 성냥개비나 이쑤시개는 끌어당기지 않는다는 걸 배웠을 것이다. 자석과 비슷한 물질만을 끌어당기는 것이다.

사람들은 자석과 같다고 했다. 쓰레기더미에 자석을 갖다 대면 쇠가 들어간 물건만을 끌어 올리듯 우리는 나와 비슷한 생각과 이상을 가진 사람을 끊임없이 끌어당기고 관계를 맺는다.

주변 환경과 주위 사람들 그리고 평소의 상태는 내가 무엇을 끌어당겼는지를 보여주는 결과물이다. 물질 세계에서 무언가를 끌어당기는 이유는 나와 비슷한 성질을 가졌기 때문이다. 그러한 성질이 마음속에 계속해서 남아 있는 한 그런 사람들도 주변에 남아 있을 것이다.

사람들을 끌어당기는 사람의 특징

다른 사람을 끌어당기는 재능을 타고난 사람들이 있다. 하지만 그런 이들의 성격을 분석해 보면 본능적으로 사람들이 동경하는 자질이 있다. 끌어당김의 법칙을 따르는 사람들에게서는 관대함, 아량, 진실함, 공감 능력, 인생을 넓게 보는 시야, 남을 돕는 태도, 낙관주의 등을 발견할 수 있다.

하지만 이 중에서 자기 손으로 개발하지 않은 자질은 단 한 가지도 없다. 나도 이런 자질을 키워 나간다면 사람들은 나에 관해 좋게 이야기할 것이다.

무슨 일을 하든 어떤 사업을 하든 다른 사람에게 주는 인상이 평판과 성공을 좌우한다. 그러므로 다른 사람을 강하게 끌어당기는 매력적인 성격을 갖추고 품성을 길러 끌어당김의 법칙을 활용해야 한다. 지성과 지능은 사람을 끌어당기는 데 별 도움이 되지 않는다. 사람을 끌어당기고 내 곁에 두는 비결은 지적인 모습이 아니라 사랑스러운 모습을 보여주는 것이다.

어렵게 느껴지는가? 전혀 그렇지 않다. 세상 모든 사람은 다른 사람에게 기쁨을 주는 능력을 기를 수 있고 성격 또한 갈고닦을 수 있다. 그러면 언젠가 자기 자신에게 세상을 움직이는 진정한 힘이 있다고 느끼게 될 것이다. 어떤 성격적 특성이 사람들을 끌어당기고 밀어내는지를 알면 어떤 자질을 길러야 할지, 그리고 어떤 성격을 버려야 할지 비교적 쉽게 알 수 있다.

한마디로 관대하고 아량이 넓어야 한다. 쾌활하고 남을 선뜻 도와주는 동시에 이와 반대되는 자질은 버려야 한다. 나의 성격을 가꾸어 나갈수록 타인에게 더 많은 관심을 가지게 될 것이며, 다른 사람도 결국 나에게 더 많은 관심을 쏟게 될 것이다. 매일 우리는 친절한 생각과 말, 행위로 사람들을 끌어당긴다. 나의 말과 행동, 태도는 아우라를 형성한다. 이러한 아우라를 갖추면 부와 사람들을 끌어당기는 성격으로 이어져, 가는 곳마다 환영받고 나를 찾는 사람이 많아질 것이다. 점점 더 많은 사람을 끌어당길 것이다.

내 잠재의식을 내가 우러러보는 사람의 자질로 가득 채우면, 나를 끌어당겼던 그 사람의 자질이 나에게도 뿜어져 나와 타인에게 매력적으로 다가갈 수 있다. 또한 이러한 자질은 곧 내 특성이 되어 남을 끌어당기는 매력적인 성격으로 발전할 것이다.

몸과 마음이 건강한 사람

사람들을 끌어당기는 자석 같은 사람이 되는 첫 번째 단계는 건강해지는 것이다. 정신적 태도를 바르게 하고 낙관적으로 생각하라. 행복한 마음과 튼튼한 신체가 합쳐지면 자성은 놀라울 정도로 강해질 것이다.

몸이 튼튼한 사람은 힘과 활기, 용기가 넘치는 분위기를 발산한다. 반면 활력이 부족한 사람은 다른 사람에게 기를 주기는커녕 남의 기를 빨아간다. 강인한 체력과 튼튼한 몸은 사람들을 끌어당기고 활력이 넘치는 성격을 형성하는 데 도움이 된다. 자신감에 차 있고 기민한 사람, 눈이 반짝이는 사람, 힘차게 발걸음을 내딛는 사람, 신체적 활력이 넘치는 사람은 기력이 없고 체력이 약한 사람에 비해 큰 이점을 가지고 있다.

실수를 인정하라

이기적이고 건방지며 실수를 절대 인정하지 않는 오만한 성격을 가진 사람은 다른 사람을 밀쳐낸다.

세계적인 대부호이자 투자의 거장 워런 버핏은 '실패'와 '실수'를 활용하는 법을 잘 안다. 자신의 실패와 실수를 툭 터놓고 이야기한다.

1989년부터 그는 여태까지 자기가 실수한 일을 목록으로 만들어 투자자들에게 편지로 보냈다. 이 편지에서 버핏은 실수만 한 게 아니라 적절하게 행동하지 못해서 기회를 놓쳤다고 인정했다. 버핏은 솔직한 태도가 주주와 운용사 모두에게 이익이 된다고 믿었다.

"일에서 타인을 오도하는 최고경영자는 결국 자기 자신을 오도할 수밖에 없습니다."

또한 버핏은 성공에만 집중하기보다 실수를 연구하는 데 가치가 있다고 믿었다.

자기 자신과 타인에게 솔직하기에 자유롭고 즐겁게 일할 수 있을지도 모른다. 워런 버핏은 긍정적이고 남에게 힘을 북돋워 주는 태도를 가졌으며, 매일 아침 즐겁게 출근하는 걸로 유명하다. 이러한 면모가 사람들을 끌어당긴다. 부자라서 그런 걸까, 아니면 사람들을 끌어당겨서 부자가 된 걸까?

먼저 마음을 열면 내 매력이 풍겨 나간다

사람들이 나를 만났을 때는 진실한 사람을 만났다고 느끼게 해야 한다. "안녕하세요"나 "만나서 반갑습니다" 등 틀에 박힌 인사법은 피하라. 대신 여러 가지 인사말을 조합해 보라. 만나는 사람들과 정면으로 눈을 맞추며 내 성격이 느껴지게 하라. 기쁜 마음으로 악수를 청하고, 미소와 친절한 말투로 대하면서 내 안의 진정한 힘과 맞닿았다는 것을 다른 사람이 기억하게 하라. 다시 만나고 싶은 사람이 되어야 한다.

유명해지고 싶은가? 그럼 다정해야 한다. 먼저 마음의 문을 활짝 열어라. 대부분은 마음의 문을 조금만 열어놓은 채 "안을 살짝 엿보게는 해드릴게요. 하지만 괜찮은 사람인지 알기 전까지는 안으로 들어올 수는 없어요"와 같은 태도를 보이는데, 이건 바람직하지 않다. 사실 위인들 중에서도 온정에 인색한 사람들이 있다. 이런 사람들은 특별한 날이나 친한 친구에게만 다정하다. 모든 사람에게 온정을 베풀기에는 자신의 온정의 값어치가 너무 크다고 생각한다.

그러나 따뜻하고 반가움이 담긴 악수와 정중한 인사는 대인관계에 결정적인 영향을 끼친다. 만나는 사람마다 선의의 유대관계가 형성되고, 나를 만난 사람은 "굉장히 흥미로운 분이에요. 그분에 대해 더 알아가고 싶네요. 이렇게 인사하시는 분은 별로 없거든요. 다른 사람이 보지 못한 내 안에 있는 무언가를 본 게 틀림없어요"라고 말할 것이다.

예의 바르게 따뜻하고 다정한 인사를 건네고, 마음을 열고 다른 사람을 받아들이면 인생에서 기적이 일어날 것이다. 나를 괴롭혔던 사람들을 그렇게 대한다면 상대방의 무관심하고 차가운 태도가 사라지고 사람들이 스스럼없이 다가올 것이다. 사람들은 내가 그들에게 정말 관심이 있다는 걸 알아차릴 것이다. 자신이 어떤 사람인지 궁금해하고 자신을 즐겁게 해주는데 그 사람을 싫어할 수가 있겠는가? 따뜻하고 다정한 태도를 보이면 대인관계가 180도 변한다. 나는 한 번도 상상해 본 적 없는 매력적인 사람이 될 것이다. 사람들이 나에게 먼저 다가오고 나를 보살펴 주며 내 꿈을 실현하는 데 도움을 줄 것이다.

멘토를 찾고 스스로도 멘토가 되어라

커리어를 원하는 방향으로 쭉쭉 뻗어나가려면 방법은 멘토를 찾고 멘토의 조언을 따라야 한다. 멘토는 앞에서 살펴본 바 긍정적인 자질을 갖추고 있는 사람으로, 다른 사람에게 자신의 장점을 기꺼이 나누려고 한다.

멘토는 끌어당김의 법칙에 통달한 사람으로 멘티에게 좋은 본보기가 된다. 멘티에게 지식을 나누어줄 뿐만 아니라 미묘한 사내 문화를 이해하도록 도와주고 안내해 준다. 멘티였던 나도 리더의 직책을 맡으면 조직의 신입사원에게 멘토가 되어, 멘토에게 배웠던 비법을 전수해 줄 수 있을 것이다.

조셉 머피의 미라클 노트

- 현실을 비통해하지 말고 속임수를 쓰지 마라. 매일을 축복이라고 느껴라. 즐겁고 행복하게 살지 않으면 불행하고 비생산적인 삶을 살게 될 가능성이 크다. 부정적인 생각을 없애라.
- 끌어당김의 법칙을 공부하라. 사람을 끌어당기고 밀쳐내는 자질과 특성은 무엇인가? 관대하고 아량이 넓어야 한다. 또한 쾌활하고 남을 선뜻 도와주어야 한다. 이러한 자질을 기르고 반대되는 자질은 버려야 한다. 성격을 가꾸어나갈수록 타인에게 더 많은 관심을 가지게 되며, 다른 사람도 결국 나에게 더 많은 관심을 쏟게 될 것이다.
- 지금까지 만나 본 사람들을 탐구해 보면서 닮고 싶은 면이 있는지 생각해 보자. 책이나 잡지에서 본 인물도 좋다. 그 사람들을 본보기로 삼아 행동하라.
- 기쁨을 발산하고 너그럽게 행동하는 법을 배워라. 마음을 열고 기쁨을 한껏 발산해 보자.
- 공감하라. 공감 능력이 뛰어난 사람들은 자신과 관계를 맺고 있는 사람들의 처지에서 생각한다. 상대방의 말을 경청할 뿐만 아니라 말에 담겨 있는 감정도 포착한다. 이런 사람에게 어떻게 긍정적으로 반응하지 않겠는가?
- 열정을 가져라. 매사에 열정을 갖고 성공하리라 확신하는 사람의 꿈은 이루어진다. 열정은 내면의 힘을 배가시키고 모든 능력을 최고 수준으로 끌어올린다.
- 직장에서 끌어당김의 법칙을 구현하려면 직원들에게 아이디어를 표현하도록 권장하라. 직원들의 재능을 알아볼 수 있게 될 뿐만 아니라 나에게

도 새로운 아이디어를 줄 것이며 도와줄 것이다. 나아가 직원들을 파트너로 바라보게 도와줄 것이다.
- 멘토, 즉 내가 존경하거나 본받을 수 있는 사람을 찾고 따라라. 성공을 거두면 다른 사람들의 멘토가 되어 그들을 이끌고 도와야 한다.

5
세상은 열정적인 사람에게
길을 열어준다

열정은 성공의 비결이다. 크게 성공한 사람들 대부분은 열정을 가지고 성공을 일구어나갔다. 열정은 삶에서 행복을 만들어내는 원동력이기도 하다.

'열정enthusiasm'의 어원은 그리스어로 '신에게 홀리다'라는 뜻이다. 어떤 대상에 관심을 가지거나 무언가를 추구하느라 홀린 마음을 흡수하거나 통제하는 게 열정이다. 무한한 힘이 내뿜는 에너지가 나를 움직이게 하고 내면의 창의적인 아이디어를 펼쳐 내가 알아야 하는 모든 것을 보여주리라는 믿음을 가져야 한다. 무한한 힘이 응답을 주어 목표 달성을 도와주리라고 믿어라. 긍정적인 믿음은 열정을 불러일으키고 성취의 세계로 가는 문이 서서히 열리도록 만들 것이다.

유쾌한 성격을 가진 사람들은 자신의 삶과 일, 인간관계, 목표에 열정을 가지고 있다. 내면의 깊은 곳에서 나오는 열정은 억지로 꾸며낼 수 없다. 인위적인 몸짓을 하고 가짜 미소를 지으며 과장된 말로 자신의 열정을 드러내는 사람을 보면 진심이 아니라는 걸 쉽게 감지할 수 있다. 지금 하는 일이 가치 있고 의미 있으며 즐거운 마음으로 이룰 수 있다 믿는다면 이런 믿음이 거동과 품행에 나타날 것이다.

억지로 일하고 있는가?

어떻게 한 직원이 다른 직원보다 서너 배 많은 성과를 낼 수 있을까? 언제나 능력이 그 차이를 만들어내는 건 아니다. 어떤 종류의 노력을 하냐에 따라 결과물은 천지 차이다. 성공한 사람은 더 노력한다. 열정과 열의를 다하므로 양과 질에서 월등히 뛰어날 수밖에 없다.

나는 아침에 직원들이 "오늘 하루는 또 얼마나 힘들까. 힘든 일이 빨리 끝났으면 좋겠어. 퇴근하고 싶다"라고 말하는 걸 자주 들었다. 한마디로 일에 대한 열정이 없었다. 일이 고되다고 단정하고 일에 얽매인 노예처럼 출근하면서 성공하고 싶어 하는 건 염치 없는 일 아닐까?

나의 일을 사랑하고 일에 자부심을 느끼며 성공할 기회로 생각하는 직원만이 성공한다. 아무런 포부 없이 무관심한 태도로, 밥을 벌어먹기 위해 일한다면서 노동을 필요악으로 간주하는 직원만큼 고용주에게 큰 골칫거리는 없을 것이다.

에너지와 결단력, 열정을 가지고 업무를 수행하는 직원은 고용주에게 지금 하는 일이 잘되리라는 확신을 준다. 반면 자신의 존재 자체가 회사에 부담이 되는 것처럼 억지로 일하거나 회사에 반감을 품은 사람, 두려워하면서 일을 붙잡고 있는 직원을 보면 고용주는 단번에 이 사람들이 어떤 일도 해낼 수 없으리라는 걸 안다.

열정은 전염된다

　세상은 언제나 열정을 가진 자에게 길을 열어주었다. 열정은 당신의 능력을 배가시키고 당신이 가진 모든 능력을 최고 수준으로 끌어올린다.
　열정은 사업을 끌어당긴다. 열정은 너무 전염성이 강한 나머지 깨닫기도 전에 열정에 물들어 있다. 열정과 진심을 담아 일한다면 손님은 내가 물건을 팔려고 한다는 걸 잊어버릴 것이다.
　사람들은 열정이 넘칠 때 위업을 달성한다. 열정적일 때 생산성이 높고 아이디어가 왕성하다. 독창적이고 창의적인 생각이 넘쳐나고 힘이 솟아나며 효율적으로 일한다.
　하지만 열정이 식으면 하던 일을 방치한다. 열정이 많았을 때 세웠던 기준은 무너지고 썰물처럼 열정이 빠져나가면 손에 일이 잡히지 않는다. 물이 들어와서 넘칠 때까지 기다려야 한다. 정말 훌륭한 일을 하리라고 생각했지만, 어느 날 갑자기 기운 없이 비관적인 태도를 보이는 사람을 살면서 한 번쯤은 만나볼 것이다. 일은 지체되고 에너지가 충전되기 전까지는 축 처져 있다.
　크리스타 호킨은 언제나 열정이 넘치는 사람이다. 그녀는 매주 수백 명의 잠재 고객을 유치하기로 유명하다. 그녀는 하루에 수천 대의 자동차가 생산되는 앨라배마주 몽고메리 지점의 현대자동차 제조 공장 견학 담당자로, 전통적인 의미의 매니저나 판매원 혹은 리더는 아니다.
　공장을 견학 오는 방문자들을 열정으로 대한 결과, 차를 향한 관심이 구매로 이어졌고 크리스타 호킨은 유명해졌다. 그녀는 투어에 참가한 사람들에게 개인적인 관심을 보이면서 질문을 하라고 격려하고 질문을 받으면 열정을 담아 이해하기 쉬운 언어로 정성스럽게 답변해 준다.

전문가들에 따르면 직원들은 브랜드를 대표하는 이미지를 형성한다고 한다. 직원은 곧 브랜드의 얼굴이기에 직원들이 고객과 하는 상호작용은 브랜드에 활기차고 열정적인 이미지를 불어넣을 기회다.

크리스타는 마음을 다해 일하기 때문에 일의 효율이 높다. 이 공장이 지역사회와 앨라배마주에 이바지한 걸 떠올리면 저절로 기분 좋게 일하게 된다고 한다. 그녀는 절대 '부하 직원'이라는 용어를 사용하지 않는다. 자동차의 품질은 자동차를 만드는 사람들의 에너지와 직접적으로 관련이 있으므로 모든 사람은 동료다. 그녀는 자동차를 판매하려고 투어를 진행하는 게 아니다. 방문객에게 즐거운 시간을 선사하고 차량에 대한 정보를 제공하는 데 목표를 두었다. 그런데 그 결과 차량 판매량이 증가했고 크리스타의 노력은 보상을 받게 되었다.

빛으로 마음을 채우면 어둠이 달아난다

열정은 식거나 사라지기 쉽다. 하지만 낙담했을 때도 열정을 유지하는 아주 쉬운 기술이 있다. 생각을 통제하고 마음속에 있는 부정적인 생각을 없애기만 하면 된다. 마음을 파괴적이고 조화롭지 못한 생각으로 가득 채우면 열정이 빨리 식고 열의가 꺾인다. 나는 나의 기분을 조절할 수 있다.

어둠을 쫓는 가장 좋은 방법은 햇빛으로 마음을 채우는 것이다. 마찬가지로 열정을 불러일으키는 가장 좋은 방법은 내가 하고 싶은 역할을 맡은 다음 열정을 가지고 행동하는 것이다. 큰일을 하려는 야망이 있다면 먼저 열정을 가져야 한다.

톰은 컴퓨터 시스템을 업그레이드하도록 상사를 설득하는 게 쉽지 않다는 걸 알고 있었다. 상사는 평소에 다른 사람의 아이디어를 잘 받아들이지 못하는 사람이었다. 분명 상사는 추가 비용에 대한 우려를 제기할 것이므로 그는 미리 프레젠테이션을 준비했다. 자신이 제안한 시스템이 근무 속도를 높이고 오류를 최소화할 수 있다고 증명하는 내용이었다. '굳이 귀찮게 할 필요가 있을까? 상사가 내 말을 들을 것도 아닌데'라는 생각이 톰의 뇌리를 가장 먼저 스쳐 지나갔지만, 톰은 이 프로젝트에 엄청난 열의를 가지고 있었다. 상사가 거부할지도 모르지만 그는 씩씩하게 발표를 진행했다. 그러자 상사는 시스템을 업그레이드하자고 톰의 의견에 힘을 실어주었다.

자신이 승리하리라고 믿는 열정적인 사람들은 특별한 분위기를 풍긴다. 외모도 남다르다. 전투를 시작하지도 않았는데 이미 반 이상은 이긴 것 같다.

당신이 이루고자 하는 목표를 향해 마음을 바로 세워라. 단호하고 확실한 태도를 보이면서 결단력에 열정을 겸비하라. 나의 결심에 투지를 불어넣으면 이 땅 위의 어떤 것도 내가 목적을 달성하는 것을 결코 막을 수 없다.

루시는 학교를 졸업하고 병원 행정직원 자리를 찾고 있었다. 그녀는 전문대에서 의료 행정학을 전공했으나 업무 경험이 부족하다고 몇 번이나 퇴짜를 맞았다. 그래서 자기 자신에게 격려의 말을 건넸다.

"나는 이 자리를 원해. 이 일을 할 만한 기술과 능력이 있어. 나는 부지런하고 양심적인 사람이야. 이런 점이 의사에게 진정한 자산이 될 수 있을 거야."

다음 면접을 보러 갔을 때 그녀는 반드시 취업하고야 말겠다는 자세로 임했다. 병원으로 가는 길에 몇 번이고 자기 자신에게 격려의 말을 건넸다. 자신감을 풍기며 의사의 사무실로 들어가 그가 질문하는 내용에 열정을 담아 답변했다. 그러자 의사가 먼저 자기와 함께 일하는 게 어떻겠냐고 제안했다. 몇 달 후 의사는 이력서를 받아보았을 때 업무 경험이 없다는 걸 이미 알고 있었다고 말했다. 형식상 면접을 보고 떨어뜨리려고 했지만, 넘치는 열정을 보고 그녀를 고용하기로 마음먹었다는 것이다. 그녀는 자신이 하는 일에 열정이 있었고 행정 부서의 소중한 일원이 되었다.

스스로 문제를 풀어가는 기쁨

세상에는 두 부류의 사람들이 있다. 죄인과 성자를 일컫는 건 아니다. 잘 알다시피 선한 이에게도 나쁜 점이, 악한 이에게도 좋은 점이 있기 때문이다. 행복한 사람과 슬픈 사람, 부자와 빈자, 겸손한 사람과 거만한 사람도 아니다. 여기서 두 부류란 스스로를 일으키는 자와 남에게 기대고 의존하는 자다. 어딜 가든 세상 사람들은 두 부류로 나뉜다. 이상하게도, 스스로를 일으키는 자가 한 명 있다면 기대는 자는 스무 명이 있다.

당신은 스스로를 일으키는 자인가, 아니면 다른 사람에게 기대고 투덜대는 사람인가? 다른 사람에게 의존하는 사람이라면 나는 성장하고 초월하기 위해 이 세상에 왔다는 걸 기억하라. 문제와 어려움을 극복하고 도전하기 위해 태어났지, 문제에서 도망치기 위해 태어난 것은 아니다. 어려움을 극복하는 데 기쁨이 있다. 누군가가 나 대신에 십자말풀이 문제를 풀어주었다고 상상해 보라. 재미가 없고 밋밋할 것이다. 내가 스스로 십자말풀이 문제를 풀어가는 데서 얻는 기쁨이 있다.

건설업자는 다리를 지을 때 장애물, 실패, 어려움을 극복하면서 기뻐한다. 나는 정신적·영적 도구를 갈고 닦기 위해, 지혜와 힘과 이해력을 기르기 위해 이 세상에 왔다. 나와 다른 사람의 삶에 열정을 불어넣기 위해 이 자리에 있는 것이다.

열정은 성취로 이어진다

내가 지금 하는 일에 대해 열정을 가지면 모든 행동에 흥분과 기쁨, 만족감이 스며들기 마련이다. 매일 하는 일상적인 일에 마음 벅차며 설레하는 건 쉽지 않지만 노력한다면 가능하다.

마음속 생각이 외부 세계에서 일어나는 일을 결정한다. 정말 열정이 있다면 눈이 초롱초롱하게 빛나고 기민해지며 성격은 활기차진다. 걸음걸이가 가벼워지고 나라는 존재 전체에 생기가 넘친다. 열정이 있는 사람은 타인을 대하는 태도와 세계관이 다르다. 열의와 즐거움은 세상에서 큰 차이를 만든다.

물론 자기 자신과 자신이 가진 능력에 대해 열정을 가지고 있어야 한다. 내가 만들거나 판매하는 제품, 작곡하는 음악, 쓰고 있는 글 등 내가 하는 일에 열정을 가지는 건 필수다.

어떻게 하면 열정을 가질 수 있을까? 첫 번째로는 내가 하는 일에 자기 확신을 가져야 한다. 내가 파는 물건 또는 내가 전하는 아이디어나 개념에 관해 최대한 많은 정보를 쌓아보자. 내가 하는 일을 깊게 파고 들어가 보고 생생하게 경험하라. 배우면 배울수록, 그리고 그 배움을 삶의 일부로 삼을수록 열정은 더 커질 것이다.

위대한 업적을 거둔 사람들을 연구하다 보면 공통점이 하나 있다. 바로 일과 삶에 대한 열정이다. 공무원이든 사업가든, 과학자든 예술가든 직업과 관계없이 모두 열정이 넘친다. 베토벤은 귀가 들리지 않았지만 열정 덕분에 훌륭한 교향곡을 작곡할 수 있었다. 신대륙을 발견하고자 하는 열정이 넘쳤던 콜럼버스는 이사벨 여왕을 설득해 항해에 필요한 자금을 마련할 수 있었다.

당신도 이 힘을 가지고 있다. 재능과 능력을 발산하고 열정과 열의를 개발하며 내면의 힘에 대해 더 많이 배워야 한다. 나는 나 자신을 일으키고 놀라울 정도로 높은 곳으로 도약할 수 있다. 내 안에 있는 최고의 지성에게 필요한 것을 달라고 요청하면 응답을 받을 것이다. 무한한 지성이 나를 인도하고 숨겨진 재능을 보여줄 것이다. 새로운 문을 열어주고, 나아가야 할 길을 제시할 것이다. 우리는 인도의 원칙에 따라 무한한 지성에게 앞길을 안내받게 될 것이다.

조셉 머피의 미라클 노트

- 내가 이루고자 하는 목표를 향해 마음을 바로 세워라. 단호하고 확실하게 행동하고 결단력에 열정을 겸비하라. 나의 결심에 투지를 불어넣으면 이 땅 위의 어떤 것도 내가 목적을 달성하는 것을 막을 수 없다.
- 성공한 사람은 누구보다 더 노력한다. 열정과 열의를 다해 일하므로 결과물의 양과 질에서 확연하게 차이가 난다.
- 내가 지금 하는 일에 대해 열정을 가지면 모든 행동에 흥분과 기쁨, 내면의 만족감이 스며들기 마련이다. 매일 하는 일상적인 일에 마음 벅차 설렘을 느끼는 건 쉽지 않지만 노력한다면 가능하다.
- 열정은 전염된다. 열정이 있는 사람의 눈은 반짝이고 목소리가 진동하며 발걸음이 가볍다. 열정은 행동과 인격에 스며든다. 상사는 내가 가진 열정을 보고, 부하 직원과 동료는 열정을 느끼며, 고객은 영향을 받는다.
- 열정은 식거나 사라지기 쉽다. 낙담했을 때도 열정을 유지하는 아주 쉬운 기술이 있다. 생각을 통제하고 마음속에 있는 부정적인 생각을 없애기만 하면 된다. 열정을 가장 빨리 식게 하고 열의를 꺾는 방법은 마음을 파괴적이고 조화롭지 않은 생각으로 가득 채우는 것이다. 나는 내 기분을 조절할 능력이 있다. 어둠을 쫓는 가장 좋은 방법은 빛으로 마음을 채우는 것이다.

6
실패는 성공이라는 게임을 계속하는 열쇠다

어떤 확신을 가졌냐에 따라, 잠재의식이 어떻게 조성되었느냐에 따라 현재의식상에서의 행동이 달라진다. 영원한 진리와 하나가 되어 마음을 다시 조정해 보자. 평화와 기쁨, 사랑, 유머, 행복과 선의의 생각으로 마음을 채우면 놀라울 정도로 훌륭한 성품을 개발할 수 있을 것이다. 긍정적인 자질을 생각하면 그 자질이 잠재의식 속으로 들어온다.

"못 쓸 정도가 아니라면 고쳐 쓰지 말라"라는 옛말이 있다. 변화를 주기 위해 기존에 있는 것을 바꾸는 것은 생산적이지 못하다는 점에서 나름의 논리가 있다. 하지만 앞으로 나아가고 새로운 도전에 임하기 위해서는 변화가 필요할 때도 있다. 같은 것을 계속 반복하는 건 쉽다. 그래서 직접 무슨 일을 계획하거나 실천했을 때 거기에 변화를 주는 것은 더 꺼려진다. 변화해야 현재 상황이 나아지는데도 종종 자기만의 생각에 빠져 변화를 거부한다.

많은 사람이 변화를 거부하는 또 다른 이유는 실패에 대한 두려움 때문이다. 패배의 아픔을 겪고 싶은 사람은 아무도 없다. 하지만 시도하지 않는다면 그 누구도 성공할 수 없다. 이 세상에 실패할 위험이 없는 일은 없다.

모든 사항을 검토하고 재평가한 후 지금 상황에 맞게 변화를 줄 의향이 있다면 잠재의식이 변화를 받아들일 수 있도록 조건을 형성해야 한다. 새로운 아이디어에 마음을 열고 유연하게 받아들일 준비를 하면 잠재의식은 변화에 저항하는 대신 새로운 개념에 적응할 것이다. 성공한 사람들은 위험을 감수하고 늘 사용했던 접근법에 스스로를 가두지 않는다.

물론 실패할 수도 있다. 하지만 중요한 건 실패하더라도 그것을 받아들이고 원상태로 되돌아갈 수 있도록 회복력을 기르는 것이다. 우리는 실수를 통해 교훈을 얻는다. 그리고 여태까지 얻은 교훈을 활용해서 실패를 극복할 수 있다.

롤런드 허시 메이시는 처음 백화점을 연 후 7개의 지점을 철수해야 했었다. 하지만 이것을 '실패'라고 생각하는 대신 끊임없이 노력했고 마침내 미국 소매업을 선도하는 인물로 거듭났다. 메이저리그의 전설적인 홈런왕 베이브 루스는 삼진아웃을 1300번 넘게 당했지만 714개의 홈런을 친 덕에 삼진아웃은 묻혔다. 토머스 에디슨은 포기를 모르는 사람이었다. 하지만 끈기만으로는 결코 큰 성공을 할 수 없었다. 실험이 실패할 때마다 실패의 원인이 무엇인지 깊이 연구했고, 계속해서 해결책을 찾아나갔다. 실패를 통해 회복력과 적응력을 연마했고 실패했다고 해서 결코 무너지지 않았다. 오히려 자신에게 동기를 부여했고 끊임없이 노력했다.

물을 차로 변화시키는 찻잎처럼

경직된 사고방식으로 새로운 아이디어를 잘 받아들이지 못한다면 마음가짐을 유연하게 만들어야 한다. 이것은 다른 사람이 대신 해줄 수 없다. 가장 먼저 나를 변화시킬 수 있는 사람은 나밖에 없다는 것을 인정하자. 이 진리를 깨달으면 성격이 180도 변하기 시작한다.

정신을 훈련하려면 자신을 두 명으로 나누어 생각하는 게 좋다. 현재의 자신과 내가 되고 싶은 자신의 모습으로 나누어보라. 당신 안의 한 명은 평범한 인간의 정신을 가졌고, 다른 한 명은 나를 통해 표현하려 하는 절대자의 정신을 가졌다. 후자가 되어 전자의 공포, 걱정, 불안, 질투, 증오가 담긴 생각을 들여다보라. 그런 감정 때문에 부정적인 생각의 노예가 되고 정신적인 감옥에 갇힌다. 모든 건 내가 나를 어떻게 바라보느냐에 달렸다.

다음은 어느 아시아 국가에 내려오는 설화다. 한 농부가 마을의 현자를 찾아갔다고 한다. 그는 인생이 너무 고되다고 불평했다. 무엇을 어떻게 해야 할지 몰랐고 미래에 대한 두려움이 마음을 지배했다. 이 농부는 그냥 포기하고 싶었다. 문제와 맞서 싸우느라 지쳐 있었기 때문이다. 한 문제가 해결되어도 또 다른 문제가 생기는 것 같았다.

현자는 농부에게 호수로 내려가 양동이에 물을 떠 오라고 시켰다. 현자는 떠 온 물을 세 개의 냄비에 나눠 담은 후 벽난로 위에 놓았다. 곧 냄비의 물이 끓기 시작했다. 첫 번째 냄비에는 당근을 잔뜩 넣었다. 두 번째 냄비에는 달걀 몇 알을 넣었고 마지막 냄비에는 찻잎을 한 움큼 넣었다.

그렇게 30분을 끓인 후에 벽난로에서 냄비를 꺼냈다. 현자는 첫 번째와 두 번째 냄비에서 당근과 달걀을 꺼내 각각 다른 그릇에 담았다. 세 번째 그릇에는 차를 부었다. 그는 농부에게 가서 물었다.

"무엇이 보이는가?"

"당근과 달걀 그리고 차가 보입니다."

그러자 현자가 말했다.

"당근을 먹고 느낀 점을 말해보게."

농부는 당근을 집어먹었다.

"부드럽네요."

그러자 현자는 농부에게 달걀 껍질을 깨보라고 했다. 달걀은 이미 익어서 단단해져 있었다. 현자는 마지막으로 차를 한 모금 마셔보라고 했다. 농부는 진하게 우려낸 차를 마시고 미소를 지었다. 농부가 현자에게 물었다.

"이게 무슨 뜻인가요?"

현자는 당근과 달걀 그리고 찻잎 모두 같은 역경을 견뎌냈다고 설명해 주었다. 모두 끓는 물에 넣었지만, 반응은 각각 달랐다. 당근은 단단하고 딱딱했지만 끓는 물에 들어가니 부드러워지고 물렁해졌다. 깨지기 쉬운 달걀은 얇은 껍질만이 흰자와 노른자를 보호하고 있었지만 끓는 물에 넣으니 속도 단단해져 있었다. 한편 독특한 향과 맛을 풍기는 찻잎은 물을 차로 바꿨다.

현자가 농부에게 물었다.

"이 중 그대는 무엇에 해당하는가? 역경이 찾아왔을 때 그대는 당근이 될 것인가 달걀이 될 것인가, 아니면 찻잎이 될 것인가?"

인생에서 문제를 직면했을 때 나 자신에게 물어보자.

나는 어느 쪽인가? 단단해 보이지만 고통과 역경을 겪으면서 물렁

물렁해지고 힘을 잃는 당근인가? 다치기 쉬운 마음과 부드러운 영혼을 가졌지만 직업을 잃거나, 이별을 하거나, 재정적 문제나 시련을 겪고 나면 단단해지는 달걀인가? 아니면 고통을 받는 순간에도 물을 차로 변화시키는 찻잎인가? 차는 물이 끓으면 향과 맛을 뿜어낸다. 만약 내가 찻잎이라면 최악의 상황에서도 더 나은 사람이 될 수 있고 주변 상황을 바꿀 수 있다. 어둡고 혹독한 시련을 겪고 있을 때 당신은 자신을 한 단계 더 성장시키는 사람인가?

역경에 어떻게 대처하는지 자신을 돌아보라. 나는 당근인지 달걀인지 찻잎인지 생각해 볼 필요가 있다.

긍정적인 사고는 적응력을 높인다. 새로운 방식으로 반응하고 생각하라. 익숙한 관행 또는 체계를 따르거나 기계처럼 전과 같이 반응하지 마라. 이 위대한 진리를 마음속에 새겨라. 나는 성취하기를 원한다. 지금부터 나를 아래로 끌어내리는 부정적인 생각과 하나가 되는 걸 거부하고, 사고방식을 바꿔 기존과는 다른 관점으로 현재 마주한 문제를 해결해야 한다.

재능은 끈기를 이길 수 없다

미국의 유명 정치가의 이야기다. 이 정치가는 스물한 살에 사업에 실패했고, 1833년 주 의회 선거에서 패배했다. 1834년에 주 의원으로 선출되었으나 이듬해 부인이 세상을 떠났다. 엎친 데 덮친 격으로 1836년에는 신경쇠약에 걸렸다. 2년 후 1838년에는 의장직에서 미끄러졌고 1840년에는 선거인단에도 떨어졌다. 1843년에도 의회 입성에 실패했다. 1846년이 되어 마침내 의원으로 선출되었지만 1848년에는 재임에 실패한다. 1855년에는 상원의원 선거에서, 1856년에는 부통령 선거에서 고배를 마셨다. 2년 뒤인 1858년, 다시 상원의원이 되는 데 실패한다. 하지만 끈질기게 도전한 끝에 1860년 미국 대통령에 당선되었다.

바로 에이브러햄 링컨의 이야기다. 하지만 여기까지의 이야기는 새 발의 피다. 그는 인생 내내 숱한 고난을 겪었다. 성공이 쉽지 않다는 걸 보여주기 위해 링컨의 예시를 드는 것이 아니다. 도리어 끈질기고 집요하게 달려들면 언젠가 반드시 성공할 수 있다는 걸 증명한 사람이 바로 링컨이다.

끈기는 세상 모든 걸 이길 수 있으며 재능은 인내를 대신할 수 없다. 재능은 있지만 인내심이 부족해서 성공하지 못한 사람들이 수두룩하다. 천재라도 인내를 이길 수는 없다. 그래서 천재가 성공하지 못한다는 말이 속담처럼 굳어졌다. 교육만으로도 성공할 수 없다. 길거리에는 교육을 받은 노숙자들로 넘쳐난다. 인내와 의지만이 모든 것을 가능하게 한다.

우주의 모든 것은 변하기 마련이다. 이 변화 앞에 우리가 할 수 있는 일은 아무것도 없다. 정권은 교체된다. 하루아침에 대통령이 바뀌거나 새로운 왕이 등장할 수도 있으며 혁명이 일어날 수도 있다. 모든 건 끊임없이 변화한다.

큰 장애물에 직면했을 때 포기하고 굴복하고 싶은 마음이 들면 오래전부터 내려오는 솔로몬 왕의 전설을 기억하라.

기분이 우울했던 솔로몬 왕은 꿈속에서 끼고 있던 반지를 찾아달라고 신하들에게 부탁했다.

"만족스러울 때는 만족감이 오래가지 못할까 두렵고 슬플 때는 슬픈 상태가 영원히 계속될까 두렵다. 내 고통을 덜어줄 반지를 찾아주게나."

솔로몬은 신하들을 궁 밖으로 보냈다. 그중 한 사람은 나이가 지긋한 보석 장인을 만나 '이 또한 지나가리라'라고 각인된 금반지를 샀다. 솔로몬 왕이 반지에 새겨진 글귀를 읽자 그의 슬픔은 기쁨으로 바뀌었고 기쁨은 슬픔으로 바뀌었다. 왕은 비로소 두 감정 앞에 평정심을 유지할 수 있었다.

지금 내가 가진 문제는 언젠간 사라질 것이다. 항상 좌절에 빠져 있지 않을 것이다. 이런 끊임없는 변화 속에서 중요한 건 무슨 일이 일어나느냐가 아니다. 일어난 일을 어떻게 바라보느냐가 더 중요하다.

물론 아무리 노력한다 해도 해낼 수 없는 일들도 있다. 하지만 실패의 쓴맛 사이에는 성공의 즐거움이 껴 있다. 실패에 건설적으로 대처한다면 실패를 성공으로 바꿀 수 있다.

리 아이어코카가 포드 모터 컴퍼니에서 해고되었을 때 커리어 측면에서는 최악의 상황이었다. 하지만 그는 크라이슬러 최고경영자가 되어 실패를 성공으로 바꾸었고, 그의 성공담을 모르는 사람이 없을 정도로 유명해졌다. 그런데 사실 그는 크라이슬러에 가서 새로운 직책을 맡자마자 더욱 처참한 실패를 맛보았다. 당시 크라이슬러는 파산 직전이었던 것이다. 이런 상황이라면 두 번 연속 실패하는 것보다 바로 그만두는 게 그나마 낫다고 생각하는 사람이 대다수일 것이다.

하지만 리 아이어코카는 실패에 무릎 꿇지 않았다. 내면의 자원을 끌어 쓰면서 이미 한 번 실패를 맛보았으니 이번에는 무너지지 않겠다고 결심했다. 그는 놀라운 적응 능력과 혁신, 창의적 사고, 끈기 등 자신의 강점을 활용하여 위기에 맞섰고 결국 위기를 이겨냈다.

몸은 마음의 그림자다

태도란 물리적인 것이 아니므로 올바른 태도를 가지면 능력과 평정심을 기르고 번영할 수 있다. 태도는 삶을 지휘하기에 태도가 바뀌면 모든 게 바뀐다. 당신의 마음가짐은 어떠한가? 주도적으로 생각하면 훌륭한 경험을 하고 멋진 결과를 도출해 낼 수 있다. 몸은 마음의 그림자이므로 마음을 바꾸면 몸도 바뀐다. 몸은 마음의 응집체니 믿음은 곧 현실이 된다.

문제가 생겼을 때 사람들의 회복력을 저하시키는 건 부정적인 생각이다. 부정적인 생각은 잠재의식의 문을 닫아버린다. 그리고 문제를 해결하고 새로운 환경에 적응하며 변화를 일으키는 걸 막는다.

주도적인 생각은 이러한 부정성을 극복할 수 있게 해준다. 할 수 있다고 생각하면 할 수 있다. 내 안에 회복력의 씨앗이 숨어 있기에, 무한한 힘을 사용하면 씨앗을 싹틔우고 강인해질 수 있다. 마음을 지배하는 부정적인 생각이나 감정과 싸우는 건 어려운 일이지만 당신은 할 수 있다.

두려움, 분노, 비난, 증오 등 부정적인 생각이 들자마자 즉시 생각의 싹을 잘라내 버려라. 부정적인 생각이 커지고 힘을 얻지 못하게, 당신의 마음을 지배하거나 패배하지 못하게, 병에 걸리고 실패하지 못하게 말이다. 마음속에서 원망이 커지면 원망에 지배당하게 되고, 인생은 두려움으로 도배된다. 행동과 말과 생각에 두려움이 가득 차 창의력을 사용하여 혁신하고 새로운 상황에 적응하는 것을 방해한다.

토머스 에디슨은 백열등을 발명하기 전에 천 번 이상 실패했다고 한다. 하지만 그것을 부정적으로 생각하지 않았고 계속 적응해 나가면서 세세한 부분을 조정했다. 앞서 언급한 리 아이어코카는 적응력과 창의성으로 국회를 설득해 보조금을 받은 덕에 크라이슬러를 파산에서 구해낼 수 있었다.

내면의 자원을 확장하라

인생을 최대한으로 활용하려는 사람은 결코 성장을 멈추지 않는다. 이들은 언제나 성장하는 여정에 올라 있다. 왜냐하면 성장할수록 목표가 커지고 더 유능해지는 꿈을 꾸기 때문이다. 이들은 정거장에 들러 더는 필요하지 않은 짐을 내려놓고 방해되는 장애물을 치운 후 여정을 재개한다.

내면에 숨겨진 자원을 활용해서 성장하고 능력을 기른다면 계속해서 더 나은 사람이 될 것이다. 그러려면 사물과 사건을 가까이에서 세심하게 관찰하여 지성을 기르고, 쉬지 않고 지식을 쌓으며 정신적 시야를 넓혀야 한다. 나 자신만 생각하지 말고 타인에게 봉사하고 도움을 줘야 한다. 변화를 두려워하지 마라. 내 능력에 자신감을 가지고 새롭고 상상력 넘치는 아이디어로 도전을 마주하라.

버버리의 전 최고경영자인 앤절라 애런츠는 패션 업계에서 크게 성공을 거둔 인물을 관찰했고, 그들과 닮는 데 성공했다. 의류 기업 와나코를 이끌던 린다 와치너에게서 비즈니스 기술을, 패션계를 이끄는 또 다른 인물 도나 캐런에게서 창의적 기술을 배웠다고 한다. 린다 와치너는 숫자에 빠삭했고 도나 캐런은 디자인에 대해 많은 것을 가르쳐주었다.

그녀는 도나 캐런의 브랜드를 퇴사하고 헨리 벤델의 여성용 액세서리 브랜드인 벤델이 미국 전역에 매장을 50개로 확장하는 계획에 합류했다. 그러나 18개월 후 이사회는 이 계획을 취소했다. 안젤라는 이를 '커리어에 있어서 가장 타격이 컸던 사건'으로 꼽는다. 하지만 그녀는 여성용 의류 회사 리즈 클레이번에 입사하자마자 재빨리 이전 상태로 돌아가 사업과 창의성을 펼쳐나갔다. 도나 캐런의 관계자들이 꺼려했던 주시 쿠튀르를 매입해 회사의 몸집을 키워나가자고 임원진을 설득했다.

세계적인 명품 버버리를 오래 이끌어왔던 최고경영자가 은퇴하자 앤절라는 최고경영자 자리를 거머쥐었다. 혁신적인 아이디어와 새로운 아이디어를 받아들이려는 노력은 사업을 확장시켰고 번영시켰다.

만약 당신이 너무 많은 문제로 걱정하고 있다면, 앤절라 애런츠 등 많은 사람이 문을 열었던 비밀의 방에 대해 생각해 보라. 그 방은 무한한 가능성으로 가득 차 있다. 이 세상에는 수천 명이 넘는 훌륭한 사람들이 있다. 그들은 앤절라 애런츠 같이 인생의 도전에 마주했기에 더 좋은 아내와 남편, 실력과 인성을 겸비한 의사, 능력 있는 정치인이 될 수 있었다.

나 자신을 발견하고 싶다면 책에서 영감을 받거나 훌륭한 연설을 들어보라. 이로써 나라는 존재의 핵심에 다가가고, 자극을 받아 지금까지 잠자고 있던 내면의 힘을 인지할 수 있다. 훌륭한 설교나 강의를 들으면서 타고난 자질이 깨어나는 경험을 한 적이 있을 것이다. 이처럼 영원히 발굴되지 못했을 수도 있는 재능을 발견할 수 있다.

능력을 고도로 배양할수록, 더 깊숙한 곳에서 자원을 끌어다 쓸수록, 숨겨진 나의 모습을 더 많이 발견할수록 시야는 더 넓어질 것이다. 삶은 영원한 발전이다.

중년이 될 때까지 자신의 가능성을 전혀 깨닫지 못한 사람들도 있다. 그러나 영감을 주고 자극이 되는 책을 읽거나 설교, 강의를 듣거나, 높은 이상을 추구하는 친구를 만나서 이해와 격려를 받으면 갑자기 오랜 잠에서 깨어난 것처럼 정신이 든다.

당신 안의 능력을 보고 당신을 믿으며 응원하고 칭찬해 주는 사람을 곁에 두는지, 아니면 이상과 희망을 무너뜨리고 포부에 찬물을 끼얹는 사람을 곁에 두는지에 따라 삶의 양상은 크게 달라질 것이다.

미국의 라이프타임 텔레비전 채널의 전 사장이자 최고경영자였던 앤드리아 웡이 그 좋은 예다. 그녀의 부모는 자라면서 딸이 실패해 보는 것도 중요하다고 생각했고 앤드리아는 그 실패 덕에 강해졌다. 학급 회장 선거에서 낙선했을 때 훌훌 털어내고 계속해서 앞으로 나아가는 법을 배웠다. 그리고 어린 시절 얻은 교훈을 숨 쉴 틈이 없이 돌아가는 텔레비전 제작 현장에 적용했다. 방송 업계에서는 매번 히트작에 가려져 주목받지 못하는 프로그램들이 쏟아져 나왔다.

그녀가 영국 프로그램 〈댄싱 위드 더 스타〉를 미국에 들여오는 아이디어를 냈을 때, 업계 사람들은 앤드리아가 정신이 나갔다고 생각했다 생각했다. 하지만 앤드리아는 성공하리라고 믿었고 방송국을 설득하여 방송을 내보냈다. 그리고 〈댄싱 위드 더 스타〉는 그해 가장 시청률이 높은 프로그램 중 하나가 되었다. 그녀는 방송국 책임자로서 라이프타임 텔레비전이라는 브랜드를 성장시켜야 한다는 투철한 책임감이 있었다. 어렸을 때부터 개발해 왔던 자신감, 배우려는 의지, 상황을 개선하려는 부단한 노력, 더 성장하려는 의지 덕분에 그녀와 라이프타임 텔레비전은 성장할 수 있었다.

진짜 실패는 노력하지 않는 것이다

전투에서 수십 번 패배한 군인들과 면담을 해보면 적절한 자극과 응원을 받은 적이 없다는 걸 알게 될 것이다. 이들은 포부를 가져본 적도 없을뿐더러 이미 우울하고 사기가 저하되어 있어서 패배를 딛고 일어날 수도 없었다. 교도소 수감자나 빈민가에 사는 사람들은 환경의 영향력을 여실히 보여준다. 그러한 환경은 내면에 있는 장점 대신 단점을 최대치로 끌어올린다.

어떤 일을 하든, 무슨 일이 생기든 나를 자극하고 포부를 심어주는 분위기를 유지해야 한다. 자신을 이해하고 내 잠재력을 믿으며 자아를 발견하도록 도와줄 사람, 나의 능력을 최대치로 끌어올려 줄 사람과 가까이 지내라. 곁에 누구를 두느냐가 멋지게 성공을 거둘지 아니면 평범하게 살아갈지를 판가름한다. 계속 무언가를 하려고 시도하는 사람들, 세상에 이름을 드높이고 싶어 하는 사람들과 가까이 지내라. 이런 사람들은 높은 목표와 고상한 포부를 지닌 사람들로, 함께 있으면 나도 비슷한 포부를 가지게 된다. 정신이 환경을 지배하게 되는 것이다. 여태까지 순조롭지 않았다면, 당신은 곧 더 높은 곳에 도달하려는 사람들의 성공에서 자극과 격려를 받을 것이다.

니컬러스 홀은 실패가 상대적인 개념이라는 걸 알고 있다. 그래서

'실패'라는 단어가 들어가게 회사 이름을 지었다. 새로운 기업을 끊임없이 설립해 나가는 그는 '스타트업실패사례모음.com StartupFailures.com'의 창업자로, 창업이란 모험을 기록하기 위해서 이 회사를 설립했다고 한다. 그는 성공하려면 어려운 일을 회복하고 자기 의심을 극복해야 한다고 설파한다. 그에게 있어 실패는 성공의 가까운 친척으로, 성공만큼 실패도 가까이 둔다. 실패한 사람들이 다시 정상 궤도로 돌아올 수 있도록 격려하고 조언을 해 주고 있다.

'노력하지 않는 게 진정한 실패다'가 니컬러스의 핵심 신념이다. 그는 실패가 일상적인 일이라고 덧붙인다. 개인적인 실수를 하든, 업무 실수를 하든 성공하는 사람은 실수하기 마련이다. 회복하고자 하는 의지만 있다면 다시 앞으로 나아갈 수 있다.

스타트업이 성공할 때까지 실패를 단 한 번도 겪지 않거나 실패의 위험을 감지하지 못한 창업자는 없다. 마이크로소프트와 애플도 똑같은 절차를 겪었다. 니컬러스 홀은 사업을 시작하는 많은 사람은 실패도 과정의 일부라는 걸 이해하고 있으나 그 과정을 건너뛰기를 바란다고 인정했다.

실패에서 회복하는 걸 막는 가장 큰 장애물은 자기 의심이다. 위로되는 말과 생각은 실패를 극복하는 해결책은 되지 못하지만 회복을 더 쉽게 만들어준다.

여기서 핵심은 실패를 성공의 일부로 보는 것이다. 실패는 성공이라는 게임을 계속해 나갈 수 있는 열쇠이기도 하다.

조셉 머피의 미라클 노트

- 부정적인 생각이나 반응에 휘둘릴 필요 없다. 긍정적인 마음으로 기계적인 반응을 거부하고 새로운 방식으로 반응하며 생각하라. 나는 평화롭고 행복한 삶을 원한다. 빛나고 건강하며 번영하고 영감을 받고 싶다. 지금부터 나를 끌어내리려는 부정적인 생각과 하나 되는 것을 거부하라.
- 변화를 두려워하지 마라. 상사나 다른 사람들이 동의하지 않는다고 해서 주저하지 마라. 직장에서 도전을 맞닥뜨리면 새로운 상황에 적응하고 해결책을 고안하라. 해결책을 수정해 나가면서 아이디어를 연마할 준비를 해야 한다.
- 끈기는 세상 모든 걸 이길 수 있다. 재능은 인내를 대신할 수 없다. 재능은 있지만 인내심이 부족해서 성공하지 못한 사람들이 수두룩하다. 천재라도 인내하는 사람을 이길 수는 없기에 천재가 성공하지 못한다는 말이 속담처럼 굳어진 것이다. 교육만으로도 성공할 수 없다. 길거리에는 교육을 받은 노숙자들로 넘쳐난다. 인내와 의지만이 모든 것을 가능하게 한다.
- 부정적인 생각이 떠오르는 순간 부정적인 생각을 없애라. 부정적인 생각이 자신을 이기도록 내버려 두어서는 안 된다. 마음속에서 원망이 커지면 원망에 지배당하게 되고 인생은 두려움으로 도배된다.
- 문제를 해결하려면 긍정적으로 접근해라. 새로운 아이디어를 유연하게 받아들이면서 적응하겠다는 의지를 잠재의식에 새기면 변화에 대한 두려움을 극복할 수 있고 부정적인 사고에 대한 저항력을 키울 수 있다.
- 어떤 일을 하든, 무슨 일이 생기든 나를 자극하고 포부를 심어주는 분위기를 유지해야 한다. 나를 이해하고 내 잠재력을 믿으며 자아를 발견하

도록 도와줄 사람, 나의 능력을 최대치로 끌어올려 줄 사람과 가까이 지내라. 누가 곁에 있느냐가 성공을 거두느냐 아니면 평범하게 살아가느냐를 판가름한다.

- 실패는 일어날 수 있다. 하지만 실패가 나를 무너뜨리게 해서는 안 된다. 모든 일은 한때다. 무슨 일이 일어나느냐가 중요한 게 아니라 일어난 일을 어떻게 바라보느냐가 더 중요하다.

7
걱정은 마음속 그림자일 뿐이다

바다에 작은 배를 띄웠을 때 배 안에 물이 차지 않는 한 배는 가라앉지 않는다. 마찬가지로 세상에 산적한 문제와 도전, 어려움을 내 안으로 들이지 않는다면 무너질 일은 없다.

오랫동안 걱정을 하면 활력과 열정, 에너지를 잃고 육체와 정신이 망가진다. 의료 전문가들은 만성적인 걱정이 천식이나 알레르기, 심장 문제, 고혈압 등 수많은 질병의 원인이라고 지적한다.

걱정으로 가득 찬 마음은 혼란스럽고 분열된다. 무엇이 진실이고 무엇이 거짓인지 구분하기가 어렵다. 많은 사람이 가족이 아프거나 실직하는 등 심각한 문제를 겪고 있지만 대다수의 걱정은 나태함, 게으름, 무관심과 무심함에 기인한다. 아침에 눈을 떴을 때 걱정부터 하지 말고 조화와 평화, 아름다움, 올바른 행동, 사랑과 이해를 생각해 보라. 부정적 사고는 건설적인 사고로 대체할 수 있다.

스티브는 건강을 매우 걱정하는 사람이었다. 몸 전체를 검사해 봤지만 의사는 아무런 이상이 없다고 했다. 하지만 그는 불안 신경증에 시달리고 있었다. 불안 신경증은 언제나 사소한 걱정이 끊이지 않아 몸이 아픈 병이다. '걱정worry'의 어원을 살펴보면 '목을 조르다' 또는 '숨이 막히다'라는 뜻이 있다. 숨이 막힐 정도로 목을 조르는 것, 스티브가 자기 자신에게 했던 행위였다.

그는 돈과 직업 그리고 미래에 대해서도 끊임없이 고민했다. 이러한 만성적인 걱정 때문에 성공과 번영으로 향하는 길이 가로막혀 있었다. 계속해서 격분하면서 에너지를 소모했기에 피곤하지 않은 날이 없었고 매일 우울했다.

그는 조언에 따라 하루에 서너 번 스스로와의 조용한 시간을 가졌고 영감과 희망을 얻으리라고 진심을 담아 확언했다. 그가 해야 할 일은 자기 자신과 조화를 이루는 것뿐이었다. 그는 다음 글을 외웠다.

최고의 지혜가 나에게 이런 욕망을 불어넣어 주었습니다. 내가 되고 싶은 사람이 되고, 하고 싶은 일을 하고, 갖고 싶은 것을 갖게 해줍니다. 지혜와 힘은 나를 뒷받침하고 목표를 이룰 수 있게 도와줍니다. 더는 장애물이나 방해물이 있다든가 일이 지연된다든가 실패하리라고 생각하지 않습니다. 이렇게 끊임없이 생각하면 믿음과 자신감, 힘이 생기고 마음이 평화로워진다는 것을 알고 있습니다. 나는 두려워하는 영혼이 아니라 힘과 사랑, 선한 영혼을 가지고 있습니다.

그는 이 글을 정기적이고 체계적으로 묵상했다. 이러한 진리가 현재의식 속으로 파고들어 갔고 뇌는 치유의 진동을 몸 전체에 전달했다. 진동이 잠재의식에도 도달해 정신적인 항생제처럼 걱정, 두려움, 불안, 부정적인 생각의 세균을 죽였다. 한 달 후 그는 강인함과 힘, 지성이 태어날 때부터 내면에 있다고 인식 할 수 있었다. 이처럼 일종의 정신적인 약을 통해 무의식 깊은 곳에 있는 무한한 지성을 깨움으로써 걱정을 물리칠 수 있게 되었다.

걱정을 조각조각 나누어라

엔지니어인 앤디는, 걱정이 생겼을 때 공학적 문제를 해결하는 방법과 같은 접근법을 쓴다고 한다.

"업무 중 기술적인 문제에 직면했을 때 저는 그 문제를 작게, 조각조각 나누어봅니다. 그리고 나 자신에게 묻죠. '이 조각들은 어디에서 왔을까? 한 조각은 무엇을 의미할까? 어떻게 하면 전체 문제에 적용해 볼 수 있을까?' 그래도 걱정이 된다면 '걱정에는 힘이 있는가?' '걱정의 이면에 어떤 원칙이 있는가?'라고 묻습니다."

앤디는 냉철하고 합리적인 사고와 논리적인 분석으로 걱정을 떨쳐낸다. 그는 걱정이 마음속에 있는 잘못된 착각의 그림자라는 걸 깨달았다. 걱정은 현실이 아니라 마음속에 있는 그림자다.

그림자에는 힘이 없다. 걱정을 마음속 그림자로 받아들여라. 그림자에는 현실도, 원칙도, 진리도 없다. 걱정은 불길한 그림자를 모아놓은 것 그 이상도 이하도 아니다. 그림자를 현실로 가져와 해결함으로써 그림자를 없애라.

몸은 마음을 반영한다

의사들에 따르면 많은 환자가 실제로 질병에 걸리지 않았음에도 불구하고 그런 증상을 보이는데, 그 이유는 두려움 때문이라고 한다. 이를 의학용어로는 '신체 증상 장애psychosomatic disease'라고 부른다. 마음을 뜻하는 'psycho'와 신체를 뜻하는 'somatic'을 합한 단어로, 이렇듯 신체의 반응은 마음속 생각을 반영한다.

코네티컷주 하트퍼드에 있는 한 보험회사 부회장의 이야기다. 그는 자신의 심장이 안 좋을 수 있다고 걱정했다. 그보다 스무 살이 많은 절친한 친구가 심장마비로 쓰러졌는데, 그는 자신에게도 이런 일이 일어날 수 있다고 생각했다. 그래서 그는 심장 전문의를 찾아가 심전도를 찍었지만 심장에는 아무런 문제가 없었다. 그가 앓고 있던 건 다름 아닌 신체 증상 장애였다. 친구가 심장마비로 쓰러지자 자기도 심장에 문제가 있지 않을까 과도한 걱정을 하기 시작했고, 실제로 그는 가슴 경련을 비롯한 심장마비 증상들을 경험하기 시작했다.

의사는 의학책이 아니라 잠재의식에 치료법이 있다고 했다. 그는 머릿속에 그릇된 생각이 사라지고 몸이 응답할 때까지 건강에 대한 기도문을 읊으라고 처방 받았다. 몇 주밖에 걸리지 않으니 시도해 보라고 했다. 그는 마음이 진리를 받아들일 때까지 건강하리라는 생각을 반복하면서 부정적인 생각을 긍정적인 생각으로 대체했다. 대체의 법칙을 사용하니 자유로워지고 마음에 평정이 찾아왔다.

이는 약간의 노력이 필요하지만 누구나 할 수 있다. 훈련과 의지의 문제이기 때문이다.

지금부터 이 문제를 극복하겠습니다. 정면으로 맞서겠습니다. 이 문제는 마음속 그림자일 뿐이니 그림자에 힘을 실어주지 않겠습니다.

그가 심장이 나쁘다는 생각에 집착하다 보니 경련이 발생한 것일 뿐 심장에 문제는 없었고 증상은 완전히 없어졌다. 그럼 그는 무슨 병에 걸렸던 걸까? '마음에 있는 그릇된 믿음'이 그의 병명이었다.

나는 내 생각을 다스리는 왕이다

두려움이나 걱정이 닥칠 때마다 또는 무언가를 성취할 수 없다고 생각할 때마다, 마음을 차분히 가라앉히고 무한한 능력이 내 안에 있다는 걸 잊지 마라. 끝없는 사랑과 무한한 지성, 무한한 생명, 경이로운 지혜, 절대적인 힘과 조화가 내 안에 있다.

답을 구하면 해답이 나올 것이다. 무한한 지성이 내 생각에 응답하기 때문이다. 이런 종류의 기도 또는 명상은 마음을 차분하게 하고 완전한 휴식을 취할 기회를 준다. 이렇게 편안한 상태에 있을 때 원하는 게 뭔지, 하고 싶은 게 뭔지, 갖고 싶은 게 뭔지 곰곰이 생각해 보라. 내 안에 있는 무한한 믿음과 확신이 응답해 줄 것이다. 또한 이 믿음은 나의 잠재의식 안에 스며들어 문제에 직면했을 때 내면의 강력한 힘을 끌어낼 것이다.

카를로스는 수년 동안 마케팅 부서를 위해 도표와 그래프를 그렸다. 일 처리가 깔끔하고 정확하다고 거듭 칭찬을 받았고, 그는 자신의 직업이 안정적이라고 생각했다. 하지만 컴퓨터 기술이 발달하면서 카를

로스의 기술이 더는 필요하지 않았다. 불공평하다고, 운이 안 좋았다고 불평하며 징징대는 대신 그는 컴퓨터 그래픽 교육을 받게 해달라고 회사를 설득했다. 그리고 열심히 공부하고 새로운 기술을 익혔다. 카를로스는 예전에 도표를 그린 경험이 컴퓨터 그래픽 기술을 사용하는 데 큰 통찰력을 주었다는 걸 깨달았다. 그는 과거의 경험을 발판으로 컴퓨터 그래픽 기술에 숙달해서 최고의 성과를 거두게 되었다.

그 어떤 장애물도 당신을 막을 수 없고 그 무엇도 당신을 두렵게 하거나 괴롭힐 수 없다. 그 무엇도 당신을 화나게 할 수 없다. 이 세상의 주인은 나 자신이다. 나는 생각과 느낌, 감정, 반응을 통제하는 내 세계의 주인이자 내 생각의 왕국을 다스리는 왕이다. 부정적인 암시가 들어오면 다음과 같이 말해보자.

> 내 안에는 문제를 극복할 능력과 힘이 있습니다. 무한한 힘의 도움을 받아 해답을 찾을 수 있을 것입니다.

현재의식에 긍정적인 생각을 새겨라. 걱정과 두려움은 내가 허락할 때만 내 인생을 지배할 수 있다. 나에게는 걱정과 두려움을 없애는 힘이 있고 내 안에는 삶을 변화시키는 힘이 존재한다. 기도와 묵상으로 영적인 자아를 살찌우고 자신을 신뢰하면 두려움과 걱정을 극복할 수 있다. 현재의식에 긍정적인 생각을 주입하면 문제에 직면했을 때 잠재의식이 긍정적으로 반응해서 더 행복하고 평화로우며 보람찬 삶을 살 수 있도록 해결책을 제시한다.

자신이 최종적으로 성공할지, 실패할지 계속 궁금해하다가 실패하는 사람이 많다. 결과가 어떨지 끝없이 의구심을 가지면 성취에 악영향을 끼친다.

커리어가 되었든 인생의 다른 측면이 되었든 원하는 바를 이루는 비결은 바로 집중력이다. 모든 종류의 걱정과 두려움은 집중력을 치명적으로 저해하고 창의력을 말살한다. 사람들이 직장에서 괴로워하는 가장 흔한 이유는 자신을 지배하려고 드는 상사를 두려워하기 때문이다. 자기를 만족시키지 못하면 벌을 주거나 해고하겠다고 협박하는 상사는 무섭기 마련이기에, 그런 상사 밑에서 일하는 많은 사람이 끊임없이 고통을 받는다. 그들의 정신적 유기체 속에서 상반된 감정이 부딪치면서 진동하기 때문에 그런 상사 밑에서는 효율적으로 일하기가 어려워진다.

상사의 성격을 바꾸는 건 거의 불가능한 일이다. 하지만 내 에너지를 지키면서 상사의 성격을 감내하는 방법은 있다. 걱정되거나 조바심이 나거나 불안해질 때마다 잠시 멈추고 자신에게 다음과 같이 말하라.

지성인, 즉 자기 자신을 생각하는 존재는 이렇게 살지 않습니다. 현재를 살아가는 사람은 이렇게 생각하지 않습니다.

물론 이직이나 부서 변경이 가능하다면 자리를 옮기는 게 좋다. 하지만 그게 불가능한 상황이라면 상사가 나를 질책할 때마다 자신에게 이렇게 말하라.

상사의 말이 내 인생을 망가뜨리도록 내버려 두지 않을 것입니다. 직장에서 평정심을 유지하겠습니다. 상사의 태도가 거슬리지만, 최선을 다할 것입니다. 맥 빠지지 않을 것입니다.

이러한 생각은 상황을 낫게 만들지는 못할지라도 상사의 태도를 있는 그대로 인정하게 하고 동시에 직장 밖으로 눈을 돌려 만족감과 성취감을 얻을 수 있게 한다.

몸의 긴장을 풀고 마음을 가라앉혀라

내일 아침 상사와 연례 인사 고과 면담이 잡혀 있다고 치자. 어떤 기분이 들겠는가? 분명 상사가 무슨 말을 할지 걱정될 것이다. 과거의 실수나 기한을 맞추지 못했던 일 등 여러 가지 과거의 문제들이 떠오를 것이다. 잠재의식이 부정적인 감정들로 가득 차 그날 밤 잠을 못 이룰 수도 있다.

부정적인 감정에 집중하는 대신 마음의 법칙과 정신적 길을 생각해 보자. 상사의 피드백에 대한 걱정은 일단 접어두고 의자 또는 소파에 앉아 주의를 집중해 보자. 먼저 긴장을 풀어야 한다. 몸이 이완되면 마음은 차분해진다. 그리고 자신에게 다음과 같이 말하라.

나의 발가락의 긴장이 하나하나 풀립니다. 발의 긴장이 풀립니다. 복근의 긴장이 풀립니다. 가슴과 폐의 긴장이 풀립니다. 척추의 긴장이 풀립니다. 목의 긴장이 풀리고 손과 팔도 긴장이 풀립니다. 뇌의 긴장이 풀립니다. 눈의 긴장이 풀립니다. 머리부터 발끝까지 몸 전체의 긴장이 완전히 풀립니다.

몸이 이완되면 몸은 내 말을 따른다. 이렇게 신체가 이완된 상태에서 무언가를 믿게 되면 그 기도는 언제나 응답받는다. 긴장을 풀지 않으면 결과를 얻을 수 없다. 긴장을 풀고 믿음을 가져라. 몸의 긴장을 풀면 마음의 긴장도 풀려 마음이 고요하고 차분해진다. 어려운 일에 대비하기 위해서 무엇을 할 것인가? 지난해 동안 내가 성취한 일들에 집중하라. 나의 제안 덕분에 비용이 절감되고 팀이 혁신을 이뤘던 일, 고객이 만족스러워했던 일 등 긍정적인 성과에 집중해야 한다.

마음의 영화를 계속해서 상영한다면 나의 내면은 준비가 되어 다음 날 아침 상사와의 면담에 긍정적인 태도로 임할 수 있을 것이다. 자신감이 걱정을 대체할 것이다. 물론 개선할 점이 몇 가지 있다고 상사가 언급할 수는 있겠지만 그게 상사의 임무다. 그리고 단점을 개선해야 성과를 향상할 수 있다. 상사의 지적을 비판이 아니라 건설적인 제안으로 받아들여야 한다. 잠재의식의 구조를 바꿔 일에 대한 우려를 충분히 더 잘할 수 있다는 확신으로 바꾸어나가자.

해결할 수 있는 건 자신의 문제뿐이다

예부터 전해 내려오는 어느 현자의 이야기다. 생명의 신비를 사랑했던 신비주의자는 이 세상의 모든 사람에게 거대한 원을 만들라고 지시했다. 사람들은 원의 중앙에 불만, 오해, 마음의 상처, 질병, 부족한 것, 한계 등 모든 종류의 문제를 넣어야 했다.

그다음 모든 문제가 집결되어 있는 원 안을 살펴보라고 했다. 원 안의 불행 중에 원하는 것을 선택해 보라고 하자 갑자기 침묵이 감돌았다. 모두 쥐 죽은 듯 조용했다.

긴 고민 끝에 사람들은 원 안으로 들어가 자신의 문제를 주워 들고 다시 집으로 돌아왔다. 그 누구도 다른 사람이 어깨에 짊어지고 있는 짐과 괴로움, 시련을 선택하지 않았다.

타인의 문제를 해결해 주고 싶은 유혹이 들 때가 있다. 하지만 이는 생각의 오류이자 에너지 낭비다. 세상의 선의와 좋은 의도를 전부 끌어온다고 해도, 남의 문제를 해결해 주기를 진심으로 원한다고 해도, 다른 사람이 처한 상황을 해결할 능력은 그 누구에게도 없다.

궁극적으로 내 삶의 문제를 해결할 수 있는 사람은 나밖에 없다. 왜냐하면 그 문제는 결국 내가 만들어낸 것이기 때문이다. 신념을 바꾸고 내가 진정으로 누구인지 기억함으로써 나를 변화하고 개선할 수 있다. 우리는 선하고 참되고 아름다운 것을 물려받았다는 걸 끊임없이 상기해야 한다.

우울감을 털어내는 법

직장에서 일이 잘 안 풀리고 만사가 어긋날 때가 있다. 일은 쌓여만 가고 마감일을 놓친다. 아무리 열심히 해도 절대 다 끝낼 수 없을 것 같다. 기분이 우울해진다.

우울감이 밀려오는 걸 느낄 때는 우울과 반대되는 특성에 마음을 집중하라. 과거에 업무상 위기를 직면했을 때도 극복했다는 것을 기억하라. 모든 사람에게 좋은 에너지와 자신감, 감사와 같은 선한 의지를 퍼뜨리면 내 앞길을 막아서 비참하게 만들던 적들이 얼마나 빠르게 사라지는지 놀라게 될 것이다. 캄캄한 방의 문을 열면 빛이 들어와 언제 그랬냐는 듯 어둠이 사라지는 것처럼 말이다.

어둠을 몰아내는 게 아니라 어둠을 즉시 무력하게 하는 빛을 해독제로 사용하는 것이다. 기한을 맞추라는 압박을 받을 때, 상사가 프로젝트를 퇴짜 놓으며 다시 하라고 할 때, 판매량을 채워야 하는데 판매 성적이 저조할 때, 모든 일이 꼬인다고 생각하고 '우울감'이 목을 죄어올 때 하는 일을 멈추고 적을 마음속에서 몰아내라. 반대되는 암시로 부정적인 생각을 중화시키고 내쫓아야 한다. 상황이 아무리 힘들어도 쾌활하고 아름다운 생각은 안정감을 준다는 것을 기억하라. 긍정적이고 희망찬 미덕을 떠올리면 그 미덕은 곧 나의 것이 될 것이다.

기분이 그날 하루를 크게 좌지우지한다면 상황과 조건을 마주하라. 내 주변에서 일어나는 일에 진정으로 관심을 가지고 적극적으로 행동하라. 잠시 일 문제는 제쳐놓고 휴식을 취하라. 짧게 휴식을 취하면 마음이 상쾌해져 다시 업무로 돌아왔을 때 생각을 명료하게 할 수 있다. 기쁜 마음으로 다른 사람들에게 관심을 가져라. 주의를 바깥으로 돌려 친구나 가족과 흥미로운 계획을 세우고 다른 사람이 나에게 주는 기쁨을 누리면서 문제에서 잠시 벗어나야 한다.

당장 눈앞에 닥친 일을 걱정하는 대신 여태까지 이뤄낸 성공과 성취한 일들을 돌이켜 보자. 다른 사람들이 포기했을 때 내가 해결했던 어려운 과제를 떠올려 보라. 상사가 창의성과 근면성, 충성심을 칭찬한 기억을 되살려 보라. 실패를 바라보기보다 승리에 집중하라. 이런 자세는 마음을 비우고 현재 문제를 해결할 수 있는 접근 방식을 개발하는 데 도움이 된다.

지금 내 눈앞에 닥친 사소한 문제에 비추어 미래를 판단하지 말라. 오늘 나의 태양을 가린 먹구름은 내일 사라질 것이다. 인생을 길게 내다보고 사물에 올바른 가치를 부여하는 법을 배워라.

내 생각과 반응의 주인은 나다. 나는 나의 주인이다. 나는 원하는 대로 생각을 배열할 수 있고 깊이 관심을 두는 대상에 주의를 기울일 수 있다. 나는 생각 왕국의 군주다. 내 소망에 따라 신하들(정신과 감정)에게 명령을 내릴 수 있고 신하들은 반드시 나에게 복종해야 한다. 생각 왕국에 군림하며 모든 적을 몰아낼 수 있는 능력이 나에게 있다.

그릇된 믿음에 주의를 기울이지 않는다면 걱정과 두려움은 힘을 잃는다. 걱정은 내가 잘못된 믿음을 가지고 있다는 경고 신호다. 생각을 바꾸면 자유로워진다. 걱정하는 사람들은 늘 일을 그르칠 거라고 예상한다. 왜 나쁜 일이 일어날 것인지 하나하나 짚으면서 좋은 일이 생기는 가능성은 완전히 배제한다. 마음이 걱정으로 가득 차면 마음은 정말 걱정할 만할 일을 끌어당겨 어려움을 극복하지 못하게 될 것이다.

두렵고 걱정스러운 관점으로 세상을 보면 두려움과 걱정이 잠재의식에 새겨져 비슷한 문제나 두려워할 만한 일들이 실제로 발생한다.

일에서 스트레스와 걱정을 줄이는 여덟 가지 방법을 소개하겠다.

1. 긴장을 푸는 연습을 하라.

근무시간 중 혼자서 몇 분 동안 명상을 하거나 긴장을 푸는 연습을 해보자. 짧은 휴식을 취하면 마음이 상쾌해져서 다시 업무로 돌아왔을 때 생각을 명료하게 할 수 있다.

2. 산책하라.

사무실에서 잠시 자리를 비울 수 있다면 건물 밖으로 나가 산책하라. 회사 주위나 주차장을 걸으면서 신선한 공기를 마셔라. 건물 밖으로 나가지 못하는 경우 건물 안에서 걸어도 좋다. 스트레스를 받는 장소에서 벗어나면 스트레스가 완화된다.

3. 나 자신을 믿어라.
다른 사람이 압박을 주거나 비판한다고 해서 흔들려서는 안 된다.

4. 계속 배워라.
계속 배워나가는 자세를 가진다면 정신이 맑아지고, 새로운 경험에 마음이 열려 있기에 자극을 받을 수 있다.

5. 나를 지지해 줄 사람들을 찾아라.
일이 잘 풀리지 않을 때는 친구와 팀원들에게 도움을 요청하여 크게 스트레스받는 일을 피하라.

6. 일을 끝내는 데 중요한 부분에만 집중하라.
시간과 에너지를 낭비하는 다른 프로젝트는 정중히 거절하라.

7. 창의력을 발휘할 수 있는 새로운 방법을 찾아 보라.
일상적인 작업을 수행하는 방식을 되짚어 보면서 스트레스와 지루함을 덜 느낄 방법을 고안하라. 창의적인 업무 방식을 개발해서 새롭게 할당받은 작업을 수행해 보라. 그렇게 하면 일하면서 스트레스를 덜 받게 될 것이다.

8. 변화를 환영하라.
변화를 현재 상태에 대한 위협이 아니라 도전이라고 생각하라.

조셉 머피의 미라클 노트

- 일에 대해 걱정하면 절대로 일어나지 않을 일을 겪게 되고 활력과 열정, 에너지가 고갈된다.
- 걱정하는 게 습관이 되면 오히려 걱정했던 일이 벌어질 수 있다.
- 걱정과 두려움은 그릇된 믿음이다. 이 감정들에게 주의를 기울이지 않는다면 그것들은 힘을 잃는다. 걱정은 내가 잘못된 믿음을 가지고 있다는 경고 신호다. 생각을 바꾸면 자유로워진다.

8
당신의 두려움에는 실체가 없다

비정상적인 두려움에 휩싸이면 즉시 나의 소망에 집중하라. 소망에 흠뻑 젖어 몰두하다 보면 확신이 들고 기운이 솟구친다. 잠재의식의 힘은 나를 대신해서 움직이므로 실패할 수가 없다. 평화와 자신감은 나의 것이다. 실패를 낳는 건 실패에 대한 두려움 그 자체다.

대부분은 직장과 인생에서 일어나는 문제를 걱정한다. 앞 장에서 살펴보았듯이 일상적인 문제에 대처하는 법은 얼마든지 배울 수 있다. 하지만 문제가 너무 부담스러워 현실을 마주하기 힘들 때가 있다. 이런 두려움은 잠재의식에 대한 신뢰를 좀먹는다.

두려움은 병적인 정신 상태로 인간의 신체와 정신에 파멸을 초래한다. 두려움의 범위와 범주는 극단적인 불안과 공포부터 곧 안 좋은 일이 닥치리라는 우려까지 다양하다. 하지만 결국 마음과 신체는 하나로 연결되어 있다. 생명의 중심에 잘못된 인상을 주고, 이러한 인상이 신경계를 타고 흘러가 신체 조직 하나하나에 병적인 증상을 만들어낸다.

두려움은 대기 중으로 이산화탄소를 퍼 올리는 것에 비유할 수 있다. 정신과 도덕, 영혼을 질식시키고 심지어는 죽음으로 몰고 가기도 한다. 에너지가 동나고 세포는 서서히 죽어가며 성장이 멈춘다.

수많은 사람이 안 좋은 일이 닥칠까 봐 두려움에 시달리며 가장 행복한 순간에도 괴로워한다. 행복에 독을 탔는지 행복한 순간에도 마음 편히 즐거워하지 못한다. 연회장의 유령 또는 옷장 속에 해골에 빗댈 수 있다. 두려움이 삶에 깊숙하게 스며들면 이 사람들은 예전보다 더 소심해지고 위축되며 남의 시선을 의식한다.

우리는 업무상 결정이 실패나 상사의 비판, 강등, 해고로 이어질까 봐 종종 두려워한다. 그러면 두통이나 궤양이 생기거나 정서적인 문제가 발생할 수 있다. 일하면서도 행복하지 않은 가장 큰 이유는 두려움 때문이다. 두려움 때문에 커리어를 발전시키지 못하고 심지어 해고당하기도 한다.

두려움이 삶을 지배한다면

걱정이나 불안, 분노, 질투, 소심함은 두려움의 초기 증상이다. 이러한 초기 감정을 알아차리지 못하고 처리하지 못하면 두려움으로 발전한다. 두렵기에 일을 해도 행복하지 않고 효율이 오르지 않는다. 실패할까 봐 겁을 먹어서 평범한 삶을 살게 된다.

공포나 불길한 예감에 시달릴 때 하는 일은 효율이 떨어진다. 두려움으로 인해 독창성과 대담함, 용기, 개성이 죽고 모든 정신적인 과정이 약해진다. 위험한 일이 생길 거 같다는 공포를 느낄 때에는 결코 위대한 일을 해낼 수 없다. 두려움은 언제나 나약함과 비겁함의 징표다.

무언가를 두려워할 때 세월은 의미 없이 흘러가고 행복과 포부가 사라지며 커리어에도 위기가 찾아온다.

두려움은 정상적인 정신 작용을 억압하고 비상 상황에도 현명하게 행동할 수 없게 만든다. 두려움으로 온몸이 마비되었을 때 명료하고 현명하게 생각할 수 있는 사람은 아무도 없다. 일을 생각했을 때 우울하고 기운이 빠진다면, 실패하리라는 두려움에 휩싸인다면, 가난하고 고통받는 가족의 망령에 시달린다면 내가 끔찍하게 두려워하는 것을 스스로 끌어당기고 있다는 사실을 깨달아야 한다.

두려워할 필요가 없습니다.

이 말을 혼잣말하듯 반복하며 나 자신에게 들려주면 잠재의식은 이 메시지를 점차 받아들이게 된다. 추론 능력이 있는 현재의식이 이 명제를 믿으면 잠재의식도 믿게 된다. 잠재의식은 현재의식이 진정으로 믿는 바를 극대화하여 실현한다. 다른 사람의 말에 흔들리거나 모호한 생각을 하지 마라.

잠재의식은 내가 무엇을 진짜라고 생각하는지 알고 있다. 진실로 무언가를 믿으면 잠재의식의 응답을 받는다. 두렵다고 포기하지 말고 번영하리라는 생각을 계속해서 이어나가라. 희망을 품고 낙관적인 태도를 취하라. 체계적이고 경제적이며 장기적인 관점에서 사업을 하면 실패하는 경우는 비교적 드물다.

자기 확신은 두려움의 완벽한 해독제

생각을 바꾸면 쉽게 두려움을 없앨 수 있다. 두려움은 우울을 유발하고 감정을 억누르며 목을 조여온다. 두려움에 너무 빠져버리면 긍정적이고 창조적인 태도가 비생산적이고 부정적인 태도로 바뀌어 성취에 치명적인 악영향을 미친다. 특히 습관적으로 두려운 생각을 하면 생명의 근원이 말라버린다.

한편 자기 확신은 두려움을 대체하고, 몸과 두뇌에 두려움과 정반대되는 영향을 미친다. 동시에 자연의 문을 열고 세포에 풍요로운 생명을 주며 지적 능력을 키운다.

두려움은 상상력에 끔찍한 악영향을 미쳐, 모든 종류의 나쁜 일을 상상하게 한다. 자기 확신은 두려움의 완벽한 해독제다. 두려움이 어둠과 그림자만을 본다면 자기 확신은 희망과 구름 뒤에 가려진 태양을 보기 때문이다. 두려움이 안 좋은 결말과 최악의 상황만을 바라본다면 자기 확신은 긍정적인 결말과 최고의 상황만을 예상한다. 두려움은 비관적이고 자기 확신은 낙관적이다. 두려움은 언제나 실패하리라고 예측한다면, 자기 확신은 성공하리라고 예측한다. 자기 확신이 마음을 지배할 때 가난해지거나 실패하리라는 두려움은 마음을 비집고 들어올 수 없다. 의심은 존재할 수도 없다. 자기 확신으로 역경을 극복할 수 있는 것이다.

앤드루는 재능이 뛰어난 바이올리니스트였다. 바이올린 실력이 고등학교 오케스트라에서 가장 뛰어났다. 선생님들은 콘서트에서 연주해 무대 경력을 쌓으라고 용기를 북돋워 줬다. 문제 없이 학교 오케스트라에서 연주하거나 소수의 청중을 앞에 두고 독주를 했다. 어느 날, 학교

오케스트라가 대형 콘서트홀에서 베토벤 바이올린 협주곡을 연주할 기회가 생겼다. 앤드루는 바이올린을 독주할 예정이었다.

리허설 때 그의 연주는 훌륭했다. 하지만 콘서트 당일 밤, 꽉 찬 콘서트홀을 보자 앤드류는 얼어붙었다. 공포에 사로잡혀서 제대로 연주할 수 없었고 결국 다른 사람의 부축을 받아 무대에서 내려와야 했다.

그날 이후로 앤드류는 바이올린 연주를 거부했다. 그는 다른 직업을 선택했지만, 마음속에는 음악가의 꿈을 버리지 못했다. 앤드류는 두려움을 극복하고 바이올리니스트가 될 수 있을까? 당연하다. 수많은 사람이 무대공포증을 극복하고 훌륭한 배우와 음악가, 가수, 연설가로 성장했다. 한 번 또는 몇 번 실패했다고 해서 무너지지 않았다. 자기 자신을 믿었기 때문이다.

강력한 자기 확신은 큰 자산이다. 자기 확신을 가지면 무슨 일이 있어도 절대로 흔들리지 않을뿐더러 일시적으로 짜증이 나거나 갈등 혹은 문제가 있다 해도 구름 뒤에 있는 태양을 볼 수 있기 때문이다. 눈에 보이지 않은 목표를 볼 수 있기에 모든 일이 잘 풀릴 것이다.

가능성을 두려워하는 건 시간 낭비다

두려움을 극복하기 위해서는 먼저 내가 무엇을 두려워하는지 이해해야 한다. 우리는 항상 일어나지 않은 일을 두려워한다. 존재하지도 않는 일을 말이다. 문제는 상상 속에서만 존재하지만 그 문제가 일어날 가능성이 나를 두렵게 한다.

대부분은 좁고 높은 곳을 걸을 때 두려움을 느낀다. 바다에 두 선을 그려 선 안으로만 걸어보라고 한다면 균형을 잃지 않고 문제없이 걸을 수 있을 것이다. 하지만 높고 좁은 곳을 걸으면 떨어질까 봐 두려워진다. 그러나 침착하게 사고하는 사람들은 두려워하지 않는다. 발생할 수 있는 위험에 대해 생각하는 것을 그만두고 신체를 완벽하게 통제하는 것이다. 공포를 정복해야만 뭔가를 달성할 수 있다.

많은 사람이 느끼는 일반적인 두려움 하나를 예로 들어보자. 바로 직장을 잃을지도 모른다는 두려움이다. 직장을 잃지 않았는데도 혹시 모를 가능성을 걱정하면서 삶을 불행하게 만든다. 지금 아무 문제가 없고 부족한 것도 없다면 이는 곧 만족스러운 상황인데도 말이다.

만약 정말 해고당할 것이라면 해고당할까 봐 걱정하는 게 무슨 소용인가. 시간과 에너지를 허비할 뿐 걱정한다고 결과가 바뀌는 게 아니다. 구직 활동을 하는 데 써야 할 에너지를 쓸데없는 걱정에 써버리는 꼴이다. 해고당한 다음에는 다른 일자리를 찾지 못할까 봐 걱정하고, 일자리를 찾은 뒤에는 다시 이 직장에서 해고당할까 봐 걱정한다. 어느 때든, 어떤 상황이든 걱정은 정당화될 수 없다. 걱정의 대상은 상상 속에서만 존재한다.

여러 종류의 두려움을 극복하려면 두려움을 하나씩 쪼개서 논리적인 결론을 내리고 현재 두려워하는 대상이 상상 속에서만 존재한다는 걸 스스로 납득해야 한다. 미래에 어떤 일이 일어날지는 아무도 모른다. 두려워하는 일이 일어날까 봐 걱정하느라 시간과 에너지, 신체적·정신적 힘을 낭비하지 마라. 탈이 났던 음식은 다시 먹지 않듯이 당신의 마음에 탈을 일으키는 걱정을 그만두어라. 걱정하지 않고 못 배기겠다면 차라리 걱정이 가져오는 악영향을 걱정하라.

개인적인 일에서 실패할까 봐 두려운가? 우리는 모두 작고 약한 존재로 큰일을 할 준비가 안 되어 있다는 걸 인정하라. 내가 두려워하는 것은 허상에 불과하다고 스스로를 납득시키는 것만으로 두려움을 무찌르고 마음을 단련할 수 있다. 자신의 생각을 끊임없이 살피고 경계해야 한다. 불안한 일이 일어나리라는 걱정이 들면 그런 생각에 빠지는 대신 옳고 긍정적인 행동을 취해 생각을 바꾸어라.

반드시 실패하리라고 생각하는 대신 내가 얼마나 강하고 유능한지, 비슷한 일을 얼마나 성공적으로 해냈는지, 과거의 경험을 현재 상황에 어떻게 활용할지 생각하라. 이 일을 성공적으로 해낼 수 있고 나아가 더 큰 일도 해낼 수 있다. 이런 의식적·무의식적인 가정은 사람을 더 높은 곳으로 이끈다. 희망적이며 자신감 넘치는 사고로 매일, 매시간 나를 둘러싸는 모든 종류의 두려움을 몰아내자.

두려움은 나를 약하게 할 수도 있지만 두려움을 극복하면 훌륭한 성취로 이어질 수 있다. 비가 오고 바람이 부는 어느 날 유난히 다리가 긴 한 의대생이 달리기 경기를 앞두고 있었다. 그런데 날씨가 아주 나빴기 때문에 두려움에 얼굴이 창백해졌다.

이 학생의 코치도 날씨가 걱정되기는 매한가지였다. 기차에서 서로 마주 보고 앉은 의대생과 코치는 아무 말도 하지 않았다. 그는 네 바퀴를 돌아야 했는데 바람 때문에 1초 차이로 승패가 갈릴까 봐 두려웠다. 코치는 의심이 기록에 안 좋은 영향을 미친다는 것을 알았기에 두 다리가 있고 적절한 동기가 있으며 하고자 하는 합당한 이유가 있는데 뭐가 걱정이냐고 다독였다. 그는 궂은 날씨를 두려워하는 주자에게 어떠한 역경도 이겨낼 수 있다고 기운을 북돋워 주며, 아일랜드의 훌륭한 운동선수 이야기를 해주었다. 아일랜드의 한 선수는 훈련을 받지도 않고 영양을 갖춘 식단을 하지 않았는데도 경주에서 이겼다.

"오늘이 이길 수 있는 유일한 기회라면 어떡할래?"

코치가 물었다. 후일 의대생은 코치가 할 수 있다고 말하는 코치의 응원이 필요했다고 말했다. 누군가가 우렁찬 목소리로 자신이 진정으로 바라던 바를 대신 말해주길 바랐다. 날씨가 좋진 않아도 날씨를 극복하고 도전해낼 수 있다고 말이다. 프리츠 스탬플 코치는 훗날 의대생의 가장 큰 자산은 신체 조건과는 별개로, 냉정하고 계산적인 두뇌와 자신감, 용기라고 답했다. 스탬플 코치는 방금 영국의 전설적인 아마추어 육상선수, 로저 베니스터에게 기록을 깰 용기를 준 것이다.

마음 사막에 갇히지 마라

우리는 생각과 감정, 반응을 통제하는 방법을 배워야 한다. 두려움이 나 대신 결정을 내리게 해서는 안 된다. 두려움이 생긴다면 책임감을 가지고 이렇게 말하라.

내가 주인입니다. 나는 이 결정을 내리는 것이 두렵지 않습니다.

사장이 직원들에게 지시를 내리듯이 어떤 부분에 주의를 기울이라고 마음에 알려라.

나의 마음을 지휘하는 사람은 나여야 한다. 다른 사람이 내 마음을 다스리도록 해서는 안 된다. 신조와 교리, 전통, 미신, 공포와 무지는 평범한 사람의 마음을 지배한다. 세상에서 가장 큰 사막은 사하라 사막이 아니라 평범한 사람의 '마음 사막'이다.

마음의 주인이 되는 걸 포기하는 사람들은 스스로 생각하려고 노력하지 않는다. 가정과 직장에서 고집이 센 가족이나 상사, 동료의 의견이 자신의 마음을 지배하게 가만히 내버려 둔다. 이런 일이 일어나지 않도록 하라. 잠재의식의 힘을 키워 타인의 지배에 저항하고 자신의 운명을 통제할 수 있어야 한다.

그 누구도 당신을 망칠 수 없다

한 다국적 기업의 영업 책임자는 처음 영업 사원으로 일하기 시작했을 때 고객에게 전화할 용기가 없었다고 한다. 용기를 내기 위해 사무실 건물 주위를 돌며 마음을 다잡아야 했다.

그의 상사는 경험이 풍부하고 통찰력이 뛰어난 사람이었다. 어느 날 상사가 말했다.

"문 뒤에 숨어 있는 괴물을 두려워하지 마세요. 괴물 같은 건 없어요. 그릇된 믿음의 희생자만이 존재할 뿐이죠."

그는 전화하거나 고객을 대할 때 상사의 말을 떠올리며 두려움에 맞섰다. 눈을 똑바로 바라보면서 얼굴을 마주했다. 그러자 두려움은 사소하게 느껴지다가 사라지고 아주 사라졌다.

한편 세라의 상사 애그니스는 아주 제멋대로였다. 업무의 사소한 부분까지 세라에게 꼬치꼬치 캐물었다. 사건의 경위를 끝까지 듣지도 않고 비판부터 했다. 일을 잘했다고 칭찬하거나 공로를 인정해 주지도 않았다. 세라는 출근하기가 두려웠고 상사가 가까이 오면 몸이 떨렸다.

하지만 동료인 리베카는 상사의 말에 눈 하나 꿈쩍하지 않았다. 세라는 리베카에게 어떻게 그렇게 차분하게 상사에게 대응할 수 있느냐고 물었다. 리베카는 이렇게 답했다.

"취업했을 때 상사가 너무 무서워서 그만두려고 했어요. 하지만 일자리가 필요했어요. 그래서 상사도, 아니 그 누구도 내 인생을 망치도록 내버려 두지 않겠다고 결심했죠. 나를 불행하게 만드는 사람은 바로 나라는 것을 깨달았습니다. 상사의 말 때문에 나 자신이 못났다고 느끼면 정말 못난 사람이 될 거예요. 저한테 뭐라고 하면 그냥 한 귀로 흘려들어요. 부정적인 말을 차단하고 삶에 긍정적인 면에만 집중합니다. 상사가 말을 하면 고개를 끄덕이면서 '네, 알겠습니다'라고 답하고 할 일을 하는 거죠. 한번 시도해 보세요. 바로 효과가 나타나진 않겠지만 계속 연습하다 보면 고함에 눈도 끔쩍하지 않게 될 걸요."

세라는 리베카의 충고를 따랐다. 업무 환경은 크게 바뀌지 않았지만 일을 새롭게 바라보고 예전과는 다르게 반응하니 상사를 견디기가 수월해졌다.

실패는 용기를 시험하는 기회다

과거에 실망한 일이 많았을 수도 있다. 부정적으로 과거를 돌아본다면 자신을 실패자라고 느낄 것이다. 인생을 살면서 장애물과 맞닥뜨릴 때마다 세상의 끝이라고 생각하고, 피하지 못하면 내가 망가질 것이라고 생각한다. 포부가 좌절되거나 삶이 무너질까 봐 두려워한다. 장애물을 피할 수 없다는 걸 알기에 장애물이 점점 더 가까워지면 충격과 공포에 압도당한다.

아주 좋게 보더라도 평범한 길을 터벅터벅 걸어가는 정도에서 벗어나지 못한다. 내가 잘해내리라 기대했던 일에 성공하지 못했을 수도 있다. 돈을 벌려고 했지만 정작 돈을 잃었을 수도 있고 소중한 친구와 가족이 세상을 떠났을 수도 있다. 사업이 망했을 수도 있고, 대출금을 갚지 못해 집이 다른 사람 손에 넘어갔을 수도 있다. 병에 걸려 일을 계속하지 못했을 수도 있고, 큰 사고를 당해 예전만큼 건강하지 않을 수도 있다. 새해의 전망도 암울하다. 하지만 이런 불행한 일에 낙담하고 좌절하지 않는다면 더 큰 승리가 나를 기다리고 있다.

실수했다고 해서, 사업이 망했다고 해서, 자연재해로 집을 잃었다고 해서, 피해갈 수 없었던 문제로 용기를 잃고 세상을 마주하는 것이 두렵다고 해서 나 자신을 못난 사람이라고 느낄 이유는 없다.

실패는 용기를 시험해 볼 수 있는 계기다. 외적인 모든 것을 잃은 후에 내면에는 무엇이 남았는가? '내가 졌다'는 식으로 자포자기한다면 내 안에 남아 있는 건 거의 없다. 하지만 고개를 치켜들고 의연한 태도로 임한다면, 포기하지 않고 믿음을 잃지 않는다면, 문제 앞에 굴복하지 않는다면 사실 잃은 것은 별로 없으며 그 정도 시련으로 무너지지 않는 훌륭한 사람이라는 걸 보여줄 수 있다.

너무 자주 실패하면 아무리 노력해도 소용이 없고 성공하기는 불가능하다고 생각할 것이다. 다시 두 발로 일어서기에는 너무 자주 넘어졌다고 말이다. 하지만 말도 안 된다! 영혼을 정복당하지 않은 사람에게는 실패가 없다. 아무리 늦었더라도, 몇 번이나 실패를 반복했더라도 성공할 수 있다. 신문이나 자서전, 연대기를 살펴보면 과거의 실패를 딛고 일어나 좌절을 극복하고 다시 한 번 고개를 들어 용감하게 세상과 마주하는 영웅의 역사는 몇 번이고 반복됐다.

당신이 이기기 위해 태어났음을 믿는다면 투지와 배짱이 있다면 불행한 일이 생기고 소중한 것을 잃고 실패하는 한이 있어도 더 강해질 것이다. 헨리 워드 비처 목사는 이렇게 말했다.

"패배는 뼈를 부싯돌로, 연골을 근육으로 바꾸어 우리를 천하무적으로 만듭니다."

실패하더라도 오뚝이처럼 일어나 맞서 싸우는 게 용감하고 고귀한 위인들이 성공한 비결이다.

모든 일이 순조롭게 진행되어 반평생을 평탄하게 사는 사람도 있다 그들은 재산을 모으고 친구를 사귀며 명성을 쌓는다. 강인하고 균형이 잘 잡힌 성격을 가진 것처럼 보이지만 문제가 생기거나 사업에 실패하면, 공황에 빠지거나 심각한 위기가 닥쳐 모든 걸 잃으면 상황에 압도당하고 절망하며 낙심한다. 용기와 믿음과 희망, 다시 도전할 힘을 잃어버린다. 한마디로 모든 걸 잃는 것이다. 두려움은 잠재의식에 스며들어 성격에 두드러지게 표현된다.

너무 힘들다면 모든 걸 내려놓아도 좋다. 하지만 열의를 잃으면 안 된다. 두려움에 굴복하지 말고 두려움을 희망으로 채워라. 온 힘을 다해 매달려라. 나에게 어떤 물질적인 실패가 닥치더라도 나는 그 실패를 극복할 만큼 훌륭한 사람이다. 그러면 그 실패는 자서전을 쓴다고 해도 거의 언급되지 않을 것이다. 별것 아닌 사건으로 느껴질 것이기 때문이다. 번거롭긴 했지만 그렇게 중요한 사건은 아닌 것으로 말이다.

조셉 머피의 미라클 노트

- 무언가를 두려워하고 걱정하면 나의 내면이 두려워하는 것을 끌어당긴다. 습관적으로 무언가를 두려워하면 건강이 나빠지고 수명이 단축되며 효율성이 낮아진다. 의심과 두려움은 곧 실패를 의미한다. 낙관론자는 믿고 비관론자는 두려워한다.
- 자기 확신은 두려움의 완벽한 해독제다. 두려움이 어둠과 그림자만을 본다면 자기 확신은 희망과 구름 뒤에 가려진 태양을 본다. 두려움이 좋지 않은 결말과 최악의 상황만을 바라본다면 자기 확신은 긍정적인 결말과 최고의 상황만을 예상한다. 두려움은 비관적이고 자기 확신은 낙관적이다. 두려워하는 사람은 언제나 실패하리라 생각하고 확신하는 사람은 성공을 내다본다.
- 그릇된 믿음과 편견, 미신을 모두 버려라. 내가 추구하는 대상은 이미 무한한 마음속에 존재한다. 정신적·감정적으로 내가 추구하는 것을 알아차리기만 한다면 현실에서 이루어질 것이다. 이러한 진리를 진심으로 받아들이고 추구하는 것을 달라고 마음과 생각에 명하라.
- 너무 많은 사람이 자신의 마음을 사용하는 것을 두려워하고 직장에서 자기보다 성격이 센 상사나 동료의 의견에 휘둘린다. 다른 사람의 말에 휘둘리지 않도록 마음을 붙잡아라. 잠재의식의 힘을 키워 타인의 지배에 저항하고 운명을 통제하라.
- 어떤 실패가 닥치더라도 나는 실패를 극복할 힘을 충분히 가지고 있다. 일이 예상치 못한 방향으로 흘러가든, 일이 생각만큼 풀리지 않아 실망하든 문제 위에 내가 군림한다는 사실은 변하지 않는다. 절대 평정심을 잃지 마라.

9
내가 상상하는 모습이
내가 된다

상상력은 가장 강력한 능력이다. 사랑스럽고 평판이 좋은 사람을 상상해 보라. 내가 상상하는 모습이 곧 내가 된다.

여기서 말하는 상상력이란 훈련되고 제어 할 수 있으며 방향성이 있는 상상력이다. 상상한다는 것은 마음속에 이미지를 그려 잠재의식에 새기는 것을 뜻한다. 잠재의식에 새긴 모든 것은 형태, 기능, 경험, 사건으로 발현되어 우주라는 스크린에 펼쳐진다. 상상력은 창의력을 자극한다.

성공하기를 바란다면 먼저 내가 성공하는 모습을 상상해야 한다. 부자가 되려면 먼저 내가 부자라고 상상해야 한다. 온 세상이 "말도 안 돼요. 불가능합니다"라고 말할 때도 상상력이 있는 사람은 "가능합니다!"라고 말한다. 상상력은 현실의 깊숙한 곳을 파고들어 자연의 비밀을 밝혀낸다.

성공의 연금술로 천을 짜듯 꿈을 엮어라

크게 성공한 사업가가 어떻게 작은 가게에서 사업을 발전해 나갔는지 설명해 준 적이 있다.

"전국에 지사를 둔 대기업의 사장이 되는 걸 꿈꾸곤 했습니다."

그는 정기적으로 그리고 체계적으로 큰 건물과 사무실, 공장, 가게를 차리는 상상을 했다.

그는 성공의 연금술을 사용하면 천을 짜서 옷을 만들듯 꿈을 엮을 수 있다는 것을 알았다. 그 방법을 통해 그는 번영하기 시작했고, 우주의 끌어당김의 법칙에 따라 아이디어와 사람, 친구, 돈을 비롯해 이상을 완전히 실현하기 위한 모든 것을 끌어당기기 시작했다.

이 사람은 진정으로 상상력을 발휘했고, 상상력이 하나의 형태로 표현될 때까지 정신적인 패턴을 가지고 살았다.

"실패를 상상하는 것만큼 성공하는 걸 상상하는 건 쉽습니다. 훨씬 더 흥미롭지요."

사업가가 내린 결론이다.

내가 마음에 품는 생각은 하나의 개념이 된다. 나는 잠재의식을 아이디어와 이상으로 가득 채워 인상을 남긴다. 고대인은 마음속에 있는 것들을 눈으로는 볼 수 없지만 영혼으로 볼 수 있다고 말했다. 발명품은 어디에 있을까? 새로운 연극은 어디에 있을까? 내가 발명한 비밀스러운 물건은 지금 어디에 있을까? 바로 마음속에 실재한다. 마음속 다른 차원에 나름의 형태와 모양, 실체를 가지고 있다. 지금 가지고 있다고 믿으면 얻게 될 것이다.

상상력이 행동을 낳는다

비전과 용기, 흔들리지 않는 자신감을 가진 사람만이 새로운 개념을 사업으로 구현해 성공할 수 있다. 전 스타벅스 회장 하워드 슐츠는 상상력이 어떻게 사업을 성공 가도로 이끌었는지 보여주는 대표적인 예다.

슐츠는 본래 지점 운영과 마케팅을 담당하는 직원이었다. 당시 스타벅스는 시애틀에 몇 개의 지점을 둔, 소규모 커피 유통 업체였다. 슐츠는 스물아홉 살이었고 결혼한 지 얼마 되지 않았다. 슐츠 부부는 새로운 일을 위해 뉴욕을 떠나 시애틀로 이사했다.

약 1년 후 슐츠는 이탈리아에 출장을 갔다. 밀라노를 돌아다니면서 커피가 이탈리아 문화에 얼마나 중요한지 깨달았다. 일반적으로 이탈리아 사람들의 하루는 커피 바에서 진한 커피를 한잔 마시는 걸로 시작된다. 퇴근 후 친구 또는 동료들과 커피 바에서 만나 여유롭게 커피를 즐긴 뒤 집으로 향한다. 커피는 이탈리아 사교 생활의 중심이었다. 슐츠는 이런 커피 바가 미국에 있으면 어떨까 상상했고 이 문화를 미국으로 들여오기로 했다. 한 번도 해본 적이 없는 일이었다. 하지만 그는 고품질의 스타벅스 원두라면 성공할 수 있다고 느꼈다.

슐츠는 미국 전역에 수백 개의 지점을 세우는 것을 꿈꿨다. 출근길에 들르고 퇴근 후에는 휴식을 취하러 오며, 쇼핑객들이 커피를 포장해 가기 위해 들르는 커피숍, 커플들이 커피 데이트를 즐기고 가족들은 영화를 본 후 커피를 마시러 오는 커피숍이면 좋을 것 같았다.

슐츠는 이 아이디어를 놓칠 수 없었다. 이탈리아식 커피 바를 벤치마킹해 미국 전역에 지점을 내자고 사장에게 제안했다. 하지만 사장은 그 아이디어가 탐탁지 않았다. 스타벅스는 원두 도매 업체였고 카페는 사업 일부에 불과했기 때문이었다.

자신의 목표를 이루기 위해 슐츠는 스타벅스를 떠나 창업했다. 1986년 그는 시애틀에 첫 커피 바를 열었다. 성공은 시간문제였다. 곧 시애틀에 2호점을, 캐나다 밴쿠버에 3호점을 열었다. 이듬해 그는 스타벅스 커피 컴퍼니를 사들였고 카페명을 스타벅스로 바꿨다. 2000년대에 들어서면서 스타벅스는 빠질 수 없는 미국 문화로 자리매김했고 스타벅스는 전 세계로 지점을 확대해 나갔다.

로스앤젤레스의 사업가인 리처드는 돈을 크게 잃은 후 인생에서 앞으로 나아가기 위해 어떻게 해야 하는지 인도해 달라고 기도했다. 그러자 사막으로 가야 한다는 생각이 강력하게 일었고, 그는 정말 사막으로 가서 앞으로 무엇을 해야 할지 곰곰이 생각했다. 그때 갑자기 어떤 아이디어가 떠올랐다. 리처드는 로스앤젤레스에서 큰 부동산 회사를 운영하는 오래된 지인에게 사막에서 엄청난 잠재력을 보았다고 털어놓았다.

당시에는 사막에 불과했던 그곳에서 그는 로스앤젤레스와 동부 사람들이 이사 오는 모습을 상상했고 마음의 눈으로 집과 병원, 학교를 짓는 것을 보았다. 이 이야기를 들은 지인은 그를 사막 개발 프로젝트의 영업 사원으로 고용했다. 리처드는 성공적으로 한 회사와 파트너십을 체결했고 오늘날 수백만 달러의 부동산을 소유한 부동산 부자가 되었다.

나는 미래를 설계하는 건축가다

잠재의식에는 필요한 걸 직접적으로 요구하면 도움을 주는 지성과 지혜가 숨 쉬고 있다. 잠재의식이 응답한 사례는 수없이 많다. 대표적으로 과학자들은 연구를 하다가 막혔을 때 기도를 통해 응답을 받곤 했다.

니콜라 테슬라는 혁신을 일궈낸 전기 과학자다. 발명 아이디어가 떠오르자 그는 상상 속에서 발명품을 완성했다. 테슬라는 잠재의식이 아이디어를 재구성해서 그것을 실현하는 데 필요한 부분을 현재의식에게 알려주리라는 걸 알았다. 어떻게 하면 더 나은 발명품을 만들 수 있을까 여러 측면에서 곰곰이 생각해 봄으로써 그는 단점을 수정하는 데 시간을 낭비하지 않고 완벽한 결과물을 만들 수 있었다.

"제 기기는 언제나 상상한 대로 작동합니다. 20년 동안 단 한 번도 예외가 없었습니다."

이처럼 잠재의식이 모든 발명품에 대한 해답을 준다.

플라톤에 따르면 사물이 외적인 세계에서 형태를 갖추기 전에는 마음속의 아이디어나 생각, 심상으로 존재한다고 한다. 세상에는 참된 생각과 그릇된 생각, 옳은 사고방식과 그른 사고방식이 존재한다. 그릇되고 잘못된 생각은 신체의 질병으로 나타나고 참된 생각은 새로운 발명을 낳는다. 로버트 풀턴의 아이디어는 증기선으로, 새뮤얼 모스의 아이디어는 전신으로 나타났다. 공장과 대형 백화점은 기업가의 응축된 아이디어가 객관적인 세계에서 표현된 것이다.

텔레비전, 라디오, 레이더, 제트기 등 모든 현대 발명품은 상상력에서 출발했다. 상상력은 무한한 보물창고로 음악, 예술, 시, 발명 등의 귀중한 보석이 잠재의식 안에 있다. 잠재의식을 사용하면 고대의 유적이나 오래된 사원, 피라미드를 보고 과거의 기록을 재구성할 수 있으며 교회 묘지에서 과거의 아름다움과 영광을 엿볼 수 있다.

뛰어나고 재능 있는 건축가를 잠시 상상해 보자. 그는 수영장과 수족관, 휴양 시설, 공원 등을 갖춘 아름답고 현대적인 도시를 마음속에 그린다. 사람의 눈으로 볼 수 있는 가장 아름다운 성전을 마음속에 짓는다. 건설업자에게 계획안을 전달하기 전에 먼저 도시 전체를 시각화한다. 내면의 부가 자기 자신과 다른 수많은 사람에게 외적인 부를 창출하게 되는 것이다.

당신은 미래를 설계하는 건축가다. 도토리를 보고 상상력을 발휘하면 강과 개울, 시냇물이 가득한 숲이 보인다. 그 숲을 온갖 종류의 생명으로 가득 채우고 구름에 무지개를 띄울 수 있다(창세기 9:13). 사막의 메마른 땅에 꽃을 피워내면서 흐뭇해할 수 있다. 직관력과 상상력을 타고난 사람들은 사막에서 물을 찾아내고, 예전에 사막과 광야라고만 여겨졌던 곳에 도시를 건설한다.

마음속에서 이미 진짜로 이루어졌다고 생각하고 이상을 향한 신념을 확고하게 간직하면 이상과 소망을 객관적으로 실현하는 날이 온다. 내 안의 위대한 건축가는 내가 마음속에 새긴 것을 눈에 보이도록 구현할 수 있다.

상상력이 창의력을 자극한다

마리오는 젊은 화학자다. 마리오가 근무하는 회사는 과거에 특정 염료를 제조하려다 실패했다. 마리오가 입사하자마자 회사는 마리오에게 해당 염료 제조를 부탁했고, 그는 과거에 실패한 이력을 무시하고 어렵지 않게 화합물을 합성했다.

상관들은 놀라워하며 비법을 알고 싶어 했다. 그는 해답이 있다고 상상하는 것이 비법이라 답했다. 그러자 상관들은 더 털어놓으라고 재촉했다. 마리오는 마음속에 '해답'이라는 글자를 또렷하게 보았다고 했다 글자는 진한 빨간색으로 쓰여 있었고 그 밑은 텅 비어 있었다. 그는 그 공간에 화학 공식이 놓여 있는 걸 상상했고 잠재의식이 빈 곳을 메워주리라는 걸 알았다. 기도를 시작한 지 사흘이 지나자 꿈속에서 화합물을 만드는 공식과 기술이 명확하게 보였다. 그 공식을 따라 마리오는 염료를 제조할 수 있었고 그에 힘입어 회사의 임원으로 승진했다.

끝까지 최선을 다하고 매 순간 믿음에 충실하라. 인내심을 가지고 일을 완성하라. 이미 마음속에서 결말을 보고, 그렇게 일을 완수할 수 있다는 것을 알면 된다. 끝을 보고 느꼈다면 의지력으로 수단을 동원해 원하는 것을 실현할 수 있을 것이다.

상상력의 힘을 개발하라

창의성은 예술가, 발명가, 기업가만의 전유물이 아니다. 모두의 내면에는 힘이 존재하므로 그 힘을 개발해서 수면 위로 끌어올리기만 하면 된다. 다음은 창의성을 키우는 데 도움이 되는 조언이다.

1. 내가 좋아하는 일을 한다고 생각해 보라. 그리고 그 일을 하는 나를 상상해

보면 직장과 커리어에서 기적이 일어날 것이다.
2. 온전하고 완벽한 내 모습을 마음속으로 그려라. 성공한 커리어를 가지고 아름다운 집에서 살면서 행복하고 즐거운 가정을 꾸린 내 모습을 상상해 보라. 이러한 이미지를 마음속에 품으면 기적적인 결과가 일어난다.
3. 회사 또는 부서의 목표를 달성하는 데 기여하고, 경영진이 나의 업적을 인정해 준다고 상상하라. 성공해서 축하를 받는 모습을 떠올려라.
4. 일하지 않을 때도 직장에서 일어난 문제를 떠올리고 마음을 집중하라. 애를 쓰지 않아도 마음속에서 해결책이 완전하게 떠오를 것이다.
5. 커리어를 쌓거나 창업하기 위해서는 무엇을 해야 할지 시각화해 보라. 생생하게 그려보자. 상상한 내용은 자연스럽고 극적이며 흥미진진해야 한다. 잠재의식은 내가 상상하고 느끼는 것을 받아들일 것이다.

에드워드 해리먼은 미국을 가로지르는 철도가 있으면 어떨까 생각했다. 해리먼은 지도 위에 미국을 가로지르는 상상의 선을 그렸다. 믿음과 확신이 마음속에 있는 이미지를 뒷받침했고 그는 곧 상상한 대로 미국에 철도를 놓았다. 철도는 산업과 상업에 혁명을 일으켰고 수백만 개의 일자리를 창출했으며 많은 사람에게 헤아릴 수 없을 만큼의 부를 가져다주었다.

소망이 현실에서 이루어지는 것을 계속 그리며 상상 속의 역할을 느끼고 충실하라. 머릿속에서 상상하는 행동을 바탕으로 바라는 소망을 진심으로 깨달은 다음 현실에서 내가 물리적으로 취할 행동과 일치해야 한다.

조롱받는 걸 두려워하지 마라

거절당할까 봐 두려워하지 말고 창의적인 제안을 하라. 게리는 일하는 방식을 조금 바꾸면 생산성이 높아지지 않을까 생각했다. 하지만 상사에게 말하는 것을 주저했다. 마지막으로 제안했을 때 상사가 거절했기 때문이다. 효과가 없으리라며 설명할 틈을 주지 않았고 굳이 귀찮게 할 필요가 없지 않냐고 되물었다.

포기하기는 쉽다. 하지만 계속해서 아이디어를 내놓지 않으면 창의성이 억눌리게 될 것이다. 계속 창의적인 생각을 하는 버릇을 들여야 혁신이 일어난다. 사람들은 다른 사람들이 자신의 아이디어를 어떻게 받아들일지 걱정하면서 스스로를 검열하는 경향이 있다. 자기 검열은 타인을 비판하는 것보다 훨씬 심각하다. 검열하는 습관이 잠재의식에 스며들어 나 자신이 부적절하다고 느끼게 되기 때문이다.

물론 실수할 수도 있고 제안이 효과가 없을 수도 있으며 직장 상사나 동료가 조롱할 수도 있다. 하지만 그렇다고 멈추어서는 안 된다. 아인슈타인과 에디슨, 엘리 휘트니, 제임스 와트는 여러 차례 조롱을 받았다. 창의적인 아이디어가 계속 떠오르도록 만들어라.

창의성을 연마하는 법

창의성을 개발하는 방법은 여러 가지 있다. 기존의 방법을 연구하는 것부터 시작해서 어떻게 하면 더 잘 만들 수 있을까 하고 나 자신에게 물어라. 그다음 상상력을 발휘해서 이를 달성할 방법을 찾아야 한다.

다음은 창의성을 연마하기 위한 몇 가지 구체적인 접근법이다.

1. 관찰하기

창의적인 사람이 되기 위해서 꼭 새로운 아이디어를 생각해 낼 필요는 없다. 주변 사물을 관찰하고 배운 것을 다른 상황에 적용하는 건 혁신만큼이나 창의적인 활동이다.

라스베이거스에 위치한 후퍼 스틸의 운영자인 스탠에 따르면, 셀프 주유소가 많아지면서 주유소에서 엔진 오일 교체 서비스가 없어졌고 그에 따라 엔진 오일만 빠르게 교체할 수 있는 퀵서비스 센터가 생겨났다고 한다. 어느 날 스탠은 차의 엔진 오일을 교체하기 위해 퀵서비스 센터에 들렀는데, 작업 속도와 품질에 만족했다.

수년 동안 후퍼 스틸은 엔진 오일을 교체하기 위해 거래처로 트럭을 보내고 있었다. 두 명이 한 조를 이뤄, 한 명은 트럭을 운전하고 다른 한 명은 트럭을 맡긴 후 타고 돌아올 차를 운전했다. 그리고 트럭을 거래처에 맡겨 엔진 오일을 교체한 후에는 트럭을 픽업하기 위해 다시 먼 길을 가야 했다. 스탠은 회사에다 이렇게 제안했다.

"퀵서비스 센터로 보내면 어때요?"

트럭을 퀵서비스 센터로 보내자 30분 정도만 기다린 뒤 거의 온종일 트럭을 사용할 수 있었으며 회사는 한 달에 약 1600달러의 비용과 시간을 절약하게 되었다.

2. 수정하기

새로운 걸 창조하기 위해 기존 제품이나 개념을 수정할 수 있는가? 씽크빅의 창립자들은 기존 제품의 크기를 대폭 수정했다. 연필, 전화

메모지부터 애완동물 용품과 가구에 이르기까지 인기 상품의 크기를 수정하여 광고와 장식 부분에서 새로운 시장을 창출했다. 사람들은 그 신선함을 높이 샀다.

3. 대체하기

효율성을 높이고 기존의 문제를 극복하려면 종종 오래된 기술을 신기술로 대체하는 게 답일 때가 많다. 하지만 여러 상황에서 상상력을 발휘하면 더 쉽고 효과적으로 상황을 바꿀 수 있다. 매스 메일러스의 사무장인 달린은 지루하고 반복되는 단순 업무를 맡은 직원들이 회사를 그만두는 것을 막느라 머리를 싸매고 있었다. 봉투에 브로셔와 샘플을 넣는 일이었는데 일반 자동화 장비가 대신할 수 없었다. 직원들이 회사를 그만두니 새로운 직원을 채용하고 교육하는 비용이 많이 들었을 뿐만 아니라 일손이 필요할 때 누군가가 자리에 있으리라고 확신할 수가 없었다.

달린은 일반 직원이라면 이 작업이 지루하다고 느끼겠지만 장애인을 고용한다면 책임감을 느낄 좋은 기회가 되리라고 믿었다. 그녀는 장애인 단체에 연락해 장애인을 고용하는 방안을 제시했고 사회복지사는 몇몇 사람이 시도해 볼 수 있도록 주선했다. 새롭게 접근함으로써 그녀는 즐겁게 일하고 일을 금방 그만두지 않는 직원을 고용할 수 있었고 해당 직원은 회사의 소중한 일원으로 자리매김하게 되었다.

4. 제거하기

불필요한 서류 작업에는 많은 시간과 추가적인 비용이 든다. 하지만 기업의 몸집이 커질 때마다 관료주의가 강해지는 경향이 있다. 급격하게 늘어나는 서식과 보고서 숫자는 생산성을 저하한다. 이 모든 양식이 정말 필요한 것일까?

영업 사원 길은 화가 났다. 회사가 영업 사원이 작성해야 할 양식을 또 추가했기 때문이다. 작성할 서류가 그렇게 많은데 어떻게 영업을 할 수 있단 말인가? 영업 매니저에게 불평하자 그는 어깨를 으쓱거리며 '윗분들이' 정보를 요구한다고 말했다. 길은 채워야 하는 모든 양식을 책상에 하나하나 내려놓았다. 그리고 각각의 양식에 적어야 하는 정보를 분석했다.

그 결과 그는 중복되는 부분이 많다는 걸 깨달았고 기존 방식을 고수하는 대신 새로운 양식을 고안해 냈다. 경영진이 반드시 알아야 할 정보를 제공하는 동시에 작성하기 쉬운 양식이었다. 이로써 영업 담당자의 업무가 수월해졌을 뿐만 아니라 회사는 상당한 시간과 비용을 절약할 수 있었다. 나아가 이 회사는 모든 양식을 체계적으로 검토하여 시대에 뒤떨어지고 불필요한 보고서를 없앴다.

5. 적응하기

창의력을 발휘한다는 것은 완전히 독창적인 아이디어를 내놓는 것에만 국한되지 않는다. 창의적인 사람들은 똑같이 들어맞는 상황이 아니더라도 문제를 해결하기 위해 다른 사람이 썼던 방법을 경우에 따라 채택할 때도 있다.

노스 저지 리무진 서비스는 뉴저지주의 여러 도시에서 대도시권의 주요 공항을 잇는 교통편을 제공한다. 고객들은 예약 전화를 걸었을 때 대기 시간이 너무 길다고 주기적으로 끊임없이 불평해 왔다. 또한 고객들은 매번 이름, 주소, 전화번호, 신용카드 번호 및 기타 정보를 불러주어야 했다.

　홈쇼핑을 자주 이용하는한 임원이 두 번째 주문부터는 결제나 배송 정보를 다시 묻지 않는다는 걸 기억했다. 그 비결은 모든 고객 정보를 저장하는 컴퓨터 데이터베이스였다. 고객이 전화를 걸면 프로그램이 발신자 아이디를 식별해 주문 정보가 즉시 컴퓨터 화면에 나타났다. 그래서 임원은 이 시스템을 노스 저지 리무진 서비스에 적용했고 예약에 걸리는 시간을 3분에서 25초로 단축했다.

　이 예시는 창의성을 자극하는 한 가지 방법에 불과하다. 상상력을 기르고 시야를 넓히며 기존의 접근법을 깨뜨리면 더 독창적이 될 수 있다. 어려운 문제를 해결할 수 있으며 흥미로운 새로운 개념을 만들어 내고 실행할 수 있다. 그러면 회사에 도움이 될 뿐만 아니라 아이디어가 성공적으로 실현될 때 큰 만족감을 얻을 수 있다.

　자양분을 주면 창의성을 더 제대로 발휘하기 쉬워진다. 하지만 안타깝게도 어린 시절부터 선생님, 학부모 그리고 커서는 상사까지 과도한 분석과 순응을 강요한다. "그만해", "회사 방침에 어긋납니다", "여태까지 그렇게 해본 적이 없는데요" 등과 같은 말로 인해 사고에 적신호가 들어오면 창의성이 차단된다.

　새로운 아이디어를 시도하지 말아야 할 이유를 찾는 대신 열린 마음으로 새로운 아이디어를 검토하라. 그린라이트를 켜고 아이디어를 자세히 살펴보라. 뻔한 것에서 벗어나 생각을 확장해 볼 수 있다.

　모든 아이디어가 반드시 효과가 있거나 추구할 가치가 있는 건 아니다. 하지만 적어도 새로운 아이디어에 대해 생각하고 다른 사람들과 그 생각을 나눔으로써 가능성을 탐색할 수 있다. 거절당하는 경우 그 이유를 탐구하라. 자신감을 잃지 말아야 한다. 아이디어가 좋게 보이더라도 특정한 상황에 맞지 않거나 때에 적절하지 않은 경우가 종종 있다. 그렇다고 해서 그 아이디어가 좋지 않다는 건 아니다. 이를 개인적인 모욕으로 받아들여서도 안 된다. 거절당한 건 내가 아니라 아이디어임을 기억하라.

창의성으로 죽어가는 기업을 살리다

파산할 처지에 놓였던 많은 기업은 리더들의 창의적 사고 덕분에 위기를 모면하고 날아오를 수 있었다.

피트니 보우스는 요금 별납 우편 시장을 거의 독점하던 회사였다. 미국 내 우편물 절반 가까이가 이 회사의 기계를 통과해야 했다. 하지만 이 모든 건 미국 우편국이 독점권을 해지하면서 중단되었다. 혁신적인 아이디어를 가진 경쟁사들이 피트니 보우스의 시장 점유율을 빼앗아갔다.

이 시기에 최고경영자로 취임한 프래드 앨런은 회사에 넓은 시각을 심어주었다. 그는 피트니 보우스를 단순한 별납증 인쇄기 회사가 아니라 더 크게, 메시지 전달을 위한 기술과 서비스를 제공하는 회사로 봐야 한다고 주장했다. 프레드 앨런은 영업 및 서비스에 대한 평판을 개선하는 걸 뛰어넘어, 전문 지식을 활용해 팩스와 복사기를 팔아야 할 때라고 생각했다.

새롭게 새운 비전은 효과가 있었다. 1980년대 후반 피트니 보우스의 수익 절반이 최근 3년 미만 내에 도입한 상품에서 나온 것이다. 프레드 앨런은 창의적인 비전을 세워 기존과는 다른 마케팅 전략을 짰다.

그리고 새로운 비즈니스 모델에 필요한 최첨단 사무기기를 개발하는 데 성공했다.

훌륭한 기업들은 대담하게 성과를 재평가한다. 새로운 비전을 정립하고 기존의 비전과 마케팅 전략을 재조정해서 훌륭한 성과를 유지한다. 식료품 체인점이었던 크로거는 전체 시스템을 개편해서 대형 슈퍼마켓으로 탈바꿈했고 이로서 크로거의 매출액은 선두 경쟁 업체들을 제쳤다. 제약회사 애벗은 진단 제품과 병원용 영양 보충 제품에 집중해서 제약 업계의 경쟁자들보다 앞서갈 수 있었다.

하지만 성공하기 위해서는 이사들과 경영진들의 반대를 극복해야 했다. 프레드 앨런은 희망을 잃지 않았다. 생각을 구현하는 데 있어 상상력과 창의성, 대담함이 놀라운 결과를 가져오리라는 믿음이 있었다.

의구심이 들 때는 프레드 앨런과 같은 리더의 업적을 상기하라. 나 자신을 치유하고 내면을 축복으로 채워라. 나를 번영시키고 영감을 주며 강하게 만드는 정신적인 이미지와 아이디어를 내 머릿속의 왕좌에 앉혀라. 내가 상상하는 모습이 곧 내가 된다. 쉬지 않고 상상하면 나의 세계를 새롭게 만들 수 있다. 자기 확신의 힘을 믿으면 좋은 일이 생기고 인생에서 모든 축복과 부를 경험하게 된다.

조셉 머피의 미라클 노트

- 누구나 창의성을 발휘할 수 있다. 에디슨이나 빌 게이츠뿐만 아니라 나도 혁신을 이뤄낼 수 있다. 누구에게나 상상력을 펼칠 수 있는 능력이 있다. 그 능력을 개발하는 것은 나의 몫이다.
- 능력을 사용해서 소망을 이루는 결말을 상상한다면 어떤 상황과 조건에서도 통제력을 잃지 않을 것이다. 소망이나 욕구, 아이디어, 계획을 실현하고 싶다면 원하는 바를 이루는 모습을 마음속에서 상상하라. 소망이 실제로 이뤄지는 모습을 끊임없이 상상하라. 그러면 나의 소망이 잠재의식에 침투하여 소망을 실현하라고 강제할 것이다.
- 상상력은 어떤 아이디어나 욕구를 표현하고 객관적인 세계에서 실현하는 힘이다. 부족한 곳에서 풍요를, 능률이 오르지 않는 곳에서 효율을, 정체된 곳에서 성장을 상상할 수 있다.
- 프로젝트가 지연되었을 때 다른 기업은 어떻게 대응했는지 관찰하라. 다른 기업에 효과가 있었던 접근 방식을 내 문제에 적용하면 효율적으로 문제를 해결할 수 있다.
- 상상력을 활용하라. 업무나 사업에서 개선할 수 있는 부분이 있는지 살펴보라. 새로운 접근법을 두려워하지 마라. 과정 중 차질이 생길 수도 있지만 창의성을 발휘한다면 하는 일마다 성공할 수 있다.

10
습관이 나를 성공으로 이끈다

안 좋은 습관이나 약점을 극복하는 해결책은 스스로 찾아야 한다. 내가 해결책을 찾아내야만 나쁜 습관도 소소하지만 내 앞길을 막는 어리석은 습관도 뿌리 뽑을 수 있다. 나는 약점을 강점으로 바꿀 수 있다. 내 안에 숨 쉬는 신성, 즉 숭고한 힘의 도움을 받아 성공과 행복을 가로막는 적을 물리칠 수 있다.

습관은 한 사람을 형성한다. 어떤 일이 생겼을 때 특정 방식을 반복해서 따르는 경향을 습관이라고 한다. '중독'이나 '관습', '매너리즘', 또는 '본성'이라고 정의할 수도 있다.

몇몇 습관이나 의식은 전통을 확립하여 질서와 효율성, 그리고 삶의 의미를 부여한다는 점에서 상당히 유용하다. 하지만 안타깝게도 몇 가지 습관은 경직된 마음과 신체 패턴에 나를 가두고 개방성을 낮춘다.

습관은 삶의 방식이다. 습관이 패턴으로 굳어지면 익숙해져서 따를 수밖에 없다. 어떤 습관은 좋고 어떤 습관은 나쁘다. 특히 일할 때의 습관은 성과의 평범함과 탁월함을 가른다.

이 장에서는 습관이 형성되는 과정과 나쁜 습관을 극복하고 좋은 습관으로 대체하는 법을 비롯해 성공으로 이끄는 행동 패턴을 구축하는 노하우를 알아보려 한다.

습관은 인생을 지배한다

긍정적인 행동과 창의적인 생각을 반복해서 습관으로 자리 잡았으면 창의적이고 긍정적인 성격이 형성된다. 생각하는 습관이 그 사람의 강인함과 유약함을 결정짓는다. 자신감과 자기 확신이 넘치고 결단력이 있다면 강인하고 창의적인 사람이 될 것이다. 하지만 확신 없이 주저하고 스스로를 신뢰하지 않는다면, 자기의 장점을 어필하지 않고 비하한다면 부정적이고 무능한 사람이 될 것이다. 습관적인 사고가 두뇌를 프로그래밍한다.

흔히 운과 상황이 커리어의 성공과 실패를 가름한다고 생각한다. 물론 운과 상황이 영향을 미칠 수도 있지만 내가 방향을 정할 때 영향을 더 자주 미치는 것은 습관이다. 잘못된 방향을 택할 필요는 없다. 나의 성향과 열정을 파악하고 평소의 욕구와 정신적인 관성을 따르면 나머지는 습관이 알아서 한다.

습관은 생각과 성격에 보이지 않는 끈을 감고 있다. 그렇기에 깨어 있을 때나 잠들어 있을 때나 영향을 끼친다. 좋은 습관이든 나쁜 습관이든 습관은 나를 점차 지배한다. 그래서 오늘 내가 자발적으로 한 일은 내일도 하기 쉽고 모레는 한층 더 쉬워진다.

좋은 습관을 기르는 가장 좋은 방법은 단점이나 안 좋은 습관을 뿌리 뽑기보다는 그 반대의 자질을 기르는 것이다. 계속 반대되는 자질을 기르면 기존의 부정적인 자질이 사라진다. 긍정적인 자질을 구축하여 부정적인 자질을 없앨 수 있다.

더 높고 나은 것을 갈망하는 것은 낮은 수준에 안주하려고 하는 사람에게 최선의 해독제이자 치료법이다. 항상 포부를 품고 위로 올라가려는 소망을 가지고, 더 낫고 좋은 것을 추구하는 습관이 형성되면 바람직하지 않은 자질과 습관은 사라질 것이다. 영양분이 부족하면 식물이 자랄 수가 없다.

나쁜 습관에 영양분을 주지 말 것

오랫동안 지속해 온 습관을 극복하는 건 쉬운 일이 아니지만 불가능한 일도 아니다. 나이도 상관없다. 그렇게 수많은 사람이 커리어와 인생을 망칠 수 있는 습관을 고쳤다.

나쁜 습관에서 벗어나거나 좋은 습관을 만들려고 할 때 대부분이 저지르는 실수가 있다. 내면에 큰 잠재력이 있는 것을 몰라, 잠재력이 풍부한 높은 자아를 깨우지 못하는 것이다. 이런 사람들은 잠재의식의 힘을 반도 발휘하지 못한다. 나 자신을 일으킬 수 있는 잠재의식이라는 지렛대를 가졌는데도 말이다. 이런 사람들의 결심은 나약하고 쉽게 흔들리며 활기와 기개가 부족하다.

나쁜 습관을 죽이는 훌륭한 방법은 아예 영양분을 공급하지 않고 굶겨 죽이는 것이다. 나쁜 습관을 천천히 조금씩 끊어내려고 해서는 안 된다. 대담하고 당당하게 적을 공격하라. 미국의 철학자이자 심리학자 윌리엄 제임스 교수가 제시한 방법을 따라 과거 습관의 굴레에서 벗어나 새로운 습관을 형성해 보라.

"최대한 큰 유인 동기를 가지고 오래된 습관을 단호하게 떼어낼 수 있도록 주의를 기울여야 합니다. 올바른 동기를 높일 수 있는 모든 상황을 활용하고 계속해서 새로운 방식을 시도하십시오. 옛것과는 양립할 수 없는 새로운 것을 도입해야 합니다. 내가 끌어다 쓸 수 있는 모든 도움을 받아 결의를 다지십시오."

나쁜 습관을 끊는 방법은 습관적으로 하던 일을 그만두고 나를 해치는 일과는 상종하지 않는 것이다. 나라는 사람의 본질이 무지하더라도 마음먹은 바에 충실하고 물러서지 않는다면 숨겨진 자원의 도움을 받을 수 있다. 물러날 길을 열어두는 한 과거의 습관으로 돌아가려는 유혹이 너무 강하게 들면 다시 그 습관으로 돌아가게 된다. 그러면 새로운 습관을 형성할 가능성은 작아진다.

새롭게 습관을 들이는 건 어려운 일이다. 여태까지 문제를 해결할 때마다 기댔던 나쁜 습관이 뿌리 깊게 박혀 있기 때문이다. 한 방법을 썼을 때 성공했다면 언제나 효과가 있으리라고 생각해 그 방법을 자주 사용했을 것이고, 그런 방식으로 습관이 굳어졌을 것이다. 하지만 상황이 바뀌었기에 과거에 효과가 있던 방식은 더 이상 효과적이지 않다. 그런데도 많은 사람이 "언제나 효과가 있었기 때문에 이번에도 효과가 있을 거야"라고 생각하며 자신의 습관을 고집스럽게 고수한다. 반면 똑똑한 사람은 습관적인 접근법이 문제를 해결하는 최선의 방법이 아니라는 것을 인식하고, 기존 습관에서 벗어나 새로운 접근법을 모색한다.

전국에 지점을 둔 한 기업은 연륜 있는 경영학 교수에게 지점 매니저 교육 프로그램을 지휘해 달라고 부탁했다. 교수는 대학에서 사용했던 프로그램을 그대로 사용하려는 계획을 짰다. 하지만 이내 직무에 대한 이해가 부족했다는 걸 깨달았다.

몇 번의 교육 회차가 끝난 후 사내 교육 담당자는 교수에게 진척이 더디다고 지적했다.

"이 매니저들은 머리보다 몸으로 일을 하는 사람들입니다. 강의를 들으면 쉽게 지루해해요."

"하지만 이게 제가 가르치는 방식인걸요. 매니저가 알아야 할 내용을 주어진 시간에 모두 다루려면 이렇게 해야 합니다. 항상 효과가 좋았어요. 매니저들이 곧 적응할 겁니다."

교육 담당자는 동의하지 않았다.

"수업에 더 적극적으로 참여하도록 참여를 북돋우세요. 대학에서 쓰는 교수법은 회사에서는 통하지 않을 거예요."

교수는 이 지적을 받고 고심했다. 흥미롭고 학생들의 이목을 끄는 강의 방식을 개발해 칭찬을 받았던 적도 있었지만, 강의 스타일을 바꾸는 건 익숙한 습관을 깨는 것과 다름없었다. 그는 새로운 접근법을 시도하기로 했다. 학생들을 가르치는 기존의 방식을 탈피하는 게 어렵다는 걸 알고 있었지만 잠시 내려놓고 참여를 유도했다.

다음 회차 주제는 채용 과정이었다. 그는 자신이 준비한 내용을 강의하는 대신, 매장 관리자에게 신입 직원을 모집하고 채용하는 과정에서 어떤 문제가 있었는지 물어보았다. 매니저들은 자신이 썼던 방법을 발표하면서 어떤 방법이 효과가 있고 효과가 없었는지, 또 어떤 우려가 있는지 이야기했다. 이론적으로 답변하고 싶은 유혹이 들었지만, 교수는 매니저들의 참여를 끌어내겠다는 결의를 떠올렸다. 다행히도 한 매니저가 자신의 경험을 털어놓았다. 성공 사례를 공유하고 발생할 수 있는 문제에 주의를 기울이면 다른 매니저들도 이득을 볼 수 있다. 교수는 의견을 덧붙이고 간략하게 요약하면서 내용을 보충했다. 회차가 끝날 무렵 그는 자신이 가르치려고 한 대부분의 내용은 토론에서 다뤘다는 걸 깨달았다. 사람들은 다음 회차를 기대하며 자리를 떴다.

교수는 교육 담당자에게 자신의 아이디어를 일방적으로 전달하는 대신 참여를 끌어내는 게 지금까지 했던 일 중에 가장 어려운 일이라고 했다. 하지만 그 어려움을 뛰어넘었기 때문에 성공적으로 교육을 마치고 보람을 느낄 수 있었다.

일을 미루는 것은 파종 시기를 놓치는 것과 같다

가장 나쁜 업무 습관 중 하나는 미루는 것이다.

"내일 하자. 오늘 말고 내일 하면 돼."

게으른 사람들은 늘 이렇게 말한다. 하지만 일을 미루는 건 게으른 사람들만의 문제가 아니다. 사람들은 대부분 일을 미룬다. 우리는 하기 싫거나 두려운 일을 가능한 한 마지막 순간까지 미루는 경향이 있다. 일을 미루는 이유에는 여러 가지가 있다. 해야 하는 일이 마음에 들지 않을 수도 있고, 다른 일을 하는 걸 선호할 때도 있다. 하지만 실패할까 봐 두려워서 미룰 때도 많다.

전 세계 어느 곳을 가도 능력은 뛰어나지만 두려움에 압도되어 평범하게 살아가는 사람을 어렵지 않게 찾아볼 수 있다. 두려워서 능력을 발휘하지 못하니 모든 노력은 헛수고가 된다. 두려움이라는 괴물은 시간이 지날수록 결단력이 강한 사람을 우유부단하게, 능력 있는 사람을 소심하고 비효율적으로 만든다.

지금 이 순간은 다시 오지 않는다. 지금 느끼는 힘과 에너지는 이 순간에만 존재할 뿐이다. 오늘 할 일을 내일로 미루면 오늘 쓸 수 있는 에너지가 사라지고 어렵고 하기 싫은 일도 미루면 더 하기 싫다. 그 당시에 기쁘고 열정을 가지고 할 수 있었던 일을 며칠 또는 몇 주 미룬 후에 하려면 힘들어진다.

일을 빨리 끝내버리면 단조로움과 고됨을 피할 수 있다. 미루는 것은 일반적으로 하던 일을 중단하거나 하려던 일을 끝마치지 못한 것을 의미한다. 무언가를 한다는 건 파종에 비유할 수 있다. 적절한 때에 씨를 뿌리지 않으면 씨를 뿌리는 시기를 놓치게 된다. 씨를 늦게 뿌린다 해도 여름은 기다려주지 않을 것이고 결국 아무런 성과도 거두지 못할 것이다.

가끔 실수하더라도 항상 신속하게 행동하는 사람은 성공할 것이다. 판단력이 좀 더 나을지언정 미루는 사람은 실패한다.

다음은 미루지 않고 할 일을 제때 하는 데 도움이 되는 몇 가지 노하우다.

- 미루는 것은 단순히 기한 내에 일을 못 끝내는 것을 의미하지 않는다. 시작하지 못하는 것도 미루는 것이다. 그러니 어서 시작하라! 벤저민 프랭클린의 격언 "오늘 할 수 있는 일을 내일로 미루지 마라"를 마음에 새겨라.
- 새로운 일이나 다른 일을 시작할 때 두려워하면 안 된다. 해야 할 일을 꼼꼼하게 파악하고 행동으로 옮겨라.

- 까다로운 프로젝트를 맡았다면 압도되지 않도록 주의하라. 프로젝트를 관리할 수 있는 조그만 요소로 나눈 후 각 부분을 언제 끝낼 건지 계획표를 정하라.
- 가장 생기와 활력이 넘치는 시간에 제일 두렵거나 싫어하는 일을 하라.
- 중간 완료 지점을 설정하라. 오랜 시간이 지나야 열매를 맺는 일은 시작하는 게 어려울 수 있다. 쉽사리 동기부여가 되지 않기 때문이다. 하지만 프로젝트를 단계별로 나눠 중간 완료 날짜를 설정하면 진행 상황을 살펴보면서 만족감을 느낄 수 있다.
- 일단 내 마음이 끌리는 대로 시작해 보자. 어려운 프로젝트를 어떻게 시작해야 할지 모르겠다면 계속 미루는 대신 일이 어떻게 될지 미리 가정을 세우고 작업을 시작하라. 작업 자체가 뇌를 자극한다. 잘되지 않으면 다시 시작하면 된다. 프로젝트 시작을 계속 미루는 것보다 적극적으로 임하는 게 좋다.
- 일상적인 일보다 좀 특별한 프로젝트를 맡게 되었을 때 '여유가 생길 때까지 좀 미루자'는 유혹이 들기 마련이다. 그럴 때는 매일 특정한 시간을 정해놓고 작업하라.
- 평소에 미뤘던 일을 완료하면 자기 자신에게 상을 주어라.

내 약점을 직시하라

성공을 방해하는 나쁜 업무 습관이 있다면 다음과 같이 쉬지 않고 확언하라. 그러면 나쁜 습관을 극복하는 힘이 길러진다.

○○이(가) 나를 방해하는 걸 나는 알고 있습니다. 나는 목표한 만큼 효율적이지 않고 생각이 또렷하지 않습니다. 나는 이런 약점에 방해 받기 때문에 원하는 만큼 마음을 잘 다스릴 수가 없습니다.

앞으로 나아가게 하지 못하고 실패하게 하는 습관들을 경멸합니다. 이 습관을 바꾸지 않는 한 습관에 얽매여 살고 안 좋은 습관에서 벗어날 기회가 더 적어진다는 걸 압니다.

혼자 있을 때마다 이런 식으로 나 자신에게 말해보라. 말로 암시를 걸면 습관은 점점 힘을 잃을 것이다. 나 자신과의 대화를 통해 짧은 시간 내에 집중해서 약점을 완전히 뿌리 뽑을 수 있다.

월리는 열두 명의 기술자를 감독하는 매니저로, 자기 부서의 통제권을 완전히 잡고 있어야 한다고 느끼는 사람이었다. 기술자들은 업무를 능숙하게 해냈지만 월리는 하루에도 두세 번씩 일을 잘하고 있나 점검했다. 심지어 작업 중에도 업무를 제대로 하고 있는지 점검했다. 어느 날 상사가 월리를 불렀다. 월리 부서의 이직률이 다른 부서보다 높았기 때문이다.

"퇴사 면담 때 부서를 떠난 직원들이 털어놓은 불만은 다 비슷했습니다. 월리 씨가 너무 세세한 것까지 신경을 쓴다고 화가 났던데요. 실력있는 사람을 고용했으니 일을 하도록 내버려 둬야 하지 않을까요?"

월리가 대답했다.

"하지만 저에게는 제 부서를 잘 관리해야 하는 책임이 있는걸요. 직원들 위에 있지 않으면 맡은 일을 제대로 하지 않는 게 돼요."

"기술자들에게 그냥 맡기세요. 계속 누가 지켜본다고 생각하면 일을 할 수가 없어요. 나도 그렇게 따지면 월리 씨의 총책임자지만 일거수일

투족을 지켜보고 있진 않지요. 월리 씨를 믿기 때문이죠. 월리 씨도 부하 직원들을 믿어줘야 해요."

"하지만 그냥 내버려 두면 실수를 했을 때 제때 수정할 수 없는걸요. 아니, 영영 수정하지 못할 수도 있어요."

"사소한 거에 하나하나 신경 쓰지 않으면서도 부서를 관리하는 법이 존재합니다. 직원들에게 일을 위임하는 검증된 기법이 있습니다. 배워서 적용해 보는 건 어떨까요?."

그는 이 책의 제2부 1장에 나와 있는 위대한 리더가 실천하는 몇 가지 기술을 설명했다. 월리는 새로운 기법을 쓸지 말지 고심했다. 직원들을 철저하게 통제하는 걸 포기하는 게 두려웠기 때문이다. 하지만 해야 한다는 걸 알았다.

세세한 것까지 지적하는 습관을 고치는 건 쉽지 않았다. 기술자가 잘하고 있는지 힐끗 쳐다보려는 유혹이 들 때마다 월리는 자신에게 말했다. '그러면 안 돼. 믿어줘야 해.'

태도를 바꾸자 시간이 지나면서 그는 직원 한 명 한 명과 신뢰를 쌓을 수 있었다. 가끔 오류가 발생하긴 했지만, 점검 과정에서 오류를 쉽게 발견하고 바로잡을 수 있다는 걸 알아차렸다. 월리의 업무량은 줄어들었고 부서 내의 긴장감도 줄어들었다. 직원들은 이직을 멈췄고 월리는 다른 업무를 처리할 시간이 생겼다.

에밀리는 마음이 항상 급했다. 학창 시절에도 수업이나 숙제를 서둘러서 끝냈다. 일을 빨리 끝내고 나가서 놀고 싶어서 발을 동동 굴렀다. 데이터를 입력하는 사무직으로 사회생활을 처음 시작했을 때도 변한 건 없었다. 주어진 일을 가장 먼저 끝냈지만 너무 오류가 많아서 일을 두 번 해야 했다. 상사는 에밀리에게 속도를 늦추고 좀 더 내용에 신경 쓰라고 경고했지만 학창 시절 습관은 어디 가지 않았다. 얼마 후 상사가 말했다.

"당신은 똑똑한 사람입니다. 하지만 정확성보다 속도를 앞세우는 습관은 좋은 결과를 얻는 데 방해가 됩니다. 그 습관을 고쳐야 합니다. 만약 그 습관을 고치지 못하면 우리 회사와 일하는 건 힘들겠어요."

상사는 시간을 생각하지 말고 정확성을 높여보라고 제안했다.

에밀리의 마음이 흔들렸다. 자기가 하는 일이 좋았고 빠른 속도에 자부심을 느꼈지만 습관을 깨기로 마음먹었다. 다음 일을 맡았을 때 초반에는 속도를 좀 늦출 수 있었지만 다시 속도를 내기 시작했다. 그래서 일을 잠시 멈추고 여태까지 완료한 작업을 검토하기 시작했다. 그러자 첫 부분은 완벽했지만 속도를 낸 부분에는 몇 가지 실수를 했다는 걸 발견했다. 에밀리는 오류를 수정하고 작업을 계속해 나갔다.

에밀리는 자신에게 다음과 같이 말했다.

"빠르게 대충대충 처리하는 습관 때문에 직장에서 불리해지겠어. 사람들이 비웃을지도 몰라. 다른 사람과 비교해 보면 더 불리해지겠지. 나는 많은 걸 성취한 사람들보다 더 큰 능력을 갖춘 걸 알아. 그러니 이제 이 습관을 고칠 거야. 이런 습관으로 미래를 망쳐서는 안 된다고. 아무리 힘들더라도 빠르고 대충 하고 싶은 욕구에 혹하지 않을 거야."

에밀리가 속도를 늦추고 정확성을 높일 수 있도록 잠재의식을 입력하는 데에는 몇 주가 걸렸다. 하지만 그 후 에밀리는 부서에서 최고의 실력자로 자리매김했다.

인정하지 않으면 극복할 수 없다

나쁜 습관을 부정하지 마라. 문제를 회피하면 안 된다. 나의 문제를 인정하는 걸 거부하면 나쁜 습관을 극복할 수 없다.

나는 내가 만든 심리적 감옥에 사는 것과 다름없으며 믿음과 의견, 훈련, 환경에 큰 영향을 받는다. 사람은 습관의 동물이다. 내가 평소에 반응하는 대로 행동하도록 내 몸과 마음이 조건화되어 있다.

일하는 습관을 개선할 수 있는 아이디어를 떠올리고 마음속에 새기면 잠재의식에 도달한다. 이때 마음의 작동 원리를 이해할 수 있을 것이다. 내 말을 뒷받침해 주고 나 자신에게 진리를 증명할 수 있는 무한한 자원이 내 안에 있다는 걸 발견하게 될 것이다.

나의 능력을 해치는 것들로부터 자유로워지고 싶은 마음이 있다면 이미 반 이상 치유된 것이다. 나쁜 습관을 포기하고 싶은 마음이 나쁜 습관을 지속하고 싶은 마음보다 크다면 거의 다 왔다. 금방 나쁜 습관을 극복할 수 있을 것이고, 극복한 다음에는 그 보고 놀랄 것이다.

무슨 생각이 마음에 닻을 내리든 생각은 커진다. 마음을 성공과 성취라는 개념에 두고 새로운 방향으로 주의를 집중하다 보면 점차 성공과 성취의 개념이 배어든 감정을 만들어내게 된다. 잠재의식은 감정이 담긴 아이디어를 받아들여 실현한다.

조셉 머피의 미라클 노트

나쁜 습관을 고치는 건 쉽지 않지만 모두 할 수 있다. 어떤 습관 때문에 내가 진정으로 되고 싶은 사람이 되지 못하고 있는가? 잘못된 행동 패턴에서 자유로워질 수 있는 열 가지 방법이 있다.

1. 바꾸고자 하는 습관을 선택하라.
인생에서 도움이 되지 않으며 목표를 달성하는 데 방해가 되는 습관을 목표로 삼는 것이 좋다. 문제를 키우고 불만족스러우며 끊으려고 해도 끊을 수 없는 행동패턴을 선택하라.

2. 문제를 평가하라.
바꾸고자 하는 습관을 선택한 후 실제로 어떻게 행동하는지와 어떻게 행동했으면 좋겠는지를 비교해 본다. 그리고 큰 문제를 관리할 수 있는 작은 단위로 나눠보자.

3. 도전할 만하고 달성 가능한 목표와 기간을 정하라.
목표는 도전할 만하면서도 이룰 수 있어야 한다. 나의 지평과 행동을 적절하게 점차 확장해 나간다면 원하는 목표에 도달할 수 있을 것이다.

4. 습관이 없어진 걸 슬퍼할 준비를 하자.
습관을 바꾸는 프로그램을 시작하기 전이나 진행하던 도중에 무언가를 잃어버린 것처럼 가슴이 아프다고 해도 당황하지 마라. 세세한 것까지 신경 쓰던 시절 실수를 발견했을 때의 성취감 또는 제일 정확하지는 않더라도 프로젝트를 가장 빨리 끝냈을 때의 만족감을 그리워할 수도 있다. 하지만 잠재의식은 또 새로운 습관에 적응하여 더 이상 상실감을 느끼지 않게 될 것이다.

5. 멘토 또는 상담사와 이야기를 나누어라.
습관을 바꾸기 시작하는 단계에서 친구나 멘토 또는 전문 상담사의 경험과 지혜에 기대라. 그들은 목표를 설정하는 걸 도와주고, 불편한 감정들을 관리하는 팁을 알려줄것이다. 또 내가 뒤처질 때 해결책을 제안하고 격려해 줄 것이다.

6. 행동으로 옮겨라.
해보자! 첫걸음을 떼보자. 그래야 내가 가진 자원에서 처리할 수 있는 것과 없는 것에 관한 피드백을 신속하게 받을 수 있다. 또한 이 과정을 헤쳐나갈 때 필요한 지식과 기술에 대한 통찰력을 얻고 꼭 필요한 지지를 받을 수 있게 될 것이다.

7. 나쁜 습관을 고치거나 새로운 습관을 개발하고자 하는 다른 사람들과 함께해 보자.
같은 목표를 가진 사람들이 모이면 서로를 더 크게 응원해 줄 수 있다. '익명의 알코올 중독자들'처럼 특정한 문제에서 벗어나는 데 도움을 주는 단체를 찾아보자.

8. 체계적으로 해보라.
행동을 바꿔나가는 건 더 나은 사람이 되는 과정으로, 일반적으로 세 단계로 나눌 수 있다. (1) 오래된 패턴에서 자유로워지기, (2) 변화하기, (3) 새로운 패턴에 숙달하기.

첫 번째 단계는 나를 망치는 패턴을 인식하고 떠나보내는 것이다. 두 번째 단계는 새로운 기술과 도구, 자원 및 긍정적인 활동을 통합하는 것이다. 첫 번째 단계에서 부진하다면 두 번째 단계에서 새로운 것을 도입하는 게 불안할 수도 있다. 하지만 마지막 단계에서 연습과 시행착오를 거치면서 비로소 새로운 습관을 만들 수 있다. 자연스럽다고 느낄 때 변화는 시작된다.

9. 포기하지 마라!

행동을 고칠 때는 함정에 빠지기 쉽다. 처음에는 변화가 빠르게 일어나지만 이 시기가 지나면 변화는 더뎌지기 때문이다. 포기하지 마라. 빠르게 결과를 얻었다고 해서 지나치게 낙관적으로 생각하거나, 몇몇 차질이 생겼다고 해서 너무 좌절하지 마라. 인생에는 시련이 있기 마련이다. 쓰러지더라도 오뚝이처럼 다시 일어나야 한다.

넘어지더라도 다시 한 번 일어날 때, 두려워도 새롭게 용기를 냈을 때, 불안하더라도 한 번 더 믿어볼 때 성공한다.

10. 내가 선택한 길을 따르라.

길에 놓인 장애물을 극복하는 것도 학습 과정의 일부다. 뿌리박혀 있는 복잡한 행동 패턴을 깨고 새로운 행동으로 대체해서 숙달하는 데는 일평생이 걸린다.

─────── 다른 사람에 대해 부정적인 생각을 하지 마라. 이는 인생에 독을 타는 것과 다름없다. 다른 사람과 잘 지내는 비법은 바로 사랑이다. 사랑은 곧 다른 사람을 존중하는 일이기 때문이다.

커리어에서 성공하느냐가 타인에게 달려 있을 때도 있다. 그 사람은 상사, 부하 직원, 동료 등 조직 내의 사람일 수도 있고 고객이나 클라이언트 등 조직 밖의 사람일 수도 있다.

목표를 달성하기 위해서 직원과 매니저, 고객과 거래처 직원에게 동기를 부여하려면 의사소통 기술을 연마하고 다른 사람이 나의 아이디어를 수용하도록 설득하는 능력을 키우는 것이 좋다.

지금부터는 까다로운 사람을 다루는 법, 다른 사람과 충돌하지 않으면서 자연스럽게 반대를 표명하는 법, 시간을 최대한 활용하는 법과 효율적인 리더가 되는 법을 배울 것이다.

잠재의식의 힘을 극대화하여, 성공 가도에서 만나는 사람들의 협력과 협조를 끌어내는 방법을 배워보자.

1
리더는 타고나는 게 아니라 길러지는 것이다

진정으로 리더가 될 수 있다고 믿기 전에는 리더십을 갖출 수 없다. 리더십을 가지려면 잠재의식에 두 가지 간단한 조건을 심어주어야 한다. 내가 원하는 일이 일어날 수 있고, 일어나리라고 믿어야 한다.

성공한 사람들이 모두 리더는 아니다. 하지만 역으로 모든 리더는 성공한 사람들이다. 개인적인 성취를 이룰 뿐 아니라 다른 사람이 원하는 것을 성취할 수 있도록 영감을 준다. 성공의 열매를 즐기는 데 그치지 않고 아니라 다른 사람이 성공할 수 있도록 돕는다.

'리더는 만들어지는 것이 아니라 태어나는 것이다'라는 말은 오랫동안 진리로 받아들여졌다. 사실 이러한 믿음은 봉건제와 절대 군주제의 기초 사상이었다. 맨손으로 시작해 높은 자리에 오른 사람이 많은 미국에서조차 많은 리더들은 자신이 리더의 특성을 타고났다고 생각한다.

대부분의 비즈니스 조직에서 감독이나 관리직으로 승진하는 사람들은 정해져 있다. 하지만 이 사람들 모두 '타고난 리더'일까? 경험에 비추어 볼 때 반드시 그런 건 아니다.

리더십과 책임감을 발휘해야 하는 위치로 승진하는 경우는 여러 가지가 있다. 연차가 쌓였거나 당선되었을 수도 있고(공공 부문) 연고주의가 작용했거나 실적이 우수했을 수도 있다. 꼭 리더십이 뛰어나거나 경험이 충분해서 높은 자리에 오르는 것은 아니므로 높은 직책을 따냈다고 해서 리더십을 성공적으로 발휘한다고 볼 수 없다. 따라서 좋은 리더가 되는 법을 배워야 한다. 리더십 기술을 공부하고 영감을 주는 책을 읽어야 하며 강의를 듣고 배운 내용을 실천해야 한다.

위대한 리더의 특징

과거부터 현재까지 이름을 떨친 리더들은 저마다 특별한 성격을 갖지만 그중에는 몇 가지 공통된 특징도 있다. 뛰어난 리더들에게는 모두 다음과 같은 자질이 보였다.

1. 위대한 리더는 열정적인 사람들을 알아보고 육성하며 격려한다.

리더의 계획을 따르는 사람이나 직원 없이 업계에서 살아남고 번창할 수 있는 기업이 몇이나 될까? 전 세계에는 시대를 초월하여 삶의 여러 방면에서 타인의 삶을 발전시킨 사람들이 있다. 군대를 승리로 이끌고 예술과 음악으로 영감을 주며 회사를 번창시키고 역동적인 조직을 꾸려나간다. 이러한 리더들은 다른 사람들이 어떤 능력이 있는지 파악한다. 능력을 측정해서 강점을 찾아내고 약점을 없애는 기술을 가지고 있다.

그뿐만 아니라 리더의 주변에는 자신의 부족한 능력, 즉 약점과 단점을 강점과 능력으로 보완해 줄 사람들로 가득 차 있다. 이렇게 리더들은 다른 사람과 힘을 합쳐 효과적인 결과물을 내놓는다. 더 나은 결과물을 위해 조직을 개혁하고 심지어는 조직에서 물러나기도 한다.

단백질 쿠키를 생산하는 베이커리 반의 설립자 션 페리치가 좋은 예다. 그는 헬스장과 세븐일레븐에 단백질 쿠키를 납품해 5년 만에 회사를 약 600달러 규모로 성장시켰다. 2005년 즈음에 베이커리 반이 정상에 오르면서 페리치는 자신과 자기의 팀을 재점검하는 시간을 가졌다. 회사는 션 페리치의 의견에 따라 사업 방향을 바꾸고 새로운 제품을 개발했다.

아무도 그의 아이디어에 의문을 제기하는 사람이 없었다. 사업 초기에는 당시 경영진(주로 가족이었다)으로 충분했지만 이들은 회사를 살리는 데 필요한 요리 경험이나 사업 경험이 없다는 걸 깨달았다. 새로운 인물이 필요했다. 그래서 그는 전산원을 정규직으로 고용하고 경영진 면접을 보았다. 또한 경영진의 의사결정에 참신하면서 객관적인 통찰력을 불어넣기 위해 세 명의 연구개발 인력을 충원했다.

직급이 높을수록 대담하고 쉽지 않은 일을 해야 할 때가 있다. 저가 항공사 제트블루의 최고경영자였던 데이비드 닐리먼도 예외가 아니었다. 그는 이사회 회장직을 유지했지만, 자신에게 제트블루를 한 단계 위로 끌어당길 경영 능력이 없다는 걸 깨달았다. 그렇다고 해서 그가 대단한 선구자이자 사업가라는 사실이 부정되지는 않는다. 오히려 정반대로 그가 진정한 리더임을 증명했다.

2. 위대한 리더는 노력을 집중한다.

훌륭한 리더는 자신이 원하는 것이 무엇인지 알고, 그 목표에 도달하기 위해 노력을 집중한다. 인생 초반기에 중요한 일에 집중해서 능력을 발휘하고 노력을 쏟는 법을 배우지 못한 사람은 이렇다 할 성공을 거두지 못할 것이다. 반면 목표를 세우고 한 군데에 노력을 쏟아붓는 사람은 산의 정상까지 올라간다. 이 사람들은 한 번에 성취할 수 있는 것은 없으며 꾸준한 노력이 필요하다는 것을 안다. 오랫동안 꾸준하게, 그 누구도 흔들 수 없는 목적을 가지고, 끊임없이 노력해야만 인생의 싸움에서 승리할 수 있다.

3. 위대한 리더는 어려움을 마주하고 역경을 극복한다.

역경으로 무너지는 사람도 있지만 훌륭한 지도자들은 역경을 마주하고 더 큰 영광으로 되돌아갔다. 증기선을 발명한 로버트 풀턴은 여러 번 실패했다. 성공적으로 항해를 하고 해상 운송에 혁명을 일으킬 때까지 사람들은 '풀턴이 바보짓을 한다'며 조롱했다. 헬렌 켈러는 어렸을 때부터 눈이 보이지 않고 귀가 들리지 않았지만 이런 장애를 극복하고 존경받는 작가이자 교육자가 되었다.

다윈 스미스는 수줍음이 많아 자신의 능력을 홍보하는 데 서툰 사내 변호사였으나 1971년에 킴벌리 클라크의 최고경영자가 되었다. 킴벌리 클라크는 전통적인 종이 제조회사로 쇠퇴의 길을 걸어가고 있었다. 최고경영자 자리에 오른 후 몇 년간은 주가가 폭락했다. 회사를 이끌 자격이 없다고 최소한 한 명 이상의 이사가 다윈 스미스를 비판했다. 하지만 그러한 지적도 스미스를 막지는 못했고 스미스는 킴벌리 클라크를 평범한 브랜드에서 세계를 선도하는 제지 회사로 탈바꿈시켰다.

스미스는 가난한 어린 시절을 보냈기에 그 시절을 떠올리면서 결의를 다졌다. 엎친 데 덮친 격으로 CEO가 된 지 두 달 만에 암 진단을 받왔다. 의사는 1년밖에 살 수 없다고 말했다. 그는 궁지에 몰렸지만 이 궁지를 활용해서 많은 결단을 내렸다. 그는 이 병을 극복할 수 있다는 메시지를 잠재의식에 새겨 실패할지도 모른다는 생각과 두려움을 밀어냈다. 침대에 누워서 죽기를 거부했던 스미스는 방사선 치료를 받는 동안에도 일을 계속했다. 이로써 삶에 활력을 불어넣고 회사를 재건할 수 있었다.

스미스는 다른 인물에 비해 덜 유명할지는 몰라도 지금까지도 비즈니스 세계에서 높이 인정받는 결정을 내렸다. 바로 최고경영자가 되자마자 제분소를 매각한 것이다. 그와 그의 팀은 아트지 판매 사업이 킴벌리 클라크가 나아가야 할 방향이 아니라고 판단했다. 경쟁이 치열한 소비재 중심 제지 산업에 뛰어드는 건 모 아니면 도이기에 회사가 흥하거나 망하거나 둘 중 하나라고 생각했다.

그 어디서도 보지 못한 용기 넘치는 행동이었다. 비즈니스 신문은 어리석은 결정이라고 비판했고 월스트리트는 회사의 주식 가격을 하향 조정했다. 하지만 스미스는 결의를 밀고 나갔다. 25년 후, 킴벌리 클라크는 경쟁사를 제치고 오늘날 제지 업계에서 선두주자로 우뚝 섰다. 그는 자기 자신과 회사의 생존 능력을 믿었기에 성공할 수 있었다고 말했다.

4. 위대한 리더는 다른 사람보다 자기 자신에게 거는 기대치가 높다.

성공은 확신하는 태도와 자신감에만 달린 게 아니다. 리더인 나에 대해 다른 사람이 얼마나 확신을 갖느냐도 중요하다. 이 확신에는 나의 자신감과 성품이 큰 영향을 미친다. 스스로에 대한 내 태도는 다른 사람이 나를 대하는 태도의 기초가 된다. 진심 어린 긍정은 전염성이 있고 교사, 연설가, 변호사, 영업 사원, 점원, 직원 등 만나는 모든 사람에게 영향을 미친다.

자신감 있는 사람이 다른 사람에게 미치는 영향을 보면 마법 같은 무언가가 있다. 이 기술을 습득하면 다른 사람에게 영향력을 행사할 수 있고 다른 사람은 내 능력을 확신하게 될 것이다.

언제나 나 자신을 믿어야 한다. 내 역량과 강점에 의구심이 든다면 이 책의 제2장을 다시 읽고 잠재의식의 힘을 강화해서 자신감을 회복하라.

5. 위대한 리더는 어려운 결정을 내리는 것을 두려워하지 않는다.

국가를 이끌든 기업을 이끌든 지도자는 매일 결정을 내려야 하는 상황에 놓인다. 모든 경우의 수를 고려하고 평가해야 하므로 충분한 시간이 필요할 때도 있지만 훌륭한 리더라면 즉각적인 결정을 내릴 줄도 알아야 한다.

대표적인 예로 1982년 9월 타이레놀을 복용한 뒤 일곱 명이 사망한 사건이 있었다. 치명적인 독약 청산가리가 섞인 알약이 일반 약과 한 통에 섞여 유통된 것으로 밝혀졌다. 타이레놀 제조업체이자 존슨앤드존슨의 계열사인 맥닐 연구소는 즉각적인 조치를 취했다. 그들은 시중의 모든 제품을 리콜한 후 폐기했다. 더 주목해야 할 점은 경영진이 텔레비전에 출연해서 자초지종을 설명했다는 점이다. 경영진은 타이레놀의 안전성이 검증될 때까지 타이레놀을 시장에 유통하지 않겠다고 대중에게 약속했다.

즉각적인 결과는 참담했다. 시장 점유율은 35퍼센트에서 8퍼센트로 급락했다. 하지만 맥닐 연구소와 존슨앤드존슨 경영진의 신속하고 진심 어린 대응으로 시장 점유율을 1년 만에 회복했을 뿐만 아니라 기존의 점유율마저 넘어섰다.

다른 예는 찰스 월그린이다. 찰스 월그린은 1975년에 월그린 드럭스토어를 인수했다. 당시 대부분의 드럭스토어에는 간이 식당이 있었는데 이것이 수입의 상당 부분을 차지했다. 월그린은 패스트푸드 체인의 성장으로 드럭스토어 푸드 사업이 뒤처지고 있으며, 회사의 미래는 음식 서비스가 아니라 제품 판매에 있다고 생각했다.

이 회사는 500개의 간이 식당을 보유하고 있었기에 이런 결정은 논란을 불러일으켰다. 간이 식당은 금전적인 수익을 내기보다 특별한 의미가 담겨 있던 사업이었다. 월그린의 할아버지가 월그린 푸드 서비스 부서를 설립한 것이었기에, 이 서비스를 없애기 위해서는 큰 결단이 필요했다. 월그린의 결정은 효과가 있었다. 현재 월그린은 큰 수익을 올리는 드럭스토어로 손꼽히고 있으며 간이 식당은 완전히 사라졌다.

6. 위대한 리더는 비전을 가지며 비전을 이룰 수 있다는 굳건한 믿음이 있다.

세계의 위대한 지도자들은 모두 자신만의 비전을 품고 있다. 무엇을 이루고 싶은지 알기에 결과를 눈으로 그리면서 비전을 실현하기 위해 에너지를 쏟고 마음을 다한다. 무엇보다 중요한 건 이들은 자신의 능력을 믿는다는 것이다. 이러한 믿음은 목표를 좇을 힘을 북돋워 주었다.

아메리칸익스프레스의 최고경영자 켄 셔놀트는 놀랍고 절망적인 일을 숱하게 겪었다. 하지만 2001년 9월 11일 아메리칸익스프레스 본사 바로 건너편에서 일어난 사건만큼 극적인 사건은 없었다. 9·11 사태는 비극이지만 리더십을 기를 수 있는 경험을 통해 많은 교훈을 얻었다고 언급했다. 셔놀트는 9·11 사태가 위기라는 사실을 잘 알고 있었고 사람들도 이 사건이 그의 리더십을 가로막는 걸림돌이 될 것이라고 생각했다.

하지만 셔놀트는 중대한 결정을 내리는 것을 주저하지 않았다. 그는 사람들을 이끌 수 있다는 믿음이 있었고, 가장 가치 있는 경험은 위기의 형태로 찾아온다고 생각했다. 그럴 때일수록 정말 중요한 자질을 의식적·무의식적으로 집중해서 사용한다면 리더는 이득을 볼 수 있다. 그는 의식적인 선택이 쌓이면 사람들을 리드할 수 있다고 말했다. 셔놀트는 '합리적이고 마음을 다하는 사람'과 함께 일하고 싶다고 했다.

7. 위대한 리더는 자기 자신뿐만 아니라 직원을 위한 포부를 품는다.

아무리 가난하고 운이 없어도 아래가 아닌 위를 쳐다봐야 한다. 목표를 너무 크게 잡는 것을 두려워하지 마라. 별에 시선을 고정하라. 다른 사람들이 비웃어도 그냥 내버려 두어라. 시선을 아래로 돌려서는 안 된다. 별을 올려다보았느냐 아니냐가 전 시대를 걸쳐 위대한 사람과 평범한 사람을 판가름 지었다.

메리케이 화장품의 창립자 메리 케이 애시는 정상에 우뚝 서겠다는 일생일대의 포부를 품었기에 그 위치에 올라갈 수 있었다고 말한다. 메리 케이는 스탠리 홈 프로덕트의 방문 판매 사원으로 영업 커리어를 시작했다. 입사 첫해에는 영업 실적이 형편없었고 일을 포기하려고 했었다. 하지만 회사가 주최한 세일즈 세미나에 처음으로 참석한 후에 마음이 바뀌었다.

"세미나에서 어떤 여성이 사내 영업 실적 1위를 올려 왕관을 쓰고 상을 받는 것을 보았습니다. 그다음은 내 차례라고 생각했죠."

불가능해 보였지만 메리 케이는 자리에서 일어나 사장에게 가서 말했다.

"다음 해에는 제가 저 왕관을 쓸 거예요."

사장은 비웃지 않았다. 대신 그녀의 손을 잡고 눈을 바라보며 이렇게 말했다.

"어쩐지 그렇게 될 것 같네요."

사장의 말은 동기를 불러일으켰고 그녀는 다음 해 판매왕에 올랐다. 1963년 메리 케이는 약 5000달러를 가지고 댈러스에서 사업을 시작했다. 점포 크기는 50평으로 작았고 점원 수는 아홉 명에 불과했다. 가족의 도움을 받지 않았다면 꿈도 못 꿀 일이었다. 메리 케이의 리더십 덕분에 회사는 지속적으로 성장할 수 있었다. 그녀는 개인적인 성공을 거머쥐고 회사를 성공적으로 이끌겠다는 의지를 보였다. 직원들은 메리 케이에게 자극을 받아 자신도 높은 목표를 세웠고 목표를 달성하기 위해 열심히 노력했다. 2007년 메리케이 화장품의 영업 사원 수는 100만 명을 넘어섰으며 24억 달러 이상의 매출을 올렸다.

책임을 나누는 것도 리더의 능력이다

리더로서 성공하기 위한 핵심 요건 중 하나는 기꺼이 부하 직원에게 의사결정을 위임하는 능력이다. 부하 직원에게 의사결정을 위임하는 것을 꺼리는 관리자들이 너무 많다. 성공한 리더는 자신이 모든 것을 할 수 없다는 사실을 안다. 그들은 가장 유능한 사람을 고용하고 훈련해 자신의 전문 분야에서 결정을 내릴 수 있도록 한다. 그 결과 리더는 중요도가 더 높은 문제에 시간을 할애할 수 있다.

대부분의 관리자가 처리해야 하는 일은 근무 시간 중에 끝낼 수 있는 양보다 많다. 작업을 완료하려면 일부를 부하 직원에게 위임해야 한다.

위임이란 직원에게 해야 할 일이나 과업을 맡기고 업무를 수행하는 권한을 넘겨주는 것을 의미한다. 직원에게 가장 단순한 일이나 하기 싫은 일을 넘기는 게 아니다. 중요한 업무를 맡겨야 비로소 효율적인 위임이 된다. 위임은 경영진이 더 중요한 일을 할 수 있도록 시간을 확보해 줄 뿐만 아니라 직원들은 위임받은 일을 통해 경험을 쌓을 수 있다.

비즈니스 리더들은 자기 일에 너무 익숙해져 있고 너무 능숙하게 해내기 때문에 다른 사람에게 업무를 위임하는 것을 꺼린다고 답한다. 이렇게 말한 관리자도 있다.

"직원들이 일하는 모습을 보고 있자면 일을 맡기는 게 마음 편하지만은 않습니다."

내가 직원보다 일을 더 빠르게 잘해 낼 수는 있지만, 중요도가 낮은 업무에 시간을 쓰기에는 내 시간이 너무 소중하다는 걸 깨달아야 한다. 직원에게 확신을 주면서 일을 위임할 수 있는 몇 가지 지침을 안내하겠다.

- **능력 있는 사람을 선발하라.**

핵심 인력을 선발할 때, 맡긴 업무를 수행할 수 있을 뿐만 아니라 더 높은 직급으로 올라갈 수 있는 잠재력을 가진 사람들을 고용한다.

- **위임하는 내용을 명확하고 간결하게 전달하라.**

직원에게 내가 기대하는 바를 이해시키려면 "이해했나요?"라고 묻지 마라. 대부분이 "네"라고 답하기 때문이다. 물론 정말로 이해했을지도 모른다. 혹은 직원은 이해했다고 생각했을지라도 내가 원하는 것을 자기 방식대로 해석했을 확률도 있다. 이해하지 못했으나 사실대로 말하는 게 창피해서 이해했다고 거짓말할 수도 있다. 업무를 수행하기 위해 무엇을 해야 하는지 매우 구체적으로 질문하라.

- **중간 점검을 하라.**

중간 점검은 업무를 정지하고 여태까지 한 일을 살펴본 후 오류를 수정하는 단계다. 이 단계가 중요한 이유는 중대한 오류를 마지막까지 발견하지 못하면 손을 쓸 수 없을 정도로 문제가 커지기 때문이다. 중간 점검은 예고 없는 점검과는 다르다. 직원은 중간 점검이 언제인지, 그때까지 해결해야 하는 업무가 무엇인지 정확히 알고 있어야 한다.

중간 점검을 한다고 해서 직원을 신뢰하지 못하는 것은 아니다. 직원들을 신뢰하고 있음을 알린 다음 중간 점검이 지금까지 한 일을 검사하려는 게 아니라 직원을 도와주기 위한 절차임을 강조하라. 중간 점검을 앞두고 직원은 진척 상황을 스스로 측정할 수 있다.

- **직원에게 업무를 완수할 수 있도록 도구와 권한을 부여하라.**

업무 중 지출이 예상된다면 예산 편성을 직원에게 맡기고, 상사의 개별적인 승인 없이도 금액을 지출할 수 있도록 권한을 부여하라. 추가 인력을 고용하거나 초과 근무를 해야 하는 경우 결정을 내릴 수 있는 권한도 직원에게 위임하라. 이렇게 완전히 위임해 버리면 거기에서 파생되는 일로 업무를 방해받지 않는다.

- **필요한 경우 도움을 주어라.**

애초부터 일을 덜 하기 위해 직원에게 업무를 위임하는 건데 도움을 준다는 건 모순처럼 들릴 수도 있다. 도움을 제공하면 일의 흐름이 끊기는 게 아닐까? 도움을 주면서 시간을 최소한으로 뺏기려면 문제가 생겼을 때 보고하되 해결책을 제안하도록 요구하라. 이런 식으로 일하면 직원은 문제를 어떻게 해결할지 생각하게 될 것이며, 스스로 해결책을 찾는 습관이 생겨서 나를 찾는 일이 없어질 것이다. 설령 직원이 찾아온다고 해도 문제를 처리하는 데 필요한 시간은 훨씬 짧아질 것이다.

장단점과 한계를 파악하라

레이스에 참가해 성공 궤도에 오르기 전까지 확실하고 흔들림 없는 목적을 세워야 한다. 높은 목표를 확고하게 세워라. 길에 어떤 장애물이 있든 누가 나를 방해하든 끝까지 밀고 나갈 수 있는 용기와 투지를 가져야 한다.

진정으로 리더가 될 수 있다고 믿기 전에는 리더십을 갖출 수 없다. 리더십을 가지려면 잠재의식에 두 가지 간단한 조건을 심어주어야 한다. 즉 내가 원하는 일이 일어날 수 있고 일어나리라고 믿어야 한다.

내가 내뱉는 말에는 힘이 서려 있다. 마음속에서 같은 말을 몇 번씩 되뇌는 것과는 다르다. 말을 입 밖으로 뱉을 때 마음에 새겨지는 인상은 더 오래간다. 같은 내용이라 할지라도 활자를 읽는 것보다 훌륭한 강의나 설교를 들을 때 더 큰 감명과 영감을 받는다. 생각이 뇌에 전달되지 않을 때도 음성화된 말은 내면에 깊은 인상을 남기기 때문에 쉽게 떠오르기 마련이다.

아이와 대화하듯 내면의 잠재의식과 대화를 나누어보자. 잠재의식은 암시에 귀를 기울이고 행동으로 옮긴다. 나는 쉬지 않고 잠재의식에 암시나 명령을 내린다. 꼭 소리 내어 말로 하지 않아도 조용하게, 잠재의식에 메시지를 보낸다. 무의식적으로 잠재의식에 조언하고 암시를 내리며 특정한 방향으로 영향을 미치려고 한다.

말로 하지 않아도 이렇게 영향을 미치므로 의식적으로 소리 내어 말하면서 마음과 대화하면 습관이나 동기, 삶의 방식에 물리적인 영향을 미칠 수 있다. 성격과 인생에 영향을 미칠 가능성은 사실상 무한하다.

강인하고 용감하고 성공한 사람들의 자질을 글로 써보자. 그리고 그 반대인 사람들, 약하고 소심하며 성공하지 못한 사람들의 성격도 나열해 보자. 그다음 나 자신을 돌아보며 각각 점수를 매겨보자. 믿음, 용기, 자신감, 포부, 열정, 인내, 집중력, 주도성, 쾌활함, 낙천성, 철저함 등의 특성을 소리 내어 말해보라. 나에게도 성공한 사람들의 자질이 있는지 스스로에게 물어보라.

약점을 마주하거나 단점에 이름을 붙이는 것을 두려워하지 마라. 단점을 훤히 드러내 정체를 살펴보고 어떻게 하면 해결할 수 있을지 고심해 보라. 내 능력보다 더 적은 걸 이루는 건 말이 안 된다. 극복할 수 있는 단점 때문에 인생이 망가지는 건 있을 수 없는 일이다.

성격적 특성을 살펴볼 때는 더 넓은 범주의 질문을 던지면서 특성을 시각화하라. 그런 다음 자신의 이름을 부르고 이렇게 물어라.

밥, 이 세상에 무엇을 하러 왔니? 세상에 어떤 의미가 있니? 삶과 커리어가 전달하는 메시지는 무엇이고 나는 회사와 조직 또는 지역사회에 어떤 사람이니?

베스, 너는 어떤 사람을 상징하고 대표하니? 참을성 있고 끈질기게 무언가에 매달리고 있니? 투덜거리거나 징징거리지 않고 결과물을 내놓고 있니?

나 자신에게 물어보라. 내일의 큰 꿈을 품고 있는가? 아니면 간간이 오늘 해야 할 일만 근근이 해내고 있는가?

이러한 방식으로 나에 대해 잘 알게 되고 객관적으로 평가할 수 있을 때까지, 장단점을 모두 파악할 때까지, 나를 막는 장애물이 무엇인지 분명하게 알 때까지, 나에게 본래 부족한 건 무엇인지 파악할 때까지 자기 자신을 탐구하라. 약점은 능력의 평균치를 10, 20, 50퍼센트, 많게는 75퍼센트까지 줄인다. 나에 대한 탐구가 끝났으면 성공과 행복을 가로막고 효율성을 낮추는 적을 맹렬하게 공격하라. 내 인생을 지배하고 커리어를 망치는 약점을 극복하기 위해서는 마음을 굳게 먹고 쉼 없이 노력해야 한다.

잠재의식을 활용하라

마음을 터놓고 자신과 이런 이야기를 나누는 것만으로도 본성을 바꾸고 커리어에 혁신을 일으킬 수 있다. 믿음, 용기, 진취성, 쾌활함 등의 자질이 없거나 부족하지만 그것들을 이미 가지고 있다고 긍정적으로 확언하라. 시간이 날 때마다 집중적으로 확언하다 보면 금방 원하는 자질을 기를 수 있다.

이때 잠재의식에 원하는 것을 정확히 말해야 한다. 목표를 달성하는 데 도움이 되도록 지시를 내려라. 진정한 소망이 무엇인지 알게 되면 잠재의식은 그 소망을 향해 어김없이 나아간다. 하지만 내가 진정으로 열렬하게 원하는 게 무엇인지 알아야 하고 흔들림이 없어야 한다. 모순되고 상반된 소원들과 마음속을 휙 스치고 가는 공상들은 아무런 위력을 발휘할 수 없을 것이다.

힘은 내면에서만 나온다. 있는 그대로의 내 모습을 보여주고 내 안의 목소리에 귀를 기울여라. 모든 일과 거래, 비즈니스는 개선될 수 있고 세상은 새롭고 지금보다 더 나은 방법으로 일하는 사람을 원한다. 나의 계획이나 아이디어를 실행한 선례가 없어서, 또는 어리고 경험이 부족해서 기회가 없으리라고 생각하지 마라. 세상은 새롭고 가치 있는 아이디어를 제시하는 사람의 말을 듣고 따른다. 개성이 뚜렷하고 독특한 아이디어를 낸다면, 새로운 방법을 개발해 낸다면, 나답게 행동하는 게 무엇도 두렵지 않다면, 다른 사람을 모방하지 않는다면 금방 인정받을 수 있을 것이다.

'운명'과 '할 수 없다' 그리고 '의심'을 지우면 일어날 수 있다. 자신이 나약하다고 확신을 품는 사이에는 강해질 수 없고 불행이나 불운에 집중하는 동안에는 행복할 수 없다.

성취하려는 목표에 몸과 마음을 다하라

나 자신에게 동기를 부여하는 가장 효과적인 방법은 성취하려는 목표에 전념하는 것이다. 상황이 잘못되거나 장애물을 극복할 수 없을 것 같아도, 내 뜻대로 되지 않아 낙담하게 될지라도 목표에만 전념한다면 계속해서 동기를 얻을 수 있다.

커리어 초반에 기회를 놓치지 않는 사람만이 능력을 계발할 수 있다. 능력을 갈고닦거나 시각을 넓히는 경험을 할 기회가 있다면 잡아야 한다. 설령 내키지 않더라도 반드시 기회를 잡아라. 자신의 능력을 개발하는 사람에게 책임을 묻는 사람은 없다. 아무리 어려운 자리라도 수락하고 전임자보다 더 잘해내리라고 마음을 굳게 먹어라.

리더는 스스로 길을 닦고 개척해 나가면서 세상에 감화를 준다. 리더는 파격적이고 독창적인 면모로 주목을 받는다. 리더가 되고 싶다면 남을 모방하지 마라. 다른 사람들이 해왔던 것과는 다른, 새롭고 기발한 방법을 시도하라. 나와 같은 분야에 종사하는 사람들에게 나만 할 수 있는 무언가를 보여주어라.

두려워하지 말고 나 자신을 믿고 독창적인 사고를 할 수 있는 내 능력을 믿어라. 무엇을 하든 독립적인 정신을 길러야 한다.

조셉 머피의 미라클 노트

- 진정으로 리더가 될 수 있다고 믿기 전까지는 리더십을 가질 수 없다. 리더십을 가지고 싶다면 잠재의식에 두 가지 조건을 심어주어야 한다. 즉 내가 바라는 일이 일어날 수 있고, 일어나리라고 믿어야 한다.
- 리더로서 성공하려면 기꺼이 부하 직원에게 의사결정을 위임하는 능력을 갖춰야 한다. 부하 직원에게 의사결정을 위임하는 것을 꺼리는 관리자가 너무 많다. 성공한 리더는 자신이 모든 것을 할 수 없다는 사실을 안다. 가장 유능한 사람을 고용하고 훈련한 후 자신의 전문성을 살려 결정을 내릴 수 있도록 하라. 그럼 리더는 더 중요하고 높은 차원의 문제에 더욱 집중할 수 있을 것이다.
- 나의 계획이나 아이디어를 실행한 선례가 없어서, 또는 어리고 경험이 부족해서 기회가 없으리라고 생각하지 마라. 세상은 새롭고 가치 있는 아이디어를 제시하는 사람의 말에 귀 기울이고 따른다.
- 약점을 마주하거나 단점에 이름을 붙이는 걸 두려워하지 마라. 훤히 드러내 단점의 정체를 살펴보고 어떻게 하면 해결할 수 있을지 고심해 보라. 내가 지닌 능력보다 적게 이루는 건 말이 안 된다. 극복할 수 있는 단점 때문에 인생을 망가지게 놔둬서는 안 된다.
- 리더가 되고 싶다면 남을 모방하지 마라. 다른 사람들이 해왔던 것처럼 하지 말고 새롭고 기발한 방법을 시도해 보라. 같은 분야에 종사하는 사람들에게 나만의 무언가를 보여주어라.

2
팀을 성공으로 이끌어라

내가 소망하는 바를 다른 사람도 이룰 수 있도록 빌어주어라. 이것이 조화로운 인간관계의 열쇠다.

지난 10년 동안 직장 생활의 양상은 급격하게 변했고, 산업혁명 이후 노동환경은 그 어느 때보다 빠르게 변하고 있다. 향후 수십 년 동안 상황은 더욱 극적으로 변할 것이다.

예전에는 경영진이 모든 결정을 내렸고, 여러 직급을 거쳐 경영진의 결정이 평사원에게 도달했다. 하지만 이런 수직적인 조직은 직급과 관계없이 모든 사람이 조직 활동에 자유롭게 참여하는 협력적인 조직으로 계속해서 대체되고 있다. 일반적으로 업무는 팀 단위로 이루어진다. 팀 리더는 팀원과 함께 업무를 계획하고 실행하며 통제한다.

팀의 본질은 공동의 헌신이다. 공동의 헌신이 없으면 그룹의 구성원들은 개인의 목표를 추구할 것이다. 하지만 하나의 목표를 가지고 함께 애쓴다면 훌륭한 집단적 성과를 창출할 수 있다.

이상적인 팀은 각 직원이 자신의 소임을 다하면서 팀이 목표를 달성할 수 있도록 다른 팀원과 손발을 맞춰 최선을 다해 일하는 팀이다. 이렇게 협업하면 팀 전체는 팀원의 개별 성과를 합친 것보다 더 큰 성과를 낼 수 있다.

외과 팀이 바로 좋은 예다. 외과 의사, 마취과 의사, 간호사, 의료기사 등 외과 팀원은 각자의 기능을 전문적으로 수행한다. 외과 팀에서는 구성원끼리 원활하게 상호 작용하면서 능숙하게 일을 해낸다. 팀원은 단 하나의 목표, 즉 환자의 건강을 위해 최선을 다한다. 이뿐만 아니라 스포츠, 질병 치료 연구, 소방 및 구호 활동, 비즈니스 등 모든 분야에서 성공한 팀을 살펴볼 수 있다.

구시대적 태도를 버리고 명령하지 말고 조정하라

사람들을 관리하는 데 '내가 하자는 대로 하지 않을 거면 떠나라'는 철학을 가지고 있다면 태도를 180도 전환해야 한다. 구시대적인, 독재자 같은 팀 리더가 환영받는 시대는 지났다. 팀 리더는 일을 완수하기 위해 똑똑하고 의욕 넘치는 팀을 꾸리고, 팀에서 일어나는 일을 조정하는 협력자다. 리더는 기술을 개발하며 똑똑하고 의욕 넘치는 팀원들의 노력을 조율하는 역할을 한다.

또한 역동적이고 의욕이 넘치는 팀을 꾸리려면 '보스'처럼 행동하는 것을 멈춰야 한다. 보스가 결정과 명령을 내린다면 리더는 팀이 직면한 문제를 해결해 나갈 수 있도록 팀원들의 의견을 조정하는 사람이다. 성공적인 팀 리더는 팀원들이 스스로 문제를 분석하고 해결책을 제시하며 의사결정을 내릴 수 있는 환경을 조성한다.

다음은 팀 리더가 팀을 성공적으로 이끌기 위해 활용하는 기법이다.

- 팀 리더는 팀원이 회사와 팀의 비전과 사명을 인지하고, 이를 달성하는 데 집중할 수 있도록 돕는다.
- 팀 리더는 의사소통 전문가로, 의사소통이 양방향으로 이루어진다는 사실을 알고 있다. 팀원에게 지시 사항과 개념을 전달하는 것도 중요하지만 팀원의 아이디어와 제안을 귀 기울여 듣는 것도 중요하다.
- 팀 리더는 팀원들의 기술과 능력을 계발하는 것을 목표로 한다. 그래서 성공적인 리더는 시간을 들여 각 팀원의 강점과 약점을 파악한다. 각 팀원과 협력하여 성과를 향상하며 팀원이 사내외 교육에 참여하여 자기 계발을 멈추지 않도록 응원한다. 개인으로서, 또 팀원으로서 성장할 기회이기 때문이다.
- 팀원들과 협력하여 측정되고 달성 가능하며 명확한 성과 기준을 설정한다. 팀원이 일의 진척 사항을 보고할 수 있도록 적절한 수단을 마련한다.
- 인정과 칭찬, 보상을 통해 팀원 개개인에게 동기를 부여하고 영감을 준다. 서로를 응원하고 인정하는 열정적인 분위기속에서 팀원은 동기와 감화를 받는다.

황금률을 적용하라

"자신이 대접받기를 바라는 방식으로 다른 사람을 대접하라."
　황금률은 전 세계 종교에 어떤 형태로든 나타나므로 흔히 종교 교리의 핵심으로 불린다. 성경을 하나의 가르침으로 요약해 보라는 질문에 예수보다 한 세기 전에 활동했던 유대인 학자 힐렐은 이렇게 답했다.

"성경에서 가장 중요한 건 다른 사람이 나에게 하지 않았으면 하는 행동을 다른 사람에게 행하지 않는 것입니다."

현대 심리학자들은 이 규칙을 건전한 인간관계 발달의 핵심 요인으로 재조명하고 있다.

그럼 성공적인 팀 리더가 되는 것과 황금률이 무슨 관계가 있을까? 힐렐은 다음과 같이 답했다.

"내가 나를 위하지 아니하면 누가 나를 위하겠는가? 하지만 나 스스로만을 위한다면 나는 어떤 사람이란 말인가?"

우리는 부와 풍요를 누릴 수 있는 능력을 지니고 있다. 우리가 가진 재능과 기회를 최대한으로 활용해야 할 의무가 있지만 그 능력을 나 자신뿐 아니라 다른 사람을 돌볼 때도 사용해야 한다.

주요 철학과 종교 교리에는 황금률의 원칙이 베처럼 짜여 있다. 다른 언어로 쓰였을지라도 그 안에 담긴 의도는 똑같다. 다른 사람들에게 베풀고 다른 사람의 행동과 소망을 존중해야 한다. 또한 믿음·종교의 자유를 비롯해 원하는 것을 성취하고 얻는 등 내가 소망하는 것을 다른 사람도 이룰 수 있도록 빌어주어야 한다.

이러한 태도를 윤리 강령 또는 지침으로 채택할 때 일상생활에서 역동적인 에너지를 일으킨다. 황금률은 내면 깊숙한 곳에 있는 지혜의 보물이며 모든 이의 영혼에서 우러나오는 내면의 지침이다.

나 자신을 팀의 일원으로 여기고, 동료들은 팀의 성공을 위해 책임을 다하고 기꺼이 자기 몫의 노력을 기울이는 파트너라고 잠재의식을 설정해야 한다.

나를 위하듯 타인을 위하는 방법은 다른 사람들이 마음에서 우러나

오는 결정을 내릴 수 있도록 돕는 것이다. 또한 내가 받으리라고 예상하는 만큼 다른 사람에게 주는 협력관계를 쌓아야 한다.

먼저 훌륭한 팀원이 되어라

앞서 언급했듯이 팀 리더는 팀의 우두머리가 아니다. 나란히 줄 세웠을 때 가장 앞에 서는 사람일 뿐이다. 모든 팀원은 팀의 목표를 달성하기 위해 함께 노력해야 한다. 팀원으로 성공하려면 내 일을 훌륭하게 해내는 것이 첫 번째다. 모든 팀원은 얼마나 우수한 성과를 내느냐에 열중한다. 하지만 우수한 성과 그 자체로 충분하지 않다. 훌륭한 팀원이 되려면 갖춰야 할 자질이 많다. 뛰어난 팀원이 되는 데 도움이 되는 몇 가지 지침을 소개하겠다.

- 팀 토론에 활발하게 참여하고 적극적으로 경청하라. 모든 토론에 참여하라. 발표할 만한 독창적인 아이디어가 없더라도 다른 팀원의 제안에 의견을 제시하고 질문하라. 선뜻 도와주겠다고 나서라.
- 스스로 동기를 부여하라. 팀의 사명에 부합하는 개인적 목표를 설정하라. 팀 목표를 수립하는 데 참여하라. 목표를 이루기 위해 노력할 것이므로 결정하는 데도 목소리를 높여야 한다.
- 새로운 것을 시도해 보라. 위험을 감수하는 걸 두려워하지 마라. 이게 바로 앞서가는 방법이다. 거북이를 떠올려보자. 등껍질 안에 있으면 위험할 일이 전혀 없다. 하지만 앞으로 움직이려면 목을 내밀어야 한다.
- 팀 너머를 보라. 조직 문화를 연구하라. 조직의 사명을 알아보고 이해해 보

라. 팀의 사명이 조직과 부서의 사명에 얼마나 부합하는지 측정해 보라. 조직이라는 큰 그림에 내 업무가 어떻게 들어맞는지 생각해 보라.

- 다른 사람의 견해에 감수성을 가져라. 다른 팀원들의 의견을 경청하라. 다른 사람과 다르거나 반대되는 견해일지라도 내 의견을 표현하는 것을 두려워하지 마라. 나의 믿음을 지키되 너무 고집을 부리지 마라. 합의를 이루기 위해 타협할 용의가 있어야 한다.

- 팀 플레이어가 되어라. 경쟁하지 말고 협조하고, 팀원에게 지지와 지원을 보내야 한다. 정보를 공유하고, 해내기 어려운 업무를 대신 맡아주고 연수 및 멘토링을 통해 팀원의 성장을 도와라. 좋은 성과를 낸 동료를 칭찬하라. 자신이나 팀에 특히나 도움이 되었던 팀원에게 감사를 표하라.

- 팀원의 장단점과 한계를 파악하라. 개인적인 목표는 무엇이고 어떤 포부를 품고 있는지 면밀히 알아보라. 별난 점이나 특히나 싫어하는 게 있는지 염두에 둬라. 이렇게 하면 편하고 즐거운 분위기에서 일할 수 있다.

- 자신감을 쌓아라. 이 책의 제1부 2장을 다시 읽고 배운 내용을 적용해 보라. 자기계발서와 자신감을 쌓는 내용을 다룬 기사를 읽어보는 것도 좋다. 나 자신이 어떤 사람인지 탐구해 보면서 어떤 점을 개선해야 할지 생각해 보라. 예를 들어 수줍음을 탄다면 당당한 태도를 기를 수 있는 프로그램에 참여해 보고, 말솜씨나 글솜씨가 좋지 않다면 말하기 또는 글쓰기 강좌를 수강하는 것을 추천한다.

- 갈등이 팀의 발전을 저해하지 않도록 하라. 팀원 간에 의견 충돌이 있거나 더 심각한 갈등이 있는 경우 가능한 한 신속하게 문제를 해결하라. 문제가 곪게 내버려 두지 마라. 그리고 문제가 해결되었다면 잊어버려라. 원한을 품지 마라. '과거는 과거로 묻어야 한다.'

- 팀 내 다른 직무에 대해 알아보고 다른 팀원들의 업무를 익혀보라. 이렇게

하면 팀원이 결근하거나 업무량이 과중할 때 또는 기타 비상 상황 시 업무에 투입될 수 있으므로 팀에 더 가치 있는 사람이 된다.
- 진행 상황을 계속 확인하라. 개인 목표와 팀의 목표를 주기적으로 검토하고 달성하려면 얼마나 남았는지 살펴보자. 진행에 방해되는 문제가 있다면 어떻게 해결할 것인지 생각해 보고 해결할 준비를 하라.

모두가 원하는 결과를 얻기 위해서는 협력을 원칙으로 두어야 한다. 이는 업무를 완수하기 위해 모든 팀원이 자신이 해야 할 일을 하는 것을 의미한다. 여기에는 마음에 들지 않는 작업을 수행하고, 속도가 느린 팀원이 속도를 따라잡게 도우며, 더 중요한 팀 업무를 위해 내가 좋아하는 프로젝트를 제쳐두는 것도 포함한다.

신뢰 없이는 성공할 수 없다

직장 안팎에서 모든 관계의 기본은 신뢰다. 팀원이 리더 또는 팀원 중 한 명 이상을 신뢰하지 않는 경우 팀은 결코 성공 궤도에 올라설 수 없을 것이다.

리더의 성패는 팀원들의 신뢰에 달려 있다. 사람들이 나를 신뢰한다면 내가 하는 말은 무슨 말이든 귀 기울여 들을 것이다. 사람들이 나를 신뢰하지 않는다면 대체로 내가 하는 말 대부분을 한 귀로 듣고 한 귀로 흘릴 것이다.

사람이 다른 사람에 대한 신뢰를 잃는 데는 많은 시간이 걸리지 않는다. 리더가 약속을 한 다음을 지키지 않는다면 신뢰를 잃어버릴 것이다. 다른 팀원이 필요한 정보를 주지 않는다면 아무도 그 팀원을 신뢰하지 않을 것이다.

무너진 신뢰를 다시 쌓는 일은 쉽지 않다. 팀원들 간에 신뢰가 부족하면 리더가 나서서 문제를 진정시킬 수 있다. 하지만 리더가 팀원들의 신뢰를 잃는다면 신뢰 관계를 다시 구축하기 위해서 특별한 노력을 기울여야 할 것이다.

나와 함께 일할 가치가 있다고 판단한 사람들을 신뢰하고 자신의 독창적인 사고방식에 믿음을 가져야 한다. 자립심이 내면의 잠재력을 끌어낼 것이다.

무엇을 하던 팀원들이 자신의 계획을 실현할 수 있도록 독립심을 길러주어야 한다. 업무에서 자신을 표현할 기회를 주어라. 다른 사람을 위해 일하더라도 기계의 단순한 톱니바퀴가 되는 대신 아이디어를 마음껏 표출하고 실현할 수 있도록 격려하라.

변화는 어렵지만 가치 있다

일하는 방식을 바꾸는 건 쉽지 않을 때가 많다. 직장과 나 자신을 바라보는 관점을 근본적으로 바꾸는 일이기 때문이다. 자기 방식을 바꾸는 걸 좋아하는 사람은 없다. 특정한 방식으로 일하는 것에 익숙해져 있기도 하고 계속 그렇게 하는 게 편하기 때문이다.

변화는 나를 안전지대에서 꺼낸다. 하지만 발전하려면 불편을 감수해야 한다. 잠재의식 속을 깊숙이 파고들어 낡은 습관을 깨끗이 씻어내고 새로운 방식을 창조해 내야 한다.

변화는 어려운 과정이지만 그럴 만한 가치가 있다. 변화를 통해 얻을 수 있는 이점은 다음과 같다.

1. 직장

간단하게 말해서 직장이다. 회사가 망하면 나도 덩달아 직장을 잃게 될 것이다. 회사가 번영하면 일자리를 지킬 수 있을 뿐만 아니라 회사 내에서 기회도 많아진다. 경쟁이 치열한 오늘날 기업이 살아남으려면 변화해야 한다. 하지만 팀원이 변화에 기여하지 않는 한 스스로 변화할 수 있는 기업은 없다. 팀원은 변화를 받아들임으로써 기업의 생존에 기여한다. 변화를 열정적으로 지지함으로써 회사의 역량을 높여 경쟁에서 이길 수 있도록 돕는다.

2. 개인적 성장

팀원들이 지성과 창의력, 기술을 사용하여 팀의 문제를 해결할 수 있느냐는 팀의 분위기에 달렸다. 요즘에는 일을 시작한 지 얼마 되지 않았을지라도 아이디어를 자유롭게 표현하고 일하는 방식에 기여할 수 있다. 이는 동기를 부여하고 지식을 쌓도록 해준다. 성공할 때마다 자신감은 높아진다. 분명 장애물이 있을 것이다. 장애물을 마주할 때마다 과거의 성공을 상기하면 회복력을 키울 수 있다. 회복력은 실패를 받아들이고 실패로부터 교훈을 얻는 데 필요하다.

3. 커리어 발전

조직에서 승진하는 게 목표라면 팀 활동에 적극적으로 참여해서 리더십에 필요한 경험을 쌓을 수 있다. 회의를 진행하거나 프로젝트를 주도하는 데 도움이 되는 연수와 멘토링에 참여할 수 있다. 기여를 인정받으면 고위 관리자들의 주의를 끌 것이고 새로운 팀이 구성되면 리더가 될 준비가 끝나 있을 것이다.

변화에 대한 저항을 극복하라

변화에 저항하는 것은 나뿐만이 아니다. 조직 내 다른 직원들도 작업 그룹에서 팀으로 전환하는 노력을 거부할 것이다. 대부분은 변화에 저항하며 현재의 방식을 고수하기 위해 핑계를 찾아낸다.

업무 수행 방식을 바꾸라고 하면 "항상 이렇게 해왔는데요"라고 대답하는 사람들이 종종 있다. 일하는 방식을 바꾸려면 팀원들이 변화가 가져다주는 이점을 환영해야 한다.

사람들이 기존의 방식을 고수하는 이유는 '문제가 생기지 않았으니 개선할 필요가 없다'는 자세나 "바꿔서 성공할 자신이 없으면 바꾸지 않는 게 좋지 않냐"는 동료의 말 때문이다.

여태까지 많은 과정과 절차, 방법이 성공을 거뒀다는 데는 의심할 여지가 없다. 단순히 변화를 위한 변화를 하라는 뜻이 아니다. 요점은 '문제가 생기지 않았고' 일이 잘 돌아가고 있더라도, 무언가를 바꾸면 팀 활동의 효율성을 증대시킬 수 있는지 살펴봐야 한다는 것이다.

조직의 최고 경영진이 그 변화의 가치를 확신하고 전폭적인 지원을 해주지 않는 한 팀으로서 성공을 거둘 일은 없을 것이다.

일선의 관리자들은 자신의 역할이 줄어들거나 직장을 잃는 걸 두려워할 수도 있다. 변화를 자신의 지위를 낮추고 역할을 바꾸는 일로 이해할 수도 있다.

관리자에서 리더로 변화하는 일은 하룻밤 사이에 일어나지 않는다. 시간이 걸리며 어려울 때도 있다. 관리자에게 이 변화로부터 어떤 이익을 얻을 수 있을지 분명하게 보여주어야 한다. 업무의 일부를 위임함으로써 프로세스를 전반적으로 개선하고, 새로운 프로젝트를 시작하며, 업무의 범위를 넓힐 수 있는 시간을 확보할 수 있다고 확신을 주어야 한다. 이처럼 관리자의 현재의식에 확신을 준다면 잠재의식이 이를 흡수하고 조정하며 필요한 변화를 받아들이는 데 도움이 될 것이다.

팀이 함께할 수 있도록 일을 설계하라

팀은 팀의 목표를 달성하는 데 필요한 여러 가지 기술을 보유한 팀원들로 구성된다. 누가 무슨 일을 해야 하는지는 팀의 전반적인 방향성과 일치해야 하며 모든 팀원은 자신이 큰 그림의 일부이며 함께 일함으로써 혼자 일하는 것보다 훨씬 더 많은 것을 함께 성취할 수 있음을 깨달아야 한다.

팀이 수행하는 직무를 설계할 때 리더는 모든 팀원의 노하우와 경험을 활용해야 한다. 팀 전체가 팀 목표를 정하고 목표를 이루는 과정과 방법을 설계할 때 효율성이 증진된다.

하나보다 둘이, 둘보다 셋이 낫다

"백지장도 맞들면 낫다"라는 속담이 있다. 이를 '두 사람이 하는 것보다 세 사람이 낫다'로 확장할 수 있다. 다른 사람들의 지적 능력을 나의 지적 능력과 결합한다면 성공할 가능성은 더 커진다.

나와 팀원 그리고 각 분야의 전문가들과 긴밀하게 협업하면 서로에게서 배울 점이 많다. 나아가 그룹 내 상호 작용은 사고를 자극해서 나만의 아이디어를 낼 수 있게 도와준다. 지성을 연마하고 시각을 예리하게 하며 창의력을 자극한다. 잠재의식의 능력을 높여 더 혁신적이고 현명한 결정을 내릴 수 있다.

한 사람의 아이디어가 다른 사람의 아이디어를 불러일으키는 경우는 꽤 많다. 뇌 안에는 무한한 생각을 만들어낼 수 있는 잠재력이 있다. 나의 지적 능력 중 대부분은 잠재의식 깊숙이 잠자고 있으며 누군가가 깨우기를 기다리고 있을 뿐이다.

한 그룹이 상황에 대해 논의할 때 한 팀원의 이야기가 다른 팀원의 잠재의식을 자극해서 아이디어가 도출된다. 모든 아이디어는 다른 사람의 마음에 씨앗을 심어 새롭게 싹을 틔운다. 누군가가 자기 생각과 관념을 표현하면 상대방은 아이디어를 흡수하고 조정하여 내 걸로 만든다. 그리고 그 공동의 노력은 혼자서는 내놓을 수 없었던 새로운 생각을 창조해 낸다.

협업은 열정을 북돋는다

의사 결정 과정에 참여하면 성공할 확률이 더 높다. 의사 결정 과정의 일부였다는 사실은 '주인의식'을 심어주기 때문이다. 그리고 주인의식만큼 열정을 강력하게 불러일으키는 건 없다. 마음은 늘 '내가 맡은 프로젝트니까 성공해야 해'라고 생각한다.

마음속 생각은 외부 세계에서 일어나는 일을 결정한다. 사람이 정말 열정을 품으면 눈이 초롱초롱하게 빛나고 기민해지며 활기가 생긴다. 걸음걸이가 가볍고 나라는 존재 전체에 생기가 넘친다. 열정이 있는 사람은 타인과 직장에 대한 태도와 세계관이 다르다. 열의와 즐거움은 사람들이 살아가는 세상에 확연한 차이를 만든다.

미셸 펠루소는 온라인 여행 서비스 업체 트레블로시티의 전 최고경영자로, 열정이 넘치는 팀이 자신을 뒷받침해 줄 수 있도록 계속해서 직원들의 참여를 유도했다. 자신의 능력과 가치를 믿어주는 직장을 만들자는 기치 아래 직원들이 서로를 지지해 주고 소비자에게 가치를 창출하는 기업 문화를 만들었다.

펠루소는 다양한 방법으로 직원들의 참여를 유도했다. 트레블로시티가 어떻게 고객 만족도 1위를 할 수 있었는지를 설명하는 이메일을 직원들에게 매주 보내면서 회사의 핵심 가치를 구현하는 동료 직원의 이름을 보내달라고도 요청했다. 정보를 받으면 그 직원이 어떤 사람인지, 어떤 일을 하는지 다른 직원에게 소개했다. 문제가 있을 때만 회의를 하지 말고 팀과 정기적으로 소통하는 연습을 하라고 권하면서, 누구나 참석할 수 있는 점심 모임을 주최해서 팀원들과 툭 터놓고 소통하는 자리를 마련했다. 또 분기별로 사무실에 방문해 회사의 재정과 경쟁력 등에 관해 공개적으로 논의했다. 자신의 노력이 성과로 이어지고 있다는 것을 팀원들에게 보여 줌으로써 긍정적인 인상을 남긴 것이다.

팀원들에게 책임감을 부여해 팀워크를 강화하라

책임감은 능력을 개발하는 데 훌륭한 역할을 한다. 책임이 있는 곳에는 성장이 있다. 책임져야 하는 자리를 맡지 않는 사람들은 진정으로 능력을 키우지 못한다. 스스로 계획을 세우지 않아도 되기 때문에 독창성과 창의력, 주도성, 독립성, 자립성, 투지, 체력을 키운 적이 없다.

새로운 것을 창조하고 조합해 내는 힘, 비상사태에 대처하는 힘, 어려운 상황을 지속적으로 통제하는 능력, 수단을 목적에 맞게 조정하는 능력, 국가나 비즈니스의 위기를 헤쳐나가는 능력은 수년간 책임감을 느끼고 실전에서 연습한 자만이 발전시킬 수 있다.

조셉 머피의 미라클 노트

- 팀의 본질은 공동의 헌신이다. 공동의 헌신이 없으면 그룹의 구성원들은 개인적인 목표만을 추구할 것이다. 하지만 하나의 목표를 가지고 함께 애쓴다면 훌륭한 집단적 성과를 창출할 수 있다.
- 우두머리 행세를 하지 말고 이끌어라. 보스처럼 생각하지 않는 게 핵심이다. 보스는 결정과 명령을 내리는 반면 리더는 팀이 직면한 문제를 해결해 나갈 수 있도록 팀원들의 의견을 조정한다.
- 성공적인 팀 리더는 팀원들이 스스로 문제를 분석하고 해결책을 제시하며 의사결정을 내릴 수 있는 환경을 조성한다. 성공의 열쇠는 팀원들의 참여에 있다.
- 변화는 나를 안전지대 밖으로 이끈다. 발전하려면 불편을 감수해야 한다. 잠재의식에 깊숙이 파고들어 낡은 습관을 깨끗이 씻어 내고 새로운 방식을 창조하라.
- 직장안팎에서 모든 관계의 기본은 신뢰다. 팀원이 리더 또는 팀원 중 한 명 이상을 신뢰하지 않는다면 팀은 성공 궤도에 올라설 수 없을 것이다.

3
감사를 잘 표현하는 것도 능력이다

누구나 사랑과 인정을 받고 싶어 하고, 누구나 세상에서 가장 중요한 존재임을 느낄 수 있어야 한다. 자신의 진정한 가치를 인식하며 타인에게 생기를 불어넣고, 생명 원리를 표현하는 존재로서 존엄성을 느껴보자. 이 진리를 깨닫고 실천하면 다른 사람도 사랑과 선의를 나에게 되돌려줄 것이다.

잠언에서 솔로몬은 "칭찬할 힘이 있다면 칭찬을 아끼지 마라"라고 말한다. 여기서 칭찬은 감사와 예의 그리고 공손함을 포함하는 개념이다. 우리가 매일 만나는 지인과 가족 중에도 매너가 없는 사람이 있다. 공자는 "도덕의 실천은 가정에서 시작된다"라고 말했지만 자기에게 가까운 사람일수록 감사를 표현하는 데 인색한 사람이 많다.

여기서 다음 질문이 빠질 수 없다. 얼마나 자주 직원에게 "감사합니다. 감사하게 생각하고 있어요. 우리 팀의 소중한 일원이라고 생각합니다"라고 말하는가? 에너지를 주는 감사의 말을 듣고 싶다면 다른 사람에게 먼저 감사의 인사를 건네라. 매일 들어도 불편하지 않으므로 다른 사람에게 진심이 전해질 때까지 반복하라. 감사하는 행동에도 황금률이 적용된다.

우리는 곧잘 직원과 동료의 노고를 당연하게 생각한다. 말을 안 해도 내가 감사하게 생각하는 걸 안다고 착각하기에 다른 일을 하기 위해 그만둔다고 말하면 충격을 받는다.

토니가 건물 관리 업체 일을 그만뒀을 때, 퇴사 인터뷰에서 그에게 회사에 대해 가장 마음에 드는 점과 가장 싫었던 점이 뭐였냐고 물었다. 토니는 급여와 복리후생이 좋았지만 단 한 번도 이 조직의 일원이라고 느낀 적이 없다고 답했다.

"항상 기계의 부품에 지나지 않는다고 느꼈습니다. 9개월 동안 이 부서에서 일하면서 몇 가지 제안을 했고, 추가 프로젝트를 맡겠다고 제안했으며, 제게 할당된 업무 중 몇몇에 창의적으로 접근하려고 노력했습니다. 하지만 상사는 내가 여러 방면으로 기여할 수 있다는 걸 인식하지 못했어요."

회사가 토니의 역량을 인정하고 제안한 내용을 논의했다면, 토니의 업무를 얼마나 중요하게 생각하는지 보여주면서 감사를 표했다면 토니는 매우 가치 있는 직원으로 남아 있었을 것이다.

보상보다 중요한 감사

미국의 심리학자 윌리엄 제임스는 인간의 본성 중 가장 큰 욕구는 인정받고 싶은 갈망이라고 말했다. 하지만 우리는 회사에서든 집에서든 우리를 도와준 사람들에게 감사를 표현하는 것을 잊어버린다.

왜 그럴까? 칭찬하기보다는 비판할 대상을 찾는 경향이 있기 때문이다. 감사를 표하면 직장 내 인간관계가 원활해질 뿐만 아니라 팀 내에서 협력과 협동의 정신을 구축할 수 있다. 평소에 감사를 표한다면 직원들을 설득하기가 훨씬 더 수월해질 수 있다.

최소한 모든 동료와 우호적인 관계를 맺는 것이 요점이다. 따뜻하고 친밀한 신뢰 관계를 맺는 게 가장 좋다. 동료들과 좋은 관계를 맺는 방법은 누군가가 나를 도와줬을 때 그들의 노고에 감사를 표하는 것이다.

많은 기업 임원들은 연봉 인상이나 보너스가 일을 잘한 것에 대한 충분한 감사의 표시라고 생각한다. 물론 직원들은 일을 잘한 대가로 눈에 보이는 보상을 기대한다. 하지만 물질적인 보상만으로는 충분하지 않다.

감사를 표하는 방법에 관해 가르쳐준 메릴랜드의 한 사업가가 있다. 직원 중 한 명의 생산량이 다른 사람들보다 꾸준히 높았다. 그는 특별한 사명감을 가지고 자기 일이 아닌 일도 했다. 임원은 그에게 다른 사람보다 더 많은 보너스를 주었지만, 보너스만으로는 고마운 마음을 표현할 수 없기에 감사의 편지를 써서 보너스 수표를 동봉해서 보냈다. 편지에서 그는 직원에게 감사하며 그를 직원으로 두는 게 회사에 얼마나 큰 의미가 있는지 설명해 주었다. 나중에 직원은 감사의 답장을 보내왔다. 그 편지를 받고 울었다며 편지를 영원히 소중하게 간직하겠다고 말했다.

추수감사절 전, 코네티컷주 노워크에 있는 스튜 레너드 식료품점의 몇몇 직원들은 계산대 줄이 너무 길고 계산 속도가 느린 것을 발견했다. 누가 시키지도 않았는데도 그들은 자기 일을 멈추고 모두 계산에 뛰어들었다. 줄을 빨리 줄어들게 하려고 계산된 식료품을 봉투에 넣어

주는 일을 자진했다.

식료품점 주인 스튜는 도와준 직원들을 위해 뭔가 특별한 일을 하기로 마음먹었다. 추수감사절이 끝난 이후, 그는 'ABCD 상'이라고 예쁘게 수놓은 니트 셔츠를 직원에게 나누어 주었다. 여기서 ABCD는 '해야 하는 일보다 더 많이 함Above and Beyond the Call of Duty'을 의미한다. 주어진 업무보다 더 많은 일을 한 직원을 특별히 알아봐 줌으로써 직원의 공로를 인정했을 뿐만 아니라, 그가 남들보다 더 노력하는 사람들을 높게 산다는 걸 모든 직원과 동료, 고객에게까지 알렸다.

최대한 빨리 구체적으로 감사하라

누군가가 "감사합니다"라고 따로 말하지 않아도 감사를 표현했다고 추정하는 사람이 많다. 상대방이 '자기 일을 한 것이기에' 감사가 필요하지 않다고 생각하는 사람도 있다. 정작 감사해야 하는 사람이 감사를 표현하지 않았기 때문에 감사 인사를 들을 수 없을 때도 있다.

예를 들어 감사를 나약함의 표시로 간주하거나 감사 인사가 자신의 부족한 모습을 반영한다고 생각하기도 한다. 그런 사람은 무의식적으로 '내가 그들에게 잘했다고 말한다면 내가 못났다고 생각하겠지?'라고 여기지만 그런 결론을 내릴 근거는 없다. 모든 위인은 자신에게 도움을 준 이들에게 거듭 감사의 뜻을 표했다. 감사는 강한 인상을 남겨 직원들에게 더 큰 충성심을 불러일으킨다.

감사를 표현할 때 야단법석을 떨 필요는 없다. 직원이 한 작업이나 서비스에 대해 어떻게 느끼는지, 또 특정한 일을 성취해서 얼마나 자랑스러운지를 진심으로 표현하고 인정해 주는 것만으로 충분하다.

이 세상에 솔직한 감사 인사가 지겹다는 사람은 아무도 없다. 감사 인사에는 거짓이 담겨서는 안 된다. 무슨 일에 감사하고 왜 그렇게 느꼈는지 상대방에게 설명하라. 직원이 특정한 결과물을 내놓았다면 가능한 한 빨리 감사를 표현하라. 케이크에 아이싱을 발라 달콤함을 더하는 것처럼 감사의 표현도 성취감을 더 달콤하게 한다.

진심을 담은 감사의 힘

상대방에게 진심을 전달하기 위해서는 상대방이 당신의 말을 진짜라고 느껴야 한다. 화려한 말로 위선을 포장할 순 없다. 목소리와 눈빛, 몸가짐에 진심이 묻어나기 때문이다. 가짜로 감사를 표현할 이유는 없다. 매사를 감사하게 여기면 진심 어린 인사를 받을 자격이 있는 사람이 이 세상에는 수도 없이 많다.

친구나 동료들이 당신에게 진심으로 공감해 주고 격려해 줄 때 기분이 얼마나 좋은가. 당신도 같은 방식으로 직원이나 팀원의 특별한 노력을 인정해 주어야 한다. 주변 사람에게 빚을 많이 졌다고 느끼면 마음속 깊은 곳에서 진심으로 감사하는 마음이 들고 말로 술술 흘러나오기 마련이다. 감사 인사를 자제할 필요는 없다. 노고를 인정받아 마땅한 사람들에게 감사 인사를 퍼부어 주어라. 그 사람과 나는 어제보다 조금 더 나은 하루를 보낼 수 있다.

야단치기보다 조언하라

독재자 같은 상사는 쉬지 않고 비판하고 비난하며 불평한다. 잘못한 일은 절대 잊지 않으면서 잘한 일은 당연하게 생각한다. 오늘날의 관리자들은 직원의 실수와 비효율성을 줄이기보다는 자신의 장점을 더 발휘할 수 있도록 직원을 도울 때 사기가 올라가고 생산성이 향상된다는 걸 깨달았다.

자신을 비판하는 말을 계속해서 들으면 바보가 된 것 같고 열등감을 느끼며 상대방에게 분노를 품기 시작한다. 누군가가 만족스럽지 않은 행동을 했을지라도 나의 목표는 그 사람을 기분 나쁘게 하는 게 아니라 다음에는 그런 일이 없도록 미연에 방지하는 것이다.

유명한 심리학자 스키너는 비판이 종종 나쁜 행동을 강화한다고 말했다. 예를 들어 범죄자는 나쁜 행동을 할 때만 주목받는다. 스키너는 도리어 나쁜 행동에 대한 반응을 최소화하고 좋은 행동을 할 때 최대한 많이 칭찬하라고 권고했다.

끊임없이 비판받으면 실패의 패턴이 생기고 패턴이 잠재의식에 침투하게 된다. 나 자신을 부적절하다고 생각하기에 실패할 확률이 커진다. 이를 피하기 위해서는 부하 직원을 비판하는 대신 지도하라. 잘못했다고 직원을 야단치기보다 조언을 건네는 것이 좋다.

"지금 일을 잘 진행하고 있는데요. 아직 갈 길이 멉니다. 빠르게 할 수 있는 몇 가지 방법을 보여드리죠."

상황이 개선되면 상대방이 과장이라고 생각할 정도로 격하게 칭찬하라. 이렇게 하면 부정적인 생각 대신 긍정적인 생각이 잠재의식에 새겨진다.

몇몇 관리자는 칭찬을 하면 부하 직원이 자신을 만만하게 볼까 봐 걱정한다.

"직원들을 강하게 키우고 싶어요."

하지만 칭찬한다고 해서 그 사람이 유약해지는 건 아니다. 칭찬은 좋은 성과를 강화하는 긍정적인 접근법이다. 직원을 부하가 아닌 같은 목표를 향해 달려가는 동반자라고 생각할 때, 칭찬은 자연스럽게 행동의 일부가 될 것이다.

무분별하게 칭찬하지 마라

인간은 칭찬을 바탕으로 성장한다. 칭찬을 받으면 기분이 좋지만 그렇다고 해서 무분별하게 칭찬해서는 안 된다. 특별히 인정받을 가치가 있는 일을 했을 때 칭찬해 주어야 한다. 그렇다면 특별히 칭찬받을 만한 일을 전혀 하지 않는 사람은 어떻게 다루어야 할까?

마리아는 사무 업무를 맡은 직원들과 문제가 있었다. 몇몇 직원들은 자신의 할당량만 끝내면 된다는 듯한 태도를 지녔다. 할당량을 충족했다고 칭찬해 봤자 그 이상의 일을 할 필요가 없다는 믿음을 강화할 뿐이었다. 반대로 할당량 이상의 일을 해내지 못했다고 비판하면 "그래도 저는 제 할당량을 하고 있는데요"라는 답이 돌아왔다.

마리아는 다른 종류의 긍정 강화를 시도하기로 했다. 긍정 강화란 원하는 행동을 했을 때 좋아하는 것(강화물)을 주어 그 행동의 비율을 높이는 것으로 심리학자 스키너가 고안한 개념이다.

그녀는 한 작업자에게 할당량이 정해지지 않은 특별한 업무를 맡겼다. 그리고 그 작업을 완료했을 때 칭찬해 주었다. 이것을 다른 업무자들에게도 적용했고, 그제야 작업자들을 진심으로 칭찬할 기회가 생겼다.

사람들은 칭찬하기보다는 비판할 대상을 찾는 경향이 있다. 하지만 직원이 좋은 성과를 낼 것을 기대한다면 부족한 점을 보완하는 데 초점을 맞출 수 있다. 캘리포니아에 있는 한 슈퍼마켓 체인의 지역 매니저인 더글러스는 자신이 관리하는 여덟 개의 매장을 정기적으로 방문했다. 그는 가게에 들어가자마자 '문제'를 찾았다고 했다. 제품 진열 방식과 계산 속도 그리고 자신이 매장에서 발견한 모든 단점에 대해 매장 관리자를 비판했다.

"모든 일이 잘 돌아가고 있는지 확인하는 게 제 역할입니다."

이 말에서 짐작할 수 있듯이, 가게에서 일하는 사람들은 모두 그가 가게에 온다고 하면 두려움에 떨었다. 더글러스의 상사는 단점을 개선하는 것도 중요하지만, 예상 판매량 이상을 판매하고 비용을 절감한 것에 대해 매장 관리자를 칭찬하는 것도 중요하다고 말했다. 상사는 더글러스에게 칭찬할 일을 한번 찾아보라고 했다. 매장에서 더 개선할 점이 있다면 제안해도 좋지만 개선할 점을 지적하는 게 매장 방문의 핵심이 되어서는 안 된다는 것이었다.

쉽지 않았지만 더글러스는 상사의 조언을 따랐다. 몇 달이 지나자 매장 관리자는 그가 오기만을 고대했다. 그들은 새로운 아이디어를 공유하고 매장의 문제를 의논하기 시작했다. 점원과 매장 직원은 곧 '보스'에 대한 두려움을 극복하고 그의 의견과 제안을 환영했다.

칭찬을 잘하기 위한 다섯 가지 팁

동기를 부여하는 데 칭찬은 중요하지만, 항상 효과가 있는 것은 아니다. 관리자가 직원의 사소한 활동 하나하나를 칭찬한다면 실질적으로 무언가를 이뤘을 때 돌아오는 칭찬의 가치는 낮아진다. 또 어떤 사람들은 비꼬는 듯한 방식으로 칭찬한다.

칭찬을 더욱 의미 있고 효과적으로 하려면 다음 제안을 따라보자.

1. 과장하거나 칭찬을 남발하지 마라.

칭찬은 사탕처럼 달콤하다. 하지만 먹으면 먹을수록 달콤한 맛은 덜 느껴진다. 마찬가지로 칭찬을 너무 많이 하면 칭찬할 때마다 파생되는 이득이 감소한다. 조그만 일에도 칭찬을 해줘버리면 가치를 완전히 상실한다.

2. 진심을 담아라.

진심을 위조할 수는 없다. 칭찬할 때는 직원이 칭찬받을 일을 했다고 진심으로 믿어야 한다. 칭찬을 하는 사람이 믿지 않으면 그 말을 듣는 직원도 믿지 않는다.

3. 칭찬하는 이유를 구체적으로 말하라.

"잘했어요!"라고 말하기보다는 "제출한 보고서에서 ○○ 부분을 보니 이 문제가 얼마나 복잡한지 명확하게 이해할 수 있었습니다"라고 말하라.

4. 동료에게 조언을 구하라.

상황에 대처하는 방법에 대해 조언을 구하는 것보다 더 기분 좋은 건 없다. 하지만 조언을 받아놓고 따르지 않는다면 역효과를 낼 수 있다. 만약 상대방의 조언이 따를 수 없는 것이라면 질문을 바꿔서 해 보라. 상대방 스스로 자신의 조언이 부적절하다는 걸 깨닫고 적절한 조언을 할 수 있게 말이다.

5. 공개적으로 칭찬하라.

꾸짖을 일이 있으면 직원과 둘만 있을 때 책임을 물어야 한다. 반대로 칭찬은 가능하다면 다른 사람들 앞에서 하라. 개인적으로 칭찬해 줘야 할 때도 있지만 종종 다른 팀원들이 있을 때 칭찬하는 것도 좋다. 내가 직원에게 칭찬하는 모습을 보면 다른 직원도 나에게 인정을 받고 싶어지고 사기가 올라간다.

성취하면 과하다고 생각할 정도로 칭찬하라

몇몇 경우에 직원이 아주 중요한 일을 해냈다면 회의나 회사 행사에서 공개적으로 언급해야 한다. 칭찬받을 만한 일을 공개하고 동료들 앞에서 칭찬해 준다면 다른 직원들도 칭찬받을 수 있는 일을 하고 싶어 한다.

제2부 1장에서 다뤘던 메리 케이의 일화를 다시 살펴보겠다. 회사는 뛰어난 성과를 달성한 직원들에게 표창을 수여해서 동기를 부여했다. 상품과 상장을 받는 것 외에도 회사 컨벤션에서 칭찬을 받고 회사 잡

지에 실린다. 메리 케이 컨벤션에 참석하는 건 승리를 축하하는 행사에 참석하는 것과 다를 바가 없다. 수상자들은 무대로 불려 나가 상을 받고 관객들의 환호와 박수갈채를 받는다. 그들은 고위 경영진의 인정과 동료들의 칭찬이 수상 자체만큼 보람차다고 말한다.

눈으로 보이는 상품을 줘라

상품은 값싼 도장이나 상품권, 명품, 이국적인 여행에 이르기까지 회사마다 다르다.

메리 케이는 가장 실적이 높은 직원에게 분홍색 캐딜락을 주기로 유명하다. 이 상품을 받기 위해 영업 사원은 목표에 도전하고 기준을 충족해야 한다. 상을 받는 건 쉽지 않지만 매년 더 많은 영업 사원이 판매량을 달성한다.

회사는 직원에게 차를 그냥 주는 게 아니라 1년간 차량을 대여해 준다. 캐딜락을 계속 타거나 다음 해에 나온 최신 모델로 업그레이드하려면 계속해서 기준을 충족해야 한다. 그래서 다음 해에 차를 다시 회사에 돌려줘야 하는 사람의 수는 상대적으로 적다. 물질적인 보상은 실적을 올리게 하는 동기부여가 된다.

메리 케이의 캐딜락 같은 고급스러운 선물을 줄 필요는 없다. 직원에게 주는 상품의 크기는 상관없다. 돈으로는 얼마 되지 않는 상장이나 상패를 줘도 괜찮다. 직원들은 이런 기념품을 방이나 사무실, 작업대, 집에 걸어두는 것을 좋아한다. 현금은 쓰면 그만이고 상품은 시간이 지나면 낡고 여행은 기억 속으로 사라지지만 상장이나 감사패, 감사장만 있으면 그 사실을 영원히 기억할 수 있다.

성공 파일을 만들어라

플로리다에 있는 대형 부동산 중개 사무소 영업 매니저 힐러리는 '특별한 일'을 하는 영업 직원에게 감사 편지를 보내곤 한다. 여기서 특별한 일이란 팔리지 않는 부동산을 팔거나 수익성 있는 건물을 판매할 권리를 얻거나 창의적인 방법을 사용하여 판매하는 것을 뜻한다.

힐러리가 영업 사원에게 첫 번째로 보낸 편지에는 '성공 파일'이라는 이름의 파일이 동봉되어 있었다. 그리고 힐러리는 다음과 같은 제안을 했다.

"이 편지를 파일 안에 보관해 놓으십시오. 저를 비롯해 관리자, 고객 등 다른 사람에게 받은 칭찬 편지를 차곡차곡 모아두세요. 또한 이 파일에 높은 실적으로 상을 받거나 판매 할당량을 달성하거나 까다로운 고객을 유치하는 등의 특별한 성과를 기록해 보십시오. 시간이 지날수록 실패하거나 실망하는 일이 있을 수 있기 때문입니다. 위축되는 때도 있을 겁니다. 그럴 때는 이 편지들을 다시 읽어보세요. 이 파일은 내가 성공하고, 능력이 있고, 특별한 사람이라는 증거입니다. 전에도 해봤으니 앞으로도 할 수 있어요!"

힐러리의 편지를 받은 직원은 슬럼프에 빠졌을 때나 우울한 시기에 성공 파일의 편지를 다시 읽는 게 상황을 극복하는 데 도움이 되었다고 말한다. 그 편지들은 자존감을 강화함으로써 정신을 다시 설정하고 힘과 자신감을 가지고 문제에 직면할 수 있게 했다.

동료의 노고를 인정하도록 장려하라

동기를 부여하는 또 다른 방법은 동료의 노고를 인정하는 것이다. 회사는 일을 더 쉽게 만들거나 만족스럽게 해낸 동료를 칭찬하거나 노고를 인정하라고 장려한다. 직원이 자신의 동료를 '고객' 또는 '거래처'라고 생각하고 대하는 게 노고를 인정하는 첫걸음이다.

상사, 관리자, 리더만이 직원들의 특별한 노력을 알아차리는 건 아니다. 팀원과 동료는 서로가 얼마나 노력하는지 본다. 동료가 한 일을 알아차려 주면 관리자의 눈에 보이지 않는 모든 성취를 앞당길 수 있을 뿐만 아니라 서로 연결된 조직의 일부라고 느끼게 된다.

이런 방식으로 큰 성과를 거둔 회사가 미니서킷 랩스다. 뉴욕 브루클린과 플로리다 히알라에 공장을 둔 이 회사는 '○○님 덕분에 즐거운 하루가 됐어요' 양식을 사내에 배포해서 동료나 부하 직원, 스태프 등 특별한 감사 인사를 받을 만한 직원에게 메시지를 전하도록 적극 독려한다.

델라웨어주 윌밍턴에 있는 A&G 머천다이징 컴퍼니에서는 팀 리더가 감사 카드 꾸러미를 준다. 이 카드앞면에는 '감사합니다'라는 문구가 예쁘게 인쇄되어 있고 안은 백지다. 누군가가 특별한 인정을 받을 만한 일을 할 때마다 팀 리더는 카드를 써서 해당 직원이 달성한 일을 자세하게 축하해 준다. 이 카드를 받은 직원은 카드를 소중히 간직하고 친구와 가족에게 보여준다.

조셉 머피의 미라클 노트

- 이 세상에 솔직한 감사 인사가 지겹다는 사람은 아무도 없다. 감사 인사에는 거짓이 담겨서는 안 된다. 무슨 일이 고맙고 왜 그렇게 느꼈는지 상대방에게 설명하라.
- 자신을 비판하는 말을 계속해서 들으면 바보가 된 것 같고 열등감을 느끼며 분노를 품기 시작한다. 누군가가 만족스럽지 않은 행동을 했을지라도, 나의 목표는 그 사람을 기분 나쁘게 하는 게 아니라 다음부터 그런 일이 없도록 미연에 방지하는 것임을 잊지 마라.
- 끊임없이 비판받으면 실패의 패턴이 생겨나 잠재의식에 침투하게 된다. 나 자신이 부적절하다고 생각하기에 실패할 확률이 커진다. 비판하는 대신 지도하고 무언가를 잘못했다고 직원을 야단치기보다는 "지금 일을 잘 진행하고 있는데요. 제가 빠르게 할 수 있는 몇 가지 방법을 보여드리죠"라고 조언하라. 상황이 개선되면 지나치다고 생각할 정도로 격하게 칭찬하라. 이렇게 하면 부정적인 생각 대신 긍정적인 생각이 잠재의식에 새겨진다.
- 남을 칭찬한다고 해서 내가 유약해지는 건 아니다. 칭찬은 좋은 성과를 강화하는 긍정적인 접근법이다. 직원을 부하나 직원이 아니라 같은 목표를 향해 달려가는 동반자라고 생각할 때 칭찬은 자연스럽게 행동의 일부가 될 것이다.
- 특별히 인정받을 가치가 있는 일을 했을 때는 칭찬해 주어야 한다.
- 긍정적인 면에 집중하고 주의를 기울이며 잘했다고 칭찬해 줄 때 올바른 일을 하고 싶은 마음은 더 커진다.
- 칭찬받을 만한 일을 공개하고 동료들 앞에서 칭찬해 준다면 다른 직원들

도 칭찬받을 일을 하고 싶어 한다.
- 회사는 직원들이 일을 쉽게 만들거나 만족스럽게 해낸 동료를 칭찬하거나 공로를 인정하도록 직원들을 장려해야 한다.

4
소통 능력이
성공 여부를 판가름한다

말재주가 좋은 사람, 매력적으로 사물을 묘사하는 사람, 다른 사람이 관심을 가질 법한 말을 하는 사람은 아는 게 많더라도 자기 자신을 표현하는 게 불편하고 서툰 사람에 비해 장점이 크다.

일을 잘 마치기 위해서는 함께 일하는 사람들과 소통해야 한다. 구두든 서면이든 소통 없이는 어떤 일도 할 수 없다.

무엇을 말하느냐뿐만 아니라 어떻게 말하고 쓰느냐도 중요하다. 말이 내가 원하는 행동으로 이어질 수 있기 때문이다. 명령이든 제안이든 아이디어든 나와 소통하는 사람들이 내가 말하는 내용을 이해하고 받아들이도록 노력해야 한다.

오늘날 커뮤니케이션, 즉 무엇을 어떻게 말하느냐는 성패를 가름한다. 미국의 전 대통령 로널드 레이건을 예로 들어보자. 많은 미국인은 그의 가장 큰 장점이 유권자들과 직접 또는 텔레비전을 통해 효과적으로 소통하는 능력이라고 믿는다.

성공한 전문가와 기업 경영인, 정부 지도자가 공유하는 이 기술은 누구든 습득할 수 있다. 의지와 결단력만 있으면 된다. 소통 능력이 향상되면 나의 아이디어를 상사, 동료, 고객, 팀, 나아가 친구와 가족에게 더 효과적으로 전달할 수 있다.

말의 힘은 핵무기나 원자폭탄보다 강하다. 왜냐하면 무기를 사용할지 말지 결정하는 게 바로 말이기 때문이다. 말 한마디로 원자력을 써서 도시나 국가를 순식간에 황폐하게 만들 수도 있다. 어떤 의사소통 기술 향상 세미나에서 강연자는 참가자들에게 말의 위력을 설파하면서 마음에 닿는 단어 몇 개를 선택해 매일 두 번, 최소 10분 이상 소리 내어 말할 걸 권했다. 쓰는 것을 선호한다면 성취하려는 내용을 적어 마음속으로 문장을 읊으라고 했다. 그러면 아이디어가 잠재의식에 점진적으로 전달된다는 것이다.

세미나에 참여했던 보험 영업 사원들은 다음과 같이 담대하게 말했다. "이제부터 나는 자녀교육과 노후 대비를 위해 투자할 돈이 있는 사람만을 고객으로 끌어들인다." 이렇게 계속해서 확언하다 보니 보험에 관심이 있는 사람들이 예전보다 더 많이 찾아왔다. 느닷없이 성공한 것처럼 보였지만 사실은 확언의 힘이 컸다. 그 결과 생활수준이 높아졌고 삶의 여러 방면에서 도약하게 되었다.

원활한 의사소통을 위한 준비

다수 앞에서 이야기하든, 일대일 의사소통을 하든, 메시지를 어떻게 전달할 것인지 미리 생각해 두어야 한다. 무슨 말을 해야 할지 빨리 결정을 내리거나 준비할 시간이 거의 없을 수도 있지만, 아무리 촉박하더라도 준비할 시간이 조금은 있기 마련이다.

대화 주제를 파악하라

일하는 중에는 일반적으로 내 업무나 전문 분야, 회사 관련 문제 등 익숙한 주제에 관해 다른 사람들과 이야기를 나누게 된다. 그러므로 내 업무를 잘 알고 있고 모든 질문에 답할 준비가 되어 있는지 확인해야 한다.

때때로 익숙하지 않은 사안에 대해 보고하라는 요청을 받을 수도 있다. 예를 들면 회사가 새로운 유형의 컴퓨터 소프트웨어 구매를 위해 당신에게 확인해 달라고 요청할 수 있다. 이러한 일에 대처하는 방법은 다음과 같다.

- 주제에 대해 가능한 한 많이 익혀라.
- 프레젠테이션을 하려면 내가 알아야 한다고 생각하는 것보다 훨씬 많이 알고 있어야 한다.
- 회사가 제안한 구매 또는 해결책의 장단점 등을 생각해 보라.
- 상사와 같은 특정한 사람에게 보고서를 제출하든, 경영진 또는 전문가 그룹에 보고서를 제출하든 청중이 던질 수 있는 모든 질문에 대한 답을 생각해 놓아야 한다.

청중을 알면 반은 성공이다

청중을 파악했다면 의사소통의 절반은 성공했다. 아주 숙련된 연사라고 할지라도 청중이 연사의 말을 이해할 수 없다면 효과적인 의사소통은 불가능하다. 청중이 쉽게 이해할 수 있는 단어를 선택하라.

특정 분야 전문가를 대상으로 연설을 한다면 상대방이 쉽게 이해할 수 있는 명확한 기술 용어를 써도 좋다. 하지만 주제에 익숙하지 않은 청중에게 기술적인 내용을 전달하려면 기술적인 언어는 버려야 한다. 청중에게 내가 쓰는 단어를 이해시킬 수 없다면 메시지는 전달되지 않는다.

데니스는 엔지니어다. 회사는 그가 개발한 개념을 은행에 설명하여 프로젝트에 필요한 자금을 조달하라고 요청했다. 데니스는 상사에게 조언을 구했다.

"제 아이디어를 다른 엔지니어에게 전달하는 건 어렵지 않습니다. 같은 용어를 쓰기에 제가 하는 말을 잘 이해하기 때문이죠. 하지만 은행원들은 다른 세상 사람들이라 제 말을 하나도 이해하지 못할까 봐 두렵습니다."

상사는 메시지를 잘 전달하는 게 은행원의 몫이 아니라 데니스의 책임임을 분명히 했다. 데니스는 기술적인 용어를 알기 쉬운 용어로 바꿔야 했다. 기술 용어를 꼭 써야 하는 경우 처음 등장할 때 그 용어를 설명했고, 개념 심화가 필요한 경우에는 한 번 더 설명했다.

이처럼 데니스는 상사의 조언을 충실히 따랐다. 그러자 상사와 동료들은 프레젠테이션에 대해 칭찬을 아끼지 않았으며, 이는 은행의 프로젝트 자금 조달로 이어졌다.

청중의 수준을 무시해서도 안 된다. 노동법 전문 변호사 버나드는 공장 감독자를 훈련하고 최근 개정된 고용법과 고용 규정에 대해 교육하는 직무에 고용되었다. 버나드는 청중이 법률에 문외한이라 생각해 아침 내내 기본적인 이야기만 했다. 하지만 참가자들이 지루해하고 몸을 비비 꼰다는 걸 알아차렸다. 점심 시간이 되어서야 버나드는 참가자들이 최근 법 관련 세미나에 참석했다는 걸 알게 되었다. 참가자는 법의 해석 및 시행과 관련해 좀 더 복잡한 측면을 설명해 주리라고 기대했던 것이다. 물론 그를 고용한 매니저가 먼저 이야기해 줬어야 하는 내용이지만 좋은 커뮤니케이터라면 효과적인 의사소통을 위해 청중의 이력과 배경지식을 파악해야 한다.

말 뿐 아니라 몸도 메시지를 전달한다

생각을 전달하는 매개체는 말뿐만이 아니다. 몸도 메시지를 전달한다. 사람들은 표정과 제스처로도 소통한다. 보디랭귀지 사전이 있었다면 동작이 무엇을 뜻하는지 쉽게 해석할 수 있었을 것이다. 하지만 보디랭귀지는 언어처럼 표준화되지 않았기 때문에 사전으로 편찬하는 게 불가능하다.

문화적·민족적 배경, 부모님의 비언어적 표현 그리고 다른 개인적인 경험은 몸짓 언어를 사용하는 방식에 영향을 미친다. 사람마다 사용하는 보디랭귀지가 다르다. 고개를 끄덕이거나 미소를 짓는 제스처는 보편적일 수 있지만 모두가 같은 방식으로 보디랭귀지를 사용하는 건 아니다. 어떤 사람과 이야기를 할 때 상대방이 내가 예상하는 신호를 보내고 있다고 확신할 수 없는 것이다.

예를 들어 말하는 동안 상대방이 고개를 끄덕인다고 치자. 나는 내 말에 동의한다고 여겨 다행이라고 생각할 것이다. 하지만 꼭 그런 건 아니다. 듣고 있다는 사실을 상대방에게 알려주기 위해 고개를 끄덕이는 사람도 있다. 누군가의 말에 동의하지 않아서 무의식적으로 팔짱을 낄 수도 있지만 단순히 추워서 그럴 수도 있다. 그래서 비언어적 메시지를 단정하는 것은 위험하다.

다양한 사람의 보디랭귀지를 배우는 시간을 가져보라. 함께 일하는 사람들의 보디랭귀지를 공부하라. 예를 들어 존은 여러 가지 방식으로 웃는데 각각의 웃음은 다른 의미를 띨 수 있다. 또한 동의하지 않을 때는 이마를 찡그릴 수도 있다. 사람들의 개별적인 신체 언어를 연구하고 기억하기 위해 의식적인 노력을 기울여 보라.

당신 자신은 어떤 보디랭귀지를 쓰는지 알고 있는가? 당신이 보디랭귀지에 어떤 메시지를 담는지 아는 방법은 거울 앞에서 리허설을 하는 것이다. 메시지 전달을 방해하거나 말과 반대되는 몸짓이나 표정 또는 움직임이 있을 수도 있다. 다른 사람에게 부탁해 발표하는 모습을 비디오로 촬영하는 것이 가장 효과적이다. 주의를 기울여 내 보디랭귀지를 연구하면 어떤 잘못된 인상을 주는지 파악하고 바로잡을 수 있다. 나아가 나의 장점을 강화하는 제스처를 더 자주 쓸 수 있다.

정말 경청하고 있는가?

동료가 문제가 있다면서 나에게 도움을 요청한다고 가정해 보자. 주의 깊게 동료의 말을 듣기 시작했지만 스스로 알아채기도 전에 마음은 딴 곳에 가 있다. 무슨 문제가 있는지 귀 기울이는 대신 책상 위에 쌓여 있는 업무와 부사장과의 미팅, 아들이 학교에서 벌인 실랑이에 관해 생각한다. 동료의 말을 듣고 있지만 정말 귀 기울여 듣고 있지는 않다.

이런 일이 있었던 적이 있는가? 당연히 있을 것이다. 모두가 겪어본 일이다. 왜 그런 걸까? 마음은 말보다 아이디어를 열 배 더 빠르게 처리한다. 그래서 누군가가 이야기하는 동안에는 마음이 앞설 수가 있다. 말하는 사람이 문장을 끝마치기도 전에 내 마음속에서 문장을 완성해 버린다. 문제는 내가 스스로 완성한 문장이 틀릴 때도 있다는 것이다. 실제로 하는 말에 귀 기울이는 게 아니라 나의 마음이 받아쓰는 것을 '듣는다.' 이게 인간의 본성이다. 그래도 경청하지 않는 데에는 변명의 여지가 없다.

다른 사람의 말을 듣지 않아 정신이 딴 곳에 팔려 있다고 가정해 보자. 상대방의 말에 귀 기울이지 않았다는 걸 인정하기가 민망하므로 일단 들은척한다. 마지막으로 들은 몇 마디를 바탕으로 반응을 한다. 말이 된다면 운이 좋은 것이다. 하지만 논의의 핵심을 놓쳤을 수도 있다.

상대방의 말에 귀 기울이지 않았을 때 "죄송해요. 다른 생각을 하고 있었어요"라고 인정할 필요는 없다. 다시 본론으로 돌아가는 방법은 마지막으로 들었던 주제에 관해 질문하거나 의견을 제시하는 것이다. "잠시 ○○에 관한 이야기로 돌아가도 되겠습니까?" 또는 "□□을 바라보는 ○○님의 관점을 제가 더 잘 이해할 수 있도록 자세히 설명해 주세요"라고 말하면 된다.

적극적인 청취자가 되는 법

물론 상대방의 말에 주의를 집중하고 딴생각하지 않으려면 마음을 단련하는 게 가장 좋다.

아그네스 건드는 미국 최대 규모의 현대미술관인 뉴욕현대미술관 관장을 맡았을 때 건물 리모델링을 계획했다. 예산은 약 8억 달러였고 부서마다 생각이 달랐다. 하지만 리모델링을 위해서는 각 부서의 확실한 동의를 받아내야 했다. 자신의 계획이 가장 최적의 계획임을 직원들에게 인정받아야 했다.

그래서 건드는 자신의 관점을 이해시키고 설득하는 기술을 개발했다. 그녀는 자신이 다른 사람의 말을 귀담아듣지 않는다는 사실을 깨달았다. 비록 미술 전문가이기는 하지만 건축에 대한 전문 지식도 부족했다. 건드는 잠재의식의 힘을 이해했기에 건설 전문가들이 말하는 것에 주의를 기울이고 집중하게 해달라고 기도했다. 그 결과 갈등 없이 프로젝트를 성공적으로 마칠 수 있었다.

다른 사람의 말에 귀를 기울이도록 잠재의식을 설정하는 것 외에도 듣기 능력을 향상하기 위해 적극적인 조처를 취할 수 있다. 앉거나 서서 단순히 다른 사람의 말을 듣는 대신 다음 지침을 따르라.

- 말하는 사람을 쳐다보라. 눈을 마주치는 건 관심을 보여주는 방법이다. 하지만 너무 과해서는 안 된다. 상대방의 눈만 쳐다보지 말고 그 사람 전체를 보라.
- 표정으로 관심을 표시하라. 적절한 시점에 미소 짓거나 걱정하는 듯한 표정을 지어라.

- 고개를 끄덕이거나 제스처로 대화를 따라가고 있다는 걸 보여주어라.
- 상대방이 한 말에 대해 질문하라. "그래서 제가 이해한 바는 이렇습니다"라고 바꾸어 말해보거나 특정한 내용에 관해서 자세히 질문하라. 이 기법을 사용하면 불분명한 요점을 명확히 정리 할 수 있을 뿐만 아니라 기민한 정신으로 완전히 주의를 기울일 수 있다.
- 말을 끊지 마라. 상대방이 말을 잠시 멈췄다고 해서 내가 대화를 시작할 수 있다는 신호는 아니다. 잠시 기다려라.

공감 능력을 점검하라

대화가 줄어드는 원인 중 하나는 공감 능력이 부족하기 때문이다. 우리는 너무 이기적이고 본인의 안녕만 신경 쓰느라 바쁘다. 내 작은 세계에 갇혀 다른 사람에게 관심을 보이기보다는 스스로를 홍보하는 일을 우선시한다.

그러나 공감 능력이 부족한 사람은 품격 있는 대화를 할 수 없다. 남의 말을 잘 경청하는 사람이 되거나 말솜씨가 좋은 사람이 되려면 다른 사람의 삶에 들어가 그 사람의 삶을 간접적으로 체험해 보고 상대방의 관심사에 맞추어 대화할 수 있어야 한다. 한 주제에 대해 아무리 많이 알고 있다 하더라도 다른 사람이 그 주제에 관해 관심이 없다면 나의 노력은 물거품이 될 것이다.

직접적인 소통의 중요성

많은 기업은 고객과 신속하고 효과적으로 소통하기 위해 복잡하고 값비싼 커뮤니케이션 시스템에 투자했다. 하지만 기술의 발달로 조직의 많은 부분이 자동화되면서 고객과의 커뮤니케이션에서 가장 중요한 부분인 속도, 용이함, 편안함이 사라졌다. 그래서 자동화된 조직과의 소통은 불편하고 답답하기까지 하다.

고객은 발신자를 대기하게 하고 때로는 차단하기까지 하는 자동 응답 시스템에 익숙해져 있다. 경쟁이 치열한 기업들은 광고에 수백만 달러를 쏟아붓지만 정작 잠재적 고객들의 전화는 놓치고 있다. 고객과의 커뮤니케이션 채널을 열지 않으려는 회사는 고객에게 '고객은 중요하지 않다'는 메시지를 보내는 셈이다. 이는 바람직하지 않다.

불행히도 이 문제를 해결하려는 기업은 거의 없다. 낮은 비용으로 일상적인 문제를 체계적으로 처리한다는 이점이 단점보다 크기 때문이다. 직원과 고객의 개인적인 접촉이 중요하다고 생각한 사람은 북미 최대 산업 공구 유통업체 패스날의 설립자이자 전 대표인 밥 키얼린이다.

그는 전화 통화를 하면서 약속을 잡는다. 건물 수위나 무례한 비서, 홍보 담당자도 없지만 회사는 2000개의 매장을 보유하고 있고 약 20억 달러 규모로 성장했다. 비결이 무엇이냐고 묻자 그는 소통과 다른 사람을 위해 시간을 내는 것 등 '사소한 것들'이라고 답했다. 패스날에서 소통하는 건 키얼린뿐만이 아니다. 비즈니스 언론에 따르면 직원들도 정확히 같은 방식으로 고객을 대한다고 한다. 실제로 고객이 회사에 문의를 하면 직원이 직접 전화를 걸어온다.

미움을 사지 않고 거절하는 법

좋은 소통을 막는 또 다른 장벽은 상사가 동의하지 않는 제안을 해서 상사의 눈에 거슬릴지도 모른다는 두려움이다. 그래서 거절당하느니 차라리 생각을 표현하지 않는 편을 택한다.

한편으로 어떤 상사들은 제아무리 쓸모없는 아이디어일지라도 직원의 제안을 거절하면 미래에 아무런 아이디어도 내놓지 않을까 봐 두려워한다.

이런 식으로 생각해서는 안 된다. 함께 일하는 사람들이 자신의 아이디어를 표현하고 제안을 내놓을 수 있도록 격려해야 한다. 외교적 수완을 활용해서, 미움을 사지 않으면서도 도움이 되지 않는 제안을 거절하는 법을 배워야 한다. 효과적으로 거절하는 몇 가지 방법을 소개하겠다.

1. 둘만 있을 때 말하라.

다른 사람 앞에서 상대방의 제안을 거절해서는 안 된다. 동료들 앞에서 망신을 당할 수 있기 때문이다. 제안해 줘서 고맙다고 말한 후 다시 연락을 주겠다고 하라. 실행 불가능하게 보이더라도 연구하라. 당신이 틀릴 수도 있기 때문이다. 그리고 최대한 빨리 답변을 주어라.

2. 이유를 제시하고 답변을 경청하라.

일반적으로 제안에 명백한 결함이 있어 보이고 그게 사실이라면 "전에도 시도했는데 효과가 없었습니다"라고 말할 수 있다. 하지만 "2년 전에 그런 시도를 해봤는데 문제가 있었습니다"라고 말하는 접근 방법이 더 낫다.

단어 선택의 차이에 주목하라. 첫 번째 대답은 '효과가 없었습니다'로 끝났다. 상대방에게 말할 여지를 주지 않는다. 두 번째 대답은 '문제가 있었습니다'로 끝나 되물을 여지를 준다. 이 말을 듣고 상대방이 할 수 있는 가장 유력한 대답은 "문제가 뭐였는데요?"이다. 과거 실패의 원인을 알려주면 상대방은 "그 생각은 안 해봤네요. 좀 더 생각해 봐야 할 것 같아요"라고 답할 것이다. 미래의 아이디어를 억압하는 대신 계속 아이디어를 떠올리는 걸 유도했다. 어쩌면 효과적인 아이디어가 떠올라 "그 문제에 대해 생각해 보았는데 해결책이 있는 듯합니다"라고 말할 수도 있다. 협업의 장점은 모든 해답이 나올 수는 없지만 놓친 부분을 서로 봐줄 수 있다는 점이다.

3. 소크라테스적 접근법을 따르라.

아이디어를 대놓고 거부하기보다는 아이디어를 제안한 사람에게 물어보라. 소크라테스가 학생들의 사고력을 자극한 방법이다. 소크라테스는 학생들에게 틀렸다고 말한 적이 없다. 만약 한 학생이 오답을 내놓으면 소크라테스는 또 다른 질문을 던졌다. 주의 깊게 질문을 던짐으로써 문제를 더 깊이 생각해 보라고 학생들을 격려했고, 학생들은 소크라테스가 던진 질문을 생각하며 올바른 답변을 내놓을 수 있었다.

이게 바로 '소크라테스식 접근법'이다. 주의 깊게 질문을 던져 제안자가 자신의 아이디어에 관해 다시 생각하고 재평가해서 더 실행 가능한 제안을 내놓을 수 있도록 한다. 이런 접근법을 쓰면 다른 아이디어를 거절할 필요도, 미움을 살 일도 없으며 직원을 계속해서 격려해 줄 수 있다. 앞에서 언급했듯, 질문을 하면 다른 사람의 말을 경청하게 된다는 이점이 있다.

대립을 피하면서 반대 의견을 표하라

매우 예민한 사람들은 비판을 쉽게 받아들이지 못한다. 그리고 아이디어를 거절당하면 방어적으로 대응한다. 직원 한 명이 며칠에 걸쳐 새로운 프로그램을 개발했다고 가정해 보자. 프로그램을 나에게 보여줬을 때 직원이 듣고 싶은 말은 단순한 승인이 아니라 축하다.

그런데 새 프로그램에는 좋은 점이 많지만 상당한 개선이 필요한 몇 가지 부분이 있다. 예민한 직원의 화를 돋우지 않고 며칠 동안 토라지는 걸 방지하는 동시에 이 메시지를 전달할 방법이 있을까?

동의하지 않는 부분을 지적하는 대신 프로그램의 장점을 동료에게 칭찬하라. 이의를 제기하지 말고 동의하지 않는 부분에 대해 구체적인 질문을 하라. 당신의 질문에 세 가지 답변이 나올 수 있다.

첫 번째 답변은 "그런 생각은 안 해봤네요. 이 부분을 세세히 검토해서 더 좋은 방안을 마련해 보겠습니다"이다. 이 답변은 직원이 프로그램을 개선할 수 있도록 내가 격려했다는 걸 보여준다.

두 번째 답변은 "그런 생각은 안 해봤네요. 어떻게 해야 할까요?"이다. 이 유형의 답변은 콘셉트가 잘못되었다는 것에는 동의하지만 직접 문제를 해결하지 않고 다시 나에게 바통을 넘긴다. 그러면 직원에게 이렇게 하라고 가르치고 싶은 유혹이 들 수 있다. 정말 급한 경우에는 제시간에 작업을 완료하기 위해서 직원에게 지시를 내려야 할 수도 있다.

하지만 스스로 문제를 해결하도록 유도하는 것이 최선이다. 내 답변은 다음과 같아야 한다. "좀 더 생각해 보는 건 어떨까요? 다음 주에 얘기하도록 하죠."

세 번째로 직원이 나의 질문에 잘 답변해서, 직원이 옳고 내가 틀렸다는 것을 깨달을 수도 있다. 이때는 명확하게 설명해 준 직원에게 감사를 표하고 다음 질문으로 넘어가라.

비판하기보다는 의문을 제기함으로써 최선의 결과를 얻고 미움을 사지 않을 수 있다. 직원은 자신의 아이디어가 좋지 않다는 점을 인정하고 더 나은 아이디어를 내놓으려 할 것이다. 이렇게 직원의 창의적인 기술을 개발하고 혁신적인 아이디어를 얻어 부서의 업무 효율성을 높일 수 있다.

의사소통은 쌍방향이어야 한다

우리는 다른 사람에게 메시지를 보내기도 하고 받기도 한다. 다른 사람이 아이디어를 공유하도록 격려하되, 무엇보다도 상대방이 말하는 것을 경청하는 법을 배워야 한다. 피드백이 한 사람에게서 다른 사람에게로 지속해서 흐를 때 경청의 효과는 배가 된다.

말하는 사람은 상대방이 자신이 전달한 내용을 이해하고 받아들였는지 항상 확인해야 한다. 이를 위해 질문하고 관찰해야 한다. 오해가 있으면 바로잡고 나아가 이를 제대로 이해했는지 다시 한번 확인해야 한다. 또한 상대방이 소통한 내용을 받아들여 일할 마음이 나게 유도해야 한다.

좋은 커뮤니케이션의 기본을 따른다면 나의 메시지가 더 쉽게 전달될 뿐만 아니라 정해진 시간 내에 업무를 마무리할 수 있을 것이다.

조셉 머피의 미라클 노트

- 소통에 능숙한 사람들은 자신의 아이디어와 소망, 진지한 고민을 다른 사람에게 전달할 수 있도록 잠재의식을 훈련했고 그러한 노력은 성공으로 이어졌다.
- 청중을 이해한다면 커뮤니케이션의 절반은 성공한 셈이다. 청중이 쉽게 이해할 수 있는 단어를 선택하라. 만약 내가 쓰는 단어를 청중이 이해하지 못한다면 메시지는 전달되지 않는다.
- 사람마다 사용하는 보디랭귀지가 다르다. 어떤 사람과 이야기를 할 때 상대방이 내가 예상하는 신호를 보내고 있다고 확신할 수는 없다. 사람들의 개별적인 신체 언어를 연구하고 기억하기 위해 의식적인 노력을 기울여 보라.
- 적극적으로 경청하라. 앉거나 서서 단순히 다른 사람의 말을 듣는 대신 다음 지침을 따르라.
- 말하는 사람을 바라보라.
- 표정으로 관심을 표시하라. 고개를 끄덕이거나 제스처로 대화를 따라가고 있다는 걸 보여주어라.
- 상대방이 한 말에 대해 질문하라.
- 말을 끊지 마라.
- 공감하라. 다른 사람의 삶에 들어가 잠시 그의 삶을 함께 살아보는 상상을 해야만 잘 경청할 수 있고 유려하게 말할 수 있다.
- 소통에 능숙한 사람은 말로 듣는 사람을 끌어당긴다. 이 사람들은 마음이 열려 있으며 태도가 너그럽고 자유롭다.
- 다른 사람의 제안을 거부할 때 상대방을 비판하거나 비난하지 말고 소크

라테스식 접근법을 사용하라. 생각할 여지가 있는 질문을 던지면 상대방도 자신의 실수를 깨닫게 된다.
- 피드백이 한 사람에게서 다른 사람에게로 계속해서 흐를 때 효율적인 의사소통이 가능해진다. 메시지를 보내는 사람은 메시지를 받는 사람이 전송한 내용을 이해하고 받아들였는지 항상 확인해야 한다.

5
까다로운 사람을
현명하게 상대하는 법

잠재의식은 습관적인 사고를 기록하고 재현하는 기계다. 다른 사람을 좋게 생각하는 건 곧 자기 자신을 좋게 생각하는 것이다.

조화롭게 해결할 수 없는 문제는 없다. 모든 사람의 이익을 고려하면서 문제를 해결할 방법은 얼마든지 있다. 사무실에 매우 까다로운 직원이 있다고 치자. 그를 보며 성미가 고약하고 시끄러우며 다루기 어렵다고 생각할 것이다. 하지만 상대방의 반응이 나의 정신 상태를 반영할 수도 있다는 걸 알고 있는가?

비슷한 것을 끌어당긴다는 사실을 기억하자. 상대방이 짜증을 내고 심술을 부리거나 비판적인가? 이는 내 마음속 좌절과 억제된 분노를 반영할 수도 있다. 다른 사람의 말과 행동은 내가 허용하지 않는 한 절대로 나를 해칠 수 없다. 다른 사람이 내 기분을 상하게 만든다면 그것은 나의 생각 때문일 것이다.

나는 내 우주에서 생각하는 유일한 사람이기 때문이다. 타인과 외부 환경에 관해 생각하는 방식에 대한 책임은 오롯이 나에게 있다. 다른 사람에게는 책임이 없다. 예를 들어 화를 낼 때는 네 가지 마음의 상태를 거쳐야 한다. 상대방이 한 말을 생각하기 시작한다. 화를 내고 분노하기로 마음먹은 뒤 부정적인 감정을 행동으로 옮긴다. 말대꾸하거나 상대방과 비슷하게 반응한다. 이렇게 두 사람의 언쟁이 시작된다. 생각과 감정, 반응, 행동은 모두 내 마음속에서 일어난다는 것을 명심하라. 책임은 오롯이 나에게 있다.

잠재의식은 현재의식에서 진실이라고 받아들이는 내용을 아무런 의구심 없이 받아들일 것이다. 진실하고 고귀하며 아름다운 것만을 받아들여라.

왜 모두 나를 짜증나게 할까?

헨리는 왜 주위의 모든 사람이 자기를 짜증나게 하는지 이해할 수 없었다. 그래서 상담사에게 고민을 털어놓았다. 상담사는 헨리가 먼저 다른 사람의 신경을 건드린다고 지적했다. 헨리는 자기 자신을 좋아하지 않았고 비난했다. 어투에는 늘 긴장과 짜증이 묻어 있어 그것이 사람들의 성질을 돋웠다. 스스로에 대한 이미지가 부정적이었기에 다른 사람을 신랄하게 비판했다.

상담사는 그를 언짢게 한 경험이 다른 사람의 잘못처럼 보이지만 사실 자기 자신에 관한 생각을 반영한다고 말해주었다. 자신에 대한 감정이 타인과의 관계를 결정한다. 자기 자신을 경멸하면 다른 사람에게 선의를 베풀거나 존중의 태도를 보일 수 없다. 불가능한 일이다. 마음의 법칙에 따르면 사람들은 항상 자기 생각과 감정을 주변에 있는 사람에게 투사하기 때문이다.

헨리는 다른 사람에게 편견과 악의, 경멸을 품는 한 그 사람도 나와 똑같은 감정을 품으리라는 사실을 이해했다. 세계는 그의 기분과 태도의 메아리에 불과하기 때문이다.

상담사는 다음 생각을 잠재의식에 쓰라고 권유했다. 현재의식은 잠재의식에 원하는 모든 것을 쓸 수 있는 펜이라는 사실을 기억하라. 헨리는 다음 내용을 잠재의식에 새겼다.

> 지금부터 황금률을 실천합니다. 나는 다른 사람들이 나에 대해 생각하고 말하고 행동하길 원하는 대로 다른 사람에 대해 생각하고 말하며 행동합니다. 모든 사람이 평화롭고 번영하며 성공하기를 소망합니다. 나의 마음은 언제나 안정되고 고요하며 침착합니다. 내가 나의 가치를 알듯 다른 사람도 나의 가치를 알고 존중합니다. 생명은 나에게 큰 영광을 주고 풍요롭게 했습니다. 인생의 사소한 일로 짜증이나 화를 내지 않습니다. 두려움이나 걱정, 의심, 다른 사람의 비판이 나의 문을 두드리면 믿음과 선의, 진리와 아름다움이 마음의 문을 엽니다. 마음속에는 아무도 없고 다른 사람이 한 말이나 암시는 아무런 힘이 없습니다. 나는 상처받은 마음을 치유하는 방법을 압니다. 내 생각만이 유일한 힘을 가지고 있기에 나의 상처받은 마음도 생각으로 치유할 수 있습니다.

헨리는 이러한 진리를 매일 밤낮으로 확언했다. 이 말에 생명과 사랑의 의미를 담았다. 삼투작용으로 이러한 아이디어는 잠재의식에 스며들었고 그는 새사람이 되었다.

"비슷한 일이 계속해서 일어난다는 생각에서 벗어나는 법을 배우고 있습니다. 다른 사람들과 원만하게 어울리고 승진도 했어요. '내 마음을 일으켜 세우면 모든 것을 끌어당긴다'는 말의 진리를 깨달았습니다."

그는 문제가 자기 자신에게 있다는 것을 알아차렸다. 그리고 생각과 감정, 반응을 바꾸기로 했다. 누구든 헨리처럼 할 수 있다. 결단력과 인내 그리고 스스로를 바꾸려는 열렬한 소망만 준비되어 있다면 말이다.

부정적인 에너지를 막는 선善의 갑옷

이 세상에 까다로운 사람들이 있다는 건 전혀 놀랍지 않다. 논쟁을 일으키는 사람, 비협조적인 사람, 불평을 달고 사는 사람, 냉소적인 사람, 심술궂은 사람을 주변에서 자주 찾아볼 수 있다. 심리적인 병이 있는 사람도 있다. 아마 과거의 경험으로 마음이 변형되고 왜곡되었을 것이다. 직장 생활 또는 개인적인 문제로 스트레스를 받을 수도 있다.

이런 사람들을 어떻게 대해야 할까? 반감을 품어 그들의 부정적인 에너지를 다시 돌려주고 싶은 유혹이 든다. 그러려면 먼저 그들의 부정적인 에너지를 흡수해야 하는데, 이는 나 자신에게 안 좋은 영향을 끼친다. 대신 '악을 선으로 갚도록(창세기 44:4)' 노력해 보자. 이러한 태도는 갑옷이 되어 타인의 까다롭고 불쾌한 태도로부터 나 자신을 보호한다. 심지어 그 사람을 이해하고 측은하게 여기는 마음이 전달되어 상대방을 변화시키기까지 한다.

상사를 질투하고 증오한 여성이 있었다. 이 여성은 다른 사람들의 말을 기분 나쁘게 받아들였다. 남들에게 상처를 받고 괴로워했다. 궤양과 고혈압도 있었다. 그리고 이런 부정적이고 불쾌한 생각이 잠재의식에서 곪아 터졌다.

용서와 선의의 원칙을 알게 된 후 그녀는 자기 안에 원망과 원한이 쌓여 있다는 것을 알게 되었다. 문제를 바로잡기 위해 상사와 대화를 시도했지만 상사는 그녀를 무시했다. 하지만 그녀는 포기하지 않고 노력했다. 매일 밤 출근하기 전에 10분 동안 화합과 선의의 원칙을 재확인하며 다음과 같이 확언했다.

"나의 조화와 사랑, 평화, 기쁨과 선의가 상사를 감싸고 있다."

이 말은 허튼소리가 아니었다. 그녀는 자신이 무엇을 하고 있는지, 왜 이렇게 하는지 알고 있었다. 이러한 생각이나 아이디어는 잠재의식에 스며들었고, 이 세상에는 단 하나의 잠재의식만이 존재하기에 상대방도 그녀의 확언을 들었다.

"우리 사이에는 조화와 평화, 이해가 있다. 상사를 생각할 때마다 '상사의 사랑이 마음에 넘쳐난다'라고 말할 것이다."

몇 주가 지났다. 이 여성은 샌프란시스코로 출장을 갔다. 비행기에 탔는데 상사 옆자리만 비어 있었다. 먼저 정중하게 인사를 건네니 상사도 따듯하게 반겨주었다.

그들은 샌프란시스코에서 부딪히지 않았고 즐거운 시간을 보냈다. 이 둘은 이제 친구처럼 지낼 정도로 관계가 좋아졌다. 그리고 둘 다 승진하게 되었다.

무한한 지성은 이 여성이 알지 못했던 방법으로 문제의 해결책을 마련해 주었다. 생각하는 법을 바꾸니 궤양과 고혈압이 사라지는 등 상황이 180도 바뀌었다. 그동안 그녀는 자기 자신을 해치고 있었다. 그 누구도 내가 생각하고 느끼는 것에 책임을 지지 않는다. 나는 내 우주에서 생각하는 유일한 사람이기 때문이다. 다른 사람을 어떻게 생각하느냐에 대한 책임은 오롯이 나에게 있다.

친절로 복수하라

하와이 고급 호텔 레스토랑의 웨이터인 리는 특히 성미가 고약한 고객을 다루는 방법에 대해 말해주었다. 매년 한 괴짜 백만장자가 미국 본토에서 이 호텔을 방문했다. 그는 웨이터나 벨보이에게 팁을 주는 것을 싫어하는 구두쇠였다. 거만하고 예의가 없었으며 불쾌했다. 그는 모든 게 불만이었다. 음식과 서비스에 대해 끊임없이 불평했다. 웨이터가 음식을 가져다줄 때마다 잔소리를 하지 않고는 못 배겼다.

"저는 그 사람의 마음에 병이 있다는 걸 깨달았어요. 카후나(하와이 원주민 신부)가 말하길 내면의 무언가가 그들을 좀먹고 있어서 그런 거래요. 그래서 저는 친절로 복수하기로 했어요."

리는 예의를 갖추고 친절하게, 존경을 담아 이 사람을 대했다. 그리고 묵묵히 다음과 같이 확언했다.

> "신이 그를 사랑하고 돌봐주십니다. 나는 그 사람 안에서 신을 보고, 그 사람은 내 안에서 신을 봅니다."

그는 한 달 동안 이 기법을 연습했다. 그 후 백만장자는 처음으로 다음과 같은 인사를 건넸다.

"좋은 아침이네요. 오늘 날씨는 어때요? 당신은 제가 만나본 웨이터 중 단연 최고예요."

리는 깜짝 놀랐다.

"기절할 뻔했어요. 불평할 줄 알았는데 칭찬을 받았습니다. 그리고 떠나기 전 팁으로 500달러를 주었습니다."

말은 생각의 표현이다. 리의 말과 생각은 짜증과 불평을 달고 사는 손님의 잠재의식에 닿았다. 그리고 서서히 마음속 얼음을 녹였다. 그는 사랑과 친절로 응답했다.

좋은 관계를 유지하면서 문제를 바로잡기

시간제로 아트디렉터 일을 하는 샌디는 다른 아르바이트생과 책상을 같이 썼다. 아르바이트생은 책상을 너저분하게 두는 습관이 있었다. 그녀는 인사부장에게 어떻게 하면 책상을 깔끔하게 쓸 수 있을지 조언을 구했다.

"깔끔하게 치우라고 말하세요. 하지만 공과 사를 구별하고 회사에서 좋은 관계를 유지하려면 메모를 남기는 것보다 직접 만나서 이야기하는 편이 좋습니다. 쉬는 날 회사를 나와야 한다고 해도요. '퇴근 전에 책상을 치워주시면 정말 도움이 될 것 같습니다. 실수로 ○○님의 서류를 잃어버릴까 봐 걱정됩니다'라고 말해보세요."

이 방법을 따르니 문제가 매우 쉽게 해결되었다. 다른 아르바이트생은 각자 서류를 분리할 공간을 마련했고 매일 퇴근 전에 책상을 정리했다. 서로를 미워하는 원인이 될 수 있었던 일이 원만한 합의를 통해 해결되었다. 조금 더 많은 시간과 노력이 필요했지만 그만한 가치가 있었다.

부정적인 사람을 대하는 법

다른 사람을 관리하는 위치에 있으면 반드시 부정적인 태도를 가진 사람을 만나게 된다. 어떤 리더도, 관리자도 예외는 없다. 이런 사람들은 내 인생을 더 비참하고 힘들게 만든다. 부정적인 사람을 무시하기란 불가능하므로 다루는 법을 배워야 한다.

관리자만 부정적인 성향을 다뤄야 하는 건 아니다. 어떤 조직이든지 모든 직급에 걸쳐 부정적인 사람들이 넘쳐난다. 동료일 수도, 중요한 고객일 수도, 정부 기관에서 일하는 직원일 수도 있다. 내가 상대하는 사람 중 어떤 사람이 될 수도 있다. 무언가를 하려고 할 때마다 반대하고 내가 하려는 일마다 안 되는 이유를 댄다. 이런 사람은 비관주의로 팀 전체를 무너뜨릴 수도 있다.

직원의 부정적인 태도는 회사가 과거에 직원을 부당하게 대했거나 홀대해서 생긴 것일 수도 있다. 그렇다면 어떤 일이 있었는지 살펴보라. 합당한 이유로 부정적인 태도가 생긴 거라면 과거는 이미 지나갔으니 미래에 집중하라고 설득하라. 오해가 있었다면 오해를 풀어보라.

부정적인 사람들을 대할 때는 그들의 주장을 인정해 주고 문제를 함께 해결해 나가자고 설득해서 프로젝트가 원활하게 진행되도록 하라. 더 큰 문제를 일으키는 걸 방지하고 그 사람이 해결책의 일부가 되도록 하라.

오팔은 부정적인 기운을 내뿜는 사람이다. 말뿐만 아니라 행동까지 부정적이다. 그녀는 모든 제안을 개인적인 모욕으로 받아들였다. 그래서 업무가 주어질 때마다 모든 사람에게 짜증을 냈고 마지못해 일했다.

오팔 같은 사람은 다른 사람에게 자신이 어떤 인상을 주는지 깨닫지 못하는 경우가 많다. 직장에서뿐만 아니라 집에서도 이렇게 행동할 것이다. 이런 사람들은 가족과 가깝지 않고 친구도 손에 꼽을 정도로 적다. 매사에 반대하는 유형이다. 오팔과 같은 사람이 팀에 있다면, 그런 태도가 팀의 사기에 어떤 영향을 미치는지 솔직하게 이야기하라. 놀랍게도 부정적으로 생각하는 사람의 상당수가 자신의 행동이 다른 사람에게 어떤 해를 끼치는지 전혀 알지 못한다. 이런 사람들은 현재의식상에서 긍정적인 생각을 함으로써 잠재의식에서 부정적인 기운을 밀어내는 방법을 배워야 한다.

제1부 3장을 다시 읽은 뒤 오팔과 같은 사람들이 부정적인 태도를 바꿀 수 있도록 도와주어라. 그럼 긍정적이고 자신감 넘치는 태도로 커리어뿐만 아니라 인생 전반에 임할 수 있다.

회사가 직원의 개인적인 고민을 돕는 이유

근로자 지원 프로그램EAP은 회사가 지원하는 상담 서비스다. 많은 회사는 직원의 개인적인 고민이 생산성을 낮춘다는 사실을 발견했고, 이를 해결하기 위해 근로자 지원 프로그램을 고안했다. 필요할 때마다 회사 외부에서 상담 전문가를 초빙한다. 근로자 지원 프로그램은 크게 두 가지 방법으로 진행된다.

첫 번째 방법은 직원이 사내 근로자 지원 프로그램에 참여하겠다고 자진해서 연락하는 것이다. 회사는 직원들에게 이메일, 사내 게시판, 사내 신문의 공지 사항, 회의, 가정에 보내는 안내문을 통해 사내 근로자 지원 프로그램에 대한 정보를 제공한다. 핫라인 전화번호가 적혀 있을 때도 있다.

거티는 누군가의 도움이 필요했다. 10대 딸과 쉬지 않고 말다툼하다 보니 신경이 날카로워졌고 화가 났으며 좌절했다. 그래서 일에 집중하지 못했고 동료들에게 버럭 화를 내기도 했다.

그녀는 근로자 지원 프로그램을 활용해서 '핫라인'에 전화를 걸었다. 상담사는 거티의 문제를 듣고 가족 전문 상담사를 소개해 줬다. 거티는 근무 시간 외에 상담 약속을 잡았다. 근로자 지원 프로그램은 근무를 빠지는 사유가 될 수 없다. 전체 절차가 기밀이기 때문에 거티가 상담을 받고 있다는 걸 회사는 모른다. 대부분의 경우 상담을 받은 사람의 이름조차 공개되지 않는다.

또 다른 방법은 상사가 직원 대신 근로자 지원 프로그램에 연락하는 것이다. 한 직원의 업무 성과가 최근에 낮아졌다고 가정해 보자. 직원이 책상 위에 가만히 앉아서 딴생각하는 게 상사의 눈에 들어온다. 직원에게 무슨 일이 있냐고 묻지만 "괜찮아요. 그냥 피곤해서요"라고 어깨를 으쓱하며 답한다. 여러 차례 대화를 나눈 결과 직원에게 가족 문제가 있다는 걸 알게 된다. 이 시점에서 상사는 회사의 근로자 지원 프로그램에 연락하는 게 어떻겠냐고 묻는다.

직원을 근로자 지원 프로그램에 보냈음에도 불구하고 진척이 없는 경우도 있다. 혹은 상담의 도움을 받아 문제가 해결되면서 직원의 업무 성과가 개선되기도 한다.

근로자 지원 프로그램을 운영하는 데는 큰 비용이 들지만 몇 년 동안 이 프로그램을 시행한 조직은 그만큼 값어치가 있다고 말한다. 근로자 지원 프로그램이 없었으면 회사를 떠났을 사람들의 퇴사를 방지하는 효과가 있다.

욱하지 않으면서 남의 일에 개입하는 법

테리는 능력 있는 사원이지만 가끔 욱하면서 화를 내고 동료에게 소리를 지른다. 금방 진정이 되지만 그의 행동은 팀 전체에 영향을 미칠 뿐더러 다시 마음을 잡고 업무에 집중하는 데 다소 시간이 걸린다.

소리를 지르고 고함을 치는 환경에서 일하는 건 쉽지 않다. 이는 업무에 관련된 사람뿐만 아니라 관련 없는 사람의 업무에까지 영향을 미친다. 이후 직원들은 몇 시간 동안 능력을 최대한으로 발휘하지 못할 수 있다. 이런 상황은 용납할 수 없다. 일반적으로 관리자 또는 리더가 이런 상황에 책임을 져야 하지만, 때로는 공식적인 조치를 취하지 않고도 신뢰할 수 있는 동료의 도움을 받아 해당 직원을 진정시킬 수 있다.

욱하는 사람을 대할 때 참고할 몇 가지 방법을 소개하겠다.

- 직원이 일단 진정됐다고 판단되면 관리자나 직급이 높은 직원 또는 인사과 직원은 마음을 툭 터놓고 솔직하게 이야기해야 한다. 기분을 조절하는 게 쉽지는 않다는 걸 알지만 직장에서 그런 짜증은 용납되지 않는다는 점을 지적하라.
- 또 욱하면 진정할 수 있을 때까지 사무실 밖으로 내보내야 한다. 다음에도

감정을 조절하지 못하면 징계 조치를 받을 수 있다는 것을 알려라.
- 지적했을 때 상대방이 울거나 욱하기 시작하면 자리를 뜨라. 10분 정도 기다린 후 다시 대화를 시도하라. 상대방에게 이런 지적이 인신공격이 아니라 상황을 바로잡는 수단이란 걸 확실히 해야 한다. 사무실은 이런 면담을 진행하기에 좋은 장소가 아니라는 점을 주의한다. 화가 난 사람을 사무실에 두는 것은 좋지 않다. 분노해서 사무실 분위기를 망쳐놓을 수 있기 때문이다. 사무실 대신 회의실을 사용하라. 물론 물리적으로 방해하는 직원은 사무실 밖으로 나가게 한 후 징계 조치를 내려야 한다.
- 계약 해지는 꺼내 쓸 수 있는 마지막 카드다. 자주 욱하는 사람을 직원으로 둬서는 안 된다. 관리자는 회사 정책과 조합의 규약을 따라야 한다.

흥분함으로써 상대방에게 쾌감을 주지 마라

다른 사람의 실수를 발견했을 때 엄청나게 기뻐하는 동료와 일해 본 적 있는가? 우월함을 드러내고 싶어서 동료가 실수하기만을 기다리는 사람들이 있다. 이런 사람들은 독창적인 아이디어나 건설적인 제안을 할 수 없기 때문에 동료든 상사든 다른 사람의 오류를 잡아내면서 쾌감을 느낀다. 다른 사람을 당황하게 하고 불편한 상황을 만든다.

눈에 불을 켜고 나의 실수를 잡아내려는 사람이 있다면 그에게 쾌감을 선사하지 마라. "아이고, 큰 실수를 했네!"라는 식으로 재치 있게 받아치거나 미소를 지으면서 "큰 문제가 되기 전에 알려주셔서 감사합니다"라고 말하라. 내가 그들의 계략에 넘어가지 않는다는 걸 알게 되면 다른 사람에게 눈을 돌릴 것이다.

불행한 사람들과 함께 일하기

어떤 조직이든 행복하지 않은 사람이 한 명 이상 있을 가능성이 크다. 집이나 직장에서 자기가 원하는 대로 일이 풀리지 않을 때가 있고, 이는 업무를 수행하고 다른 직원과 상호작용을 하는 방식에 영향을 미친다. 관리자는 이런 가능성에 주의를 기울이고 시간을 들여 직원과 대화를 나눠야 한다. 문제에 관해 이야기할 기회를 주면 종종 긴장감이 완화된다. 문제가 해결되지 않더라도 마음이 누그러지고 정상적으로 일을 할 수 있게 된다.

하지만 인생에서 불행한 사람들은 언제나 존재할 것이다. 이런 사람들은 업무에 만족하지 못하는 경우가 많다. 그들의 요구 사항을 다 들어주고 불만을 해결해 줘도 만족하지 못한다. 그들은 부정적으로 행동함으로써 다른 사람에게 자신이 불행하단 걸 보여준다. 예를 들어 휴가 일정 변경을 요청한 게 거부되면 화를 낼 것이다. 그리고 자신이 화났다고 공공연하게 또는 미묘하게 표현할 것이다.

하지만 모든 사람을 만족시킬 수는 없다. 불공평한 대우를 받았다고 믿는 사람들의 사기를 높이려면 전략과 인내가 필요하다. 관리자는 결정을 내릴 때 그 이유를 설명해 줌으로써 누군가가 불공정하게 느낄 만한 상황을 피할 수 있다.

휴가 일정을 바꾸려던 직원의 예로 돌아가 보자. 몇 달 전부터 회사는 휴가 일정을 짰고 한 직원이 휴가 일정을 바꾸면서 두 명이 동시에 휴가를 쓰게 되었다. 한 번에 한 명 이상이 휴가를 갈 수 없다는 걸 명확히 해야 한다. 또는 휴가 일정 변경 요청이 거부되어 언짢아하는 직원에게 다른 사람과 일정을 바꾸는 게 어떻겠냐고 제안할 수도 있다.

불만으로 가득 찬 동료를 다루는 것은 부하 직원을 다루는 것보다 더 복잡하다. 왜냐하면 나에겐 상황을 바로잡을 실질적인 힘이 없기 때문이다. 문제를 해결하는 방법은 상대방의 말에 귀를 기울여 주고 공감해서 상황을 받아들이도록 하는 것이다. 마음을 터놓고 솔직한 대화를 나누는 게 가장 도움이 될 때도 있다. 특히 대화하는 사람이 좋은 친구이거나 공감해 주는 동료일 때 그렇다.

에바는 그런 사람이었다. 사람들은 회사에서 에바를 엄마처럼 따랐다. 동료들은 사적인 문제뿐만 아니라 일 문제가 있을 때도 에바를 찾아왔다. 에바는 경청 능력이 뛰어났다. 항상 문제를 해결해 주지는 못했지만 걱정을 터놓을 기회를 마련했다. 문제를 조심스럽게 다룰 수 있도록 도와주기도 했다.

명상이나 기도에 의지하는 사람도 있다. 라인홀드 니부어 박사의 평온을 위한 기도는 수많은 사람에게 도움이 되었다.

"하나님, 제가 바꿀 수 있는 것은 바꿀 수 있는 용기를 주시고, 바꿀 수 없는 것에 대해서는 받아들일 수 있는 인내를 주시고, 그 둘을 분별할 수 있는 지혜를 허락해 주십시오."

부정적인 기운을 내뿜는 사람과 마찬가지로, 자존감이 부족하면 행복한 삶을 살 수가 없다. 부하 직원이든 동료든 다른 사람을 돕는 건 더 높은 자존감을 개발하는 데 도움이 된다. 이 책의 제1부 2장에서는 자존감을 개발하는 일반적인 방법을 다양하게 소개한다.

매니저라면 실패가 아닌 성공에 초점을 맞춤으로써 다른 사람을 도울 수 있다. 대부분은 자기 자신을 싫어하지 않지만 일시적으로 자존감이 저하되어 자존감을 높여야 할 때도 있다. 슬럼프를 극복하지 못하면 더 심각한 결과가 발생할 수 있다. 대부분은 전문적인 치료가 필요하지 않고 스스로 이 위기에서 벗어날 수 있다.

자존감이 낮아지는 이유는 과거의 실패 때문이다. 커리어와 인생에서 성공과 실패를 경험하지 않은 사람은 없지만 실패에만 집중하다 보면 자존감이 낮아진다. 이럴 땐 과거에 이룬 성공을 떠올려보라. 다음 방법을 참고해 보자.

- 성공 파일을 만들어라(제2부 3장 참조). 불행해하는 직원이 있다면, 특별히 자랑스러운 업적을 파일에 기록하라. 파일을 쓰다 보면 과거에 성공했고 다시 성공할 수 있다는 것이 증명된다.
- 자존감이 낮은 직원이 성취할 때마다 긍정 강화를 통해 업무를 진척시켜 보자. 긍정 강화만큼이나 중요한 건 직원이 좋은 아이디어를 제안하거나 회의에 의미 있는 기여를 할 때 긍정적으로 반응해 주는 것이다. 자존감이 낮은 사람에게는 상사가 그들을 존중하고 믿고 있다는 것을 계속해서 상기시켜야 한다.
- 그들이 감당할 수 있는 과제를 주고, 성공할 수 있도록 추가된 교육과 코칭 및 지원을 제공하라. 성공의 맛을 보면 자존감은 높아질 수밖에 없다.
- 자신감과 자존심을 키울 수 있는 교육 프로그램을 수강하도록 제안해 보자. 영감을 주는 DVD나 책을 선물하라.

이와 같은 방법은 직원의 잠재의식에 긍정적인 사고를 강화하여 패배주의적 태도를 극복하는 기적을 일으킬 것이다.

조셉 머피의 미라클 노트

- 다른 사람에게 편견과 악의 경멸을 품는 한 그 사람도 나와 똑같은 감정을 품을 것이다. 왜냐하면 세계는 나의 기분과 태도의 메아리에 불과하기 때문이다.
- 관심을 끌고 싶어서 끊임없이 불만을 표할 수도 있다. 불만을 누그러뜨리려면 상대방에게 정기적으로 자신을 표현할 기회를 제공하라.
- 공감하라. 관리자라면 직원에게 마음속에 있는 모든 이야기를 들어줄 의향이 있음을 알려야 한다. 관리자가 아니더라도 동료들의 고민을 들어주면 큰 도움이 될 수 있다.
- 내 능력을 넘어서는 심각한 문제가 있는 경우 도움을 줄 수 있는 사람을 소개하라. 근로자 지원 프로그램은 이럴 때 도움을 줄 수 있다.
- 까다로운 사람들을 상대할 때는 상대방에게 반감을 품어 그들의 부정적인 에너지를 다시 돌려주고 싶은 유혹이 든다. 하지만 반감을 품으려면 먼저 그들의 부정적인 에너지를 흡수해야 하고, 흡수한 부정적인 에너지는 나 자신에게 안 좋은 영향을 끼친다.
- 부정적인 사람들을 대할 때는 그들의 주장을 인정해 주고 문제를 함께 해결해 나가자고 설득해서 프로젝트가 원활하게 진행되도록 하라. 더 큰 문제를 일으키는 걸 방지하고 그 사람이 해결책의 일부가 되도록 하라.

6
시간 관리는
더 많은 성취로 이어진다

"○○을(를) 할 시간이 충분하지 않다"라거나 "할 일이 너무 많다"라는 등의 백지수표를 쓰지 마라. 이러한 말을 하면 손실은 배가된다.

누군가 당신에게 와서 "매일 8만 6400달러를 주겠습니다. 하지만 그 돈을 매일 꼭 다 써야 합니다"라고 말했다고 가정해 보자. 매일 더도 말고 덜도 말고 8만 6400달러씩 받는다. 보관하거나 저금할 수는 없지만 너무나도 멋진 선물 아닌가?

사실 우리 모두는 매일 비슷한 선물을 받는다. 매일 8만 6400초를 받는 것이다. 이 선물은 매일 사용해야 한다. 보관하거나 쌓아둘 수 없다. 시시한 일을 하는 데 쓸 수도 있고 아무 일을 하지 않을 수도 있다. 마음을 가꿀 수도 있고 일하거나 놀 수도 있다. 친구 또는 가족과 시간을 보내거나 다른 사람들을 돕는 데 쓸 수도 있다. 이 선물을 현명하게 사용하라. 시간은 우리에게 주어진 선물이다.

전구를 바꾸듯 시간을 관리하라

우리 자신에게 시간을 관리하는 능력이 있다는 걸 모르는 사람이 많다. 평생을 시골구석에서 살아온 한 여인이 있었다. 지금보다 더 큰 마을로 이사했는데 새집에 전기가 들어오는 것을 보고 깜짝 놀랐다. 그녀는 전기에 대해 아무것도 몰랐고 한 번도 전깃불을 본 적이 없었다. 전구가 빛나는 집이 매우 신기했다.

어느 날 한 남자가 새로운 전구를 팔러 왔다. 60촉광 밝기의 전구를 보여주겠다며, 잠시 전구를 바꿔 끼워도 되겠냐고 물었다. 그녀는 알겠다고 했다. 전구에 불빛이 들어오자 온몸이 얼어붙었다. 그렇게 작은 전구에서 어쩌면 햇빛 같은 강렬한 빛이 나올 수 있는지, 꼭 마법을 보는 것만 같았다. 그녀는 빛의 원천이 언제나 자기 집에 있었다는 것을 몰랐다. 분명 같은 전류가 흐르고 8촉광의 은은한 불만 들어오던 곳인데 갑자기 집 안이 환해졌다.

이 글을 읽으면서 여성의 무지에 안타까워하며 미소 짓고 있는가? 하지만 대다수는 자신의 능력에 대해 이 여성보다 훨씬 무지하다. 우리는 조그만 8촉광 전구로 불을 밝히면서 인생을 살아간다. 주어진 능력을 마음껏 발휘하고 표현할 수도 있는데도 8촉광의 빛만 낼 수 있는 운명이라고 믿는다. 무한한 전류가 영원히 나를 감싸고 삶을 상상할 수 없을 정도의 빛으로 물들게 하리라고는 꿈도 꾸지 못한다.

더 큰 전구를 꽂으면 더 많은 양의 전류가 무한하게 공급된다. 수백만 촉광을 밝힐 수 있는 전류가 방 안에 흐르는데도 내가 사용하는 전선은 아주 얇은 나머지 매우 적은 양의 전류만 흘러 낮은 촉광의 전구를 밝힐 뿐이다. 전류는 무한하게 흐르고 넘칠 정도로 공급되고 있다.

이 전류를 끌어다가 쓰는 것은 나의 몫이다.

내 시간은 전류와 같다. 다수는 8촉광 전구에 만족한다. 하지만 내 안에는 시간을 훨씬 더 효과적으로 사용할 수 있는 잠재력이 있다. 더 밝은 전구로 바꾸면 빛이 강해지듯이 시간을 관리하는 법을 바꾸면 인생에서 더 많은 일을 성취할 수 있다.

목표 달성을 위해 우선순위를 정하라

시간 관리를 잘하려면 먼저 목표를 수립해야 한다. 정해진 시간 내에 무엇을 달성하고 싶은지 생각해 보자. 안타깝게도 목표 지향적이기보다는 행동 지향적인 사람이 많다. 어떤 결과를 추구하는지보다는 지금 당장 어떤 행동을 해야 할지만 생각한다.

목표에 기한을 설정하면 해당 시간 내에 무엇을 달성해야 하는지가 중요해진다. 목표를 명확하게 파악한 후에는 시간을 계획하라. 목표를 달성하는 데 가장 중요한 일에 우선순위를 두어라. 무엇을 먼저 할지 고민이 되는가? 위급한 상황으로 즉각적인 조치가 필요한 게 아니라면 목표를 달성하기 위한 활동이 최우선순위가 되어야 한다.

앤드루 카네기는 카네기 철강의 후계자로 찰스 슈바프를 지명했다. 훗날 베들레헴 철강 대표가 된 찰스 슈바프는 시간 관리하는 법을 어떻게 배웠는지 다른 사람에게 즐겨 이야기하곤 했다.

슈바프는 경영 컨설턴트 아이비 리에게 조언을 구했다. 아이비 리는 J. P. 모건, 존 록펠러, 듀폰 가家 등 많은 저명 인사를 고객으로 둔 선구적인 컨설턴트였다. 슈바프가 리에게 말했다.

"시간을 관리하는 방법을 이론적으로는 아는데 잘 안 됩니다. 시간을 관리하는 방법이 아니라 시간 관리를 실천하는 방법을 알고 싶습니다. 실천에 옮기는 방안을 알려주신다면 조언에 귀 기울이고 원하는 만큼의 돈을 지불하겠습니다."

"좋습니다. 지금 당장 행동으로 옮기는 방법을 알려드리지요. 적어도 반 이상은 행동으로 옮길 수 있을 겁니다."

리는 슈바프에게 다음 날 해야 할 가장 중요한 일 여섯 가지를 나열한 뒤 중요도순으로 숫자를 매기라고 했다.

"내일 아침에 출근해서 1번에 적은 일을 하십시오. 1번 작업을 시작한 후 완료하기 전까지 다른 일을 시작하지 마십시오. 그런 다음 2번, 3번으로 차례차례 넘어갑니다. 그렇게 퇴근 시간까지 일해보세요. 두세 가지 일만 끝냈더라도 걱정하지 마십시오. 가장 중요한 일을 했으니까요. 다른 건 좀 늦어도 괜찮습니다.

매일 퇴근 전 5분은 다음 날 목록을 작성하는 데 쓰십시오. 오늘 끝내지 못한 일들을 나열하고 새로 해야 할 일들을 추가하십시오. 우선순위에 따라 다시 배치합니다. 새롭게 생긴 일이 계획한 일보다 더 중요해서 계획한 일이 목록 하단으로 밀려날 수도 있습니다. 계획한 일이 계속 우선순위에서 밀려난다면 내가 해야 할 만큼 중요하지 않은 일이라는 뜻입니다. 그러니 하지 말거나 다른 사람에게 위임해야 합니다.

이 방법을 썼는데 며칠이 지나도 해야 할 일을 마치지 못했다면 다른 어떤 방법을 써도 해결 못 할 일입니다. 중요 순위를 정하지 못했다는 뜻이니까요. 이 방법에 확신이 든다면 다른 직원들도 따라 하게 하세요. 원하는 만큼 시도해 본 뒤 느낀 만큼의 가치를 수표에 적어서 저에게 보내주시면 됩니다."

면담은 25분간 진행됐다. 2주 후 슈바프는 리에게 2만 5000달러짜리 수표를 보냈다.

이 방법이 효과가 있었을까? 그로부터 5년 만에 슈바프는 베들레헴 철강이라는 회사를 창립했고 전 세계에서 가장 크고 독자적인 철강 제조업체로 거듭났다. 그리고 백만장자가 되었다. 슈바프는 이것이 지금까지 배운 교훈 중 가장 유용한 교훈이라고 강조한다.

중요 목록을 작성하고 따르라

아이비 리의 조언을 따라보자. 우선순위를 정하고 고수하라. 우선순위를 정하는 것은 효과적인 시간 관리의 필수 요소다. 하고 싶은 것을 모두 적은 중요 목록을 작성하는 일부터 시작하자.

일단 중요도는 생각하지 말고 떠오르는 일들을 나열해 보라. 종이 낱장에 급하게 쓰기보다 이루고 싶은 일을 노트에 차근차근 써라.

매일 중요 목록을 검토하고 대규모 프로젝트를 관리 가능한 부분으로 쪼개라. 우선순위를 정하라. 오늘 해야 할 일, 미뤄도 되는 일, 위임해도 되는 일. 오늘 할 일의 목록을 작성하고 그 주의 목록을 임시로 작성하라. 나중으로 미뤄도 되는 일은 월간 일정표에 적어놓는다.

목표를 달성하는 데 무엇이 가장 중요한지, 그날의 할 일 목록을 평가하라. 일의 시급성뿐만 아니라 목표를 이루면 얼마나 가치가 있을지를 고려해서 할 일 목록을 세워야 한다.

이 절차를 의식적으로 따르다 보면 잠재의식이 조건화되어 시간 중심으로 일상 활동을 계획할 수 있다.

하루 동안 활력이 넘치는 때는 사람마다 다르다. 일반적으로 언제 에너지가 많은지 생각해 보자. 아침에 효율이 높은 사람이 있고 낮에 일이 잘되는 사람이 있다. 식사 직후에 집중이 잘되는 사람이 있는가 하면, 어떤 사람은 식사 후에 한 시간 동안은 무기력하다. 에너지가 많은 시간에 어렵고 복잡한 일을 하도록 계획해 보자.

어디에 시간을 낭비하는지 파악하라

자신이 시간을 어떻게 쓰는지 알고 있는가? 대부분은 시간을 어디에 쓰는지 막연한 개념만 가지고 있다. 수많은 사람에게 질문을 던져 보았으나 어떤 이들은 자신이 어떻게 시간을 쓰는지 생각해 보지 않았다고 했다.

사람에게는 시간을 효율적으로 활용할 수 있는 천부적인 능력이 있다. 그리고 몇몇 사람들은 자신이 어떻게 근무 시간을 쓰는지 기록하기 위해 근무 일지를 작성한다.

바빠 죽겠는데 어떻게 근무 일지를 쓸 시간이 날지 의문이 들 수도 있다. 적는 게 지루할 때도 있고 시간이 부족할 때도 있을 것이다. 그뿐만 아니라 근무 일지에 기록하기 적절하지 않은 활동에 참여할 때도 있을 것이다. 현실적으로 그런 상황에서는 업무 진행 상황에 집중해야 한다. 그날 한 일을 근무 일지에 기록하지 못했을 경우에는 시간이 날 때 바로 작성하라.

계속해서 근무 일지를 쓰지 않아도 된다. 약 2~3주 동안 최소 3~4일간 근무 일지를 써보면 시간을 어디에 쓰는지 파악할 수 있다. 그런 다음 일지를 살펴보면서 내가 시간을 어떻게 쓰는지 분석해 보자.

내가 어디에 시간을 낭비하는지 살펴보면 낭비하는 습관을 고치는 건 쉽다. 물론 고치기 쉬운 일도 있고 어려운 일도 있지만 말이다.

종일 일할 계획을 세웠다고 치자. 모든 일정을 완벽하게 짰다. 그런데 하루가 이미 지나가 버린 뒤에 내가 계획했던 일 중 일부만 끝냈다는 걸 깨달았다. 도대체 어디에 시간을 쓴 걸까?

중요 목록에 적혀 있는 프로젝트를 끝내려는 의도는 다분했지만, 일을 시작하려고 하니 시간을 뺏어 가는 성가신 문제들이 생겼다. 그런 일이 수십 개나 된다. 근무 일지를 검토하면 시간을 가장 많이 뺏어 가는 일이 무엇인지 파악할 수 있고, 어떻게 하면 시간을 최대로 확보할지 해결책을 떠올릴 수 있다.

무엇이 일의 흐름을 끊는가?

아마도 일의 흐름이 끊기는 가장 빈번한 경우는 부하 직원이 문제가 생겼다며 살펴봐 달라고 부탁할 때일 것이다. 특히 더 자주 방해하는 직원이 있다. 이 사람들은 스스로 해결책을 찾아내려고 하지 않고 사소한 문제를 가져온다. 누군가 업무 흐름을 끊을 때마다 그 사람의 이름, 문제나 질문의 유형 그리고 소요 시간을 기록해 보자. 이 기록을 주기적으로 검토해 보면 주로 누가 시간을 뺏는지, 어떤 문제를 해결해 달라고 가져오는지 파악할 수 있다.

이런 문제 중에는 나의 조언과 의견, 지시가 있어야 직원이 계속해서 일을 할 수 있는 중요한 문제들도 섞여 있다. 하지만 직원 스스로 처리해야 할 일을 나에게 가져오는 경우가 다반사다.

제너럴 일렉트릭의 전 최고경영자이자 세계적인 경영인으로 손꼽히는 잭 웰치의 이야기다. 부하 직원들은 스스로 해결해야 하는 문제를 잭 웰치에게 가져오곤 했다. 잭 웰치가 물었다.

"어떻게 해야 할까요?"

어떻게 해야 할지 해결책을 다시 물으니 직원들은 한 번 더 생각해보게 되었다. 얼마 지나지 않아 부하 직원들은 그의 결정이 꼭 필요한 경우가 아니면 찾아오는 걸 멈췄다. 웰치의 방법을 따르자. 문제가 발생하면 어떻게 처리할 수 있는지에 대한 방안을 하나 이상 내놓아야 한다고 말하라. 이렇게 말하면 직원들은 더 철저하게 해결책을 생각하게 되므로 당신은 방해받지 않으면서 문제를 해결할 수 있을 것이다. 꼭 당신에게 말을 걸어야 할 때도 시간을 훨씬 단축할 수 있을 것이다.

《포천》 선정 500대 기업의 최고경영자 중 한 명은 끊임없이 문제를 들고 와서 질문을 하는 직원들 때문에 짜증이 났다. 그래서 너무 급한 일이 아니라면 5시까지 질문을 보류하라고 지시했다. 매일 5시가 되면 사무실 문을 열고 직원들의 문제를 처리해 주었다. 그러자 직원은 퇴근 시간에 가까워질 때까지 기다리기보다는 스스로 해결하기 시작했다.

사적 대화는 최소화하라

책상에 앉아 일에 집중하고 있는데 전화벨이 울린다. 업무상 질문이 있다는 동료의 전화다. 하지만 바로 업무 이야기를 하는가? 일반적으로 그렇지 않다. 본론으로 넘어가기 전에 날씨나 주말, 휴가 계획에 관해 이야기할 것이다. 만약 전화를 건 사람이 업무 이야기만 한다면 시간을 대폭 단축할 수 있겠지만 사적 대화가 대인관계에 도움이 되는 것도 사실이다. 약간의 사적 대화는 더 즐거운 업무 환경을 만들고 협업과 팀워크에도 도움이 된다.

그러나 업무 외 개인적인 대화는 최소한으로 하는 게 좋다. 다른 사람이 업무와 관련 없는 이야기를 길게 지속한다면 정중하게 말하라. "그 이야기를 더 듣고 싶지만 지금 당장 처리해야 할 서류가 산더미라서요"라고 말한 다음 바로 업무 이야기로 넘어가라.

통화는 간략하게 하라. 전화를 받기 전에 무슨 이야기를 할지 계획하라. 다루고 싶은 핵심 주제를 나열하고 핵심 내용에 관해 이야기를 나눴다면 체크 표시를 하라. 일정이 바쁜 어느 임원은 5~10분 후에 회의에 들어가야 한다는 말로 통화를 시작하면서, 통화를 간략하게 해달라고 요청한다. 필요한 경우 전화 대신 이메일로 보내달라고 말하라.

원치 않는 방해꾼을 막는 법

업무량이 많은 직장에서 근무하는 경우 다른 직원이 대화를 나누기 위해 사무실로 들어올 가능성이 크다. 대부분은 일과 관련된 이야기지만 친교를 위한 경우도 종종 있다. 동료가 내 자리에 놀러 오면 단조로운 업무에서 잠시 해방되고 동료와 더욱 가까운 관계를 발전시키는 데 도움이 되지만 시간을 뺏길 수도 있다.

다른 동료가 내 자리를 방문하는 건 최소한으로 하라. 잡담을 나누기 위해 습관적으로 놀러 오는 동료가 있다면 매너를 지키면서 최대한 빨리 자기 자리에 돌아가도록 유도하자.

영업 사원 등 초대하지 않은 사람이 사무실에 방문하는 경우 사무실 대신 로비에서 만나자. 제품 또는 서비스에 관심이 없는 한 영업 사원을 사무실로 들여서는 안 된다. 로비에서 회의하면 몇 분 안에 마무리될 수 있는 일도 사무실 안으로 들이면 영업 사원을 내보내기가 훨씬 더 어려워질 수 있다.

다른 방법은 누군가가 사무실을 방문했을 때 서서 대화하는 것이다. 그 사람이 더 머물기를 원하는 경우에만 앉으라고 말하라. 매일 아침 출근 후 한 시간을 '나만의 시간'으로 설정하는 것도 방법이다. 문에 '방해 금지'라고 표시하고 모든 전화 응답을 음성 사서함으로 돌려놓아라. 부하직원에게 아침 한 시간은 나만을 위한 시간이며 진짜 급한 일이 있지 않은 한 방해하지 말라고 알려라. 만약 가능하다면 상사에게도 알리고 승인받아서 상사도 그 시간에 방해하지 못하게 한다. 한 시간에 얼마나 많은 일을 할 수 있는지 깨달으면 깜짝 놀랄 것이다.

나를 위한 시간을 확보하라

우리 모두에게는 개인 생활이 있다. 가정이나 직장과 관련되지 않은 활동이나 나 자신을 위한 시간이 필요하다. 일에 너무 압도되지 않도록 하라.

캘리포니아주 산타모니카의 제프 와인스타인은 고객들이 자신이 원하는 햄버거를 주문할 수 있는, 패스트푸드 체인점인 카운터를 설립해서 큰 성공을 거뒀다. 체인점이 늘어나면서 와인스타인은 1년 365일

쉬는 날 없이 24시간 일에만 몰두하게 되었다. 자기 자신과 가족을 위한 시간은 없었다. 그는 개인 시간을 낼 수 있도록 계획표를 세우고 예산을 배정하며 일거리를 집으로 가져오지 않으려고 노력했다. 그러나 이 모든 시도도 아무 소용이 없었다. 그러다 갑자기 이런 생각이 들었다.

'버거도 고객의 입맛에 맞게 주문 제작할 수 있는데, 내 시간이라고 그러지 못할까?'

그는 일과 일 사이를 매끄럽게 연결하는 걸 효율적인 시간 관리 요령으로 꼽았다. 와인스타인의 일과는 자기 자신을 위해 무언가를 하는 것으로 시작된다. 출근하기 전에는 헬스장에 간다. 사무실에는 더 늦게 도착하지만 기분이 좋아져서 동료들에게 더 친절하게 대하고 그 결과 부서 전체의 업무 생산성이 향상되었다. 직업적인 성취가 늘었고 가족과 함께 즐길 시간이 많아졌다.

나 자신에게 더 많은 시간을 투자할 수 있는 또 다른 방법은 평소에 하던 일을 다른 사람에게 위임하는 것이다. 업무량을 분석해 보면 부하 직원들이 충분히 할 수 있는 일인데도 자신이 맡아서 하는 걸 발견하게 될 것이다. 비록 진정으로 그 일을 즐기고 있다고 하더라도 다른 사람들이 그 일을 하도록 내버려 두는 것이 훨씬 더 효율적이다. 일을 효과적으로 위임하는 방법은 제2부 1장을 참고하라.

거절하는 걸 두려워하지 마라

직장인들에게서 가장 자주 듣는 불평은 자신이 일을 너무 많이 한다는 것이다.

"이제 막 숨을 돌리려고 하는데 상사가 다른 프로젝트를 맡겼습니다. 어떻게 해야 합니까?"

나에게 주어지는 업무를 모두 받아들일 필요는 없다. 상사는 내가 하는 일 전부를 파악하지 못할 때가 많다. 그러니 화를 내거나 기분이 상해서는 안 된다. 차분하게 지금 하는 일에 대해 말하고 일의 우선순위를 정하는 걸 도와달라고 부탁하라. 그러면 상사는 덜 중요한 일을 그만하라고 하거나 새로 맡긴 일을 다른 사람에게 배정할 수도 있다.

바쁜데 일을 부탁하는 건 상사만이 아니다. 동료가 도움을 청할 수도 있다. 내가 회원으로 있는 모임이나 단체에서 임원을 맡아달라고 부탁받을 수도 있다. 이런 요청을 받아들이거나 거절하기 전에 얼마나 많은 시간이 걸릴지 생각해 보라. 정말 더 중요한 일들을 하느라 바쁘다면 정중하게 거절하라.

일을 빨리 하는 게 시간 관리는 아니다. 시간을 관리한다는 건 일을 급하게 처리해야 한다는 의미는 아니다. 길고 꾸준한 노력을 할 때만 진정한 성취를 이룰 수 있다. 인내심이 부족한 사람이 많다. 모든 것을 당장 해낼 수는 없다. '기다릴 수 없다'는 문구가 광고나 학교, 사회 도처에 보일 만큼 참을성이 부족한 게 이 시대의 특징이다.

조셉 머피의 미라클 노트

- 중요 목록을 만든 후 우선순위를 정하고 우선순위를 고수하라.
- 매일 나를 위한 시간을 한 시간씩 내라. 그 한 시간 동안에는 방해받지 않고 집중할 수 있어야 한다. 이 시간 동안 일정을 검토하고 우선순위에 맞춰 일을 처리하라.
- 하루를 잘 설계해서 가장 활력이 넘칠 때는 어려운 일을 처리하고 활력이 떨어질 때는 덜 중요한 일을 처리하라.
- 다른 사람에게 위임하라. 덜 중요한 일을 위임함으로써 더 중요한 일에 신경 쓸 수 있다.
- 거절하는 법을 배워라. 시간은 한정적이기에 전략적으로 거절하는 법을 배우면 목표를 달성하는 데 도움이 될 것이다.

7
설득력이 경쟁력이다

커리어를 비롯해 인생의 여러 방면에서 나의 아이디어를 다른 사람에게 설득해야 할 일이 종종 있을 것이다. 성공하기 위해서는 영업 사원처럼 생각해야 한다. 성공적인 영업 사원이 사용하는 기법을 연구하고 적용하면 설득력이 커진다.

과학적으로 판매하는 기법 중 가장 중요한 것은 설득이다. 고객은 영업 사원과 정반대의 마음을 가질 때가 많다. 고객은 상품을 구매할 생각이 없거나 상품을 사지 않기로 마음먹는다. 영업 사원의 말에 영향을 받지 않으려고 노력하며 설득에 넘어가지 않으려고 안간힘을 쓴다.

하지만 얼마 지나지 않아 기분 좋게 물건을 구매한다. 값을 지불하며 정말로 그 물건을 원한다고 느낀다. 설득의 기술이 손님의 태도를 완전히 바꾼 것이다.

판매의 기술에는 논리적인 단계가 있으며, 각 단계를 성공적으로 수행했느냐에 따라 결과가 달라진다.

설득력 있는 사람이 되는 법

음악과 예술에 대한 재능을 타고난 사람이 있는 것처럼 다른 사람을 설득하는 능력을 갖추고 태어난 사람도 있다.

타인을 설득하는 능력이 천부적으로 뛰어난 사람도 있지만, 대부분은 훈련을 통해 설득에 필요한 기술을 습득할 수 있다. 운동, 연설, 비즈니스 등 많은 분야에서 재능을 가지고 태어났지만, 재능을 계발할 기회가 없었던 사람들도 훈련을 받으면 전문가와 같은 실력을 갖출 수 있다.

판매가 저조하거나 실적이 나쁜 걸 '운이 안 좋았다'라고 간주하지 마라. 판매나 경영의 과학을 모르기 때문에 생기는 일이다. 비즈니스는 과학과 같다. 정직하고 진지하며 결단력이 있는 사람은 전념하고자 하는 마음만 있다면 전문가가 될 수 있다.

설득하는 능력이 필수인 직업이 있다. 바로 '판매'다. 제품이나 서비스가 아니라 아이디어를 다른 사람에게 판매할지라도 자기 자신을 영업 사원이라고 생각하라.

설득하는 능력이 있는지 알아내려면 내가 어떤 재능이 있는지 분석하는 게 먼저다. 하지만 인간은 플라스틱과 같다는 것을 염두에 두어야 한다. 다른 사람이 원하는 대로 또는 내가 원하는 대로 나 자신을 빚어 나갈 수 있다. 특히 청소년기에는 더더욱 그렇다.

영업에 재능이 없더라도 후천적으로 습득할 수 있다. 적절한 영업 교육을 받으면, 즉 다른 사람의 마음을 읽고 관찰하고 경청하는 법을 배우고 연습하면 능력을 계발해서 훌륭한 영업 사원이 될 수 있다.

먼저 상대방의 주의를 끌어라

다른 사람을 설득하여 제품이나 서비스를 구매하게 하거나 아이디어를 받아들이게 하려면 먼저 상대방의 관심을 끌어야 한다. 그렇지 않으면 아무도 나의 말에 귀를 기울이지 않을 것이다. 내가 말하는 것에 주의를 기울이지 않는 사람의 관심을 받는 건 어렵다. 하지만 내가 원하는 바를 설득하기 전에는 반드시 관심을 끌어야 한다.

함께 일하는 사람을 대할 때는 그 사람이 관심을 가질 만한 것을 언급함으로써 관심을 끌 수 있다. 일부러 관심을 끌기 위해 사소한 일들에 대해 말할 필요는 없다. 그 상황과 직접적으로 관련된 질문을 하거나 의견을 내비치는 게 가장 중요하다. 예를 들어 새로운 장비를 평가하는 위원회 일을 하도록 동료를 설득하고 싶다면 장비가 자주 고장난다는 이야기로 관심을 끌 수 있을 것이다.

내가 파는 물건에 거부감이 있는 사람들의 관심을 끌기 위해서 극적인 행동을 해야 할 때도 있다. 1990년대 초 콘티넨털항공은 미국 10대 항공사 중 고객 서비스 부문에서 최하위를 기록했다. 탑승권 글자 색부터 절취선을 접는 법 하나하나까지 절차가 정해져 있었다. 규정집에 명시되어 있는 규칙을 준수하는 것이 창의적인 결정을 내리는 것보다 더 중요했다. 하지만 고객 서비스 부문에서 꼴찌를 기록하자 더 이상 낭비할 시간이 없었다. 콘티넨털항공의 최고경영자 고든 베튠은 직원들이 보는 앞에서 드럼통에 규정집을 집어넣고 휘발유를 부은 뒤 불을 질렀다. 규정집을 태웠다는 소문이 불붙듯이 퍼져 나갔다. 콘티넨털항공은 직원들의 사기를 진작시켜 성공으로 향하는 재도약의 길을 걸었다.

꼭 이렇게 극적으로 주목받을 필요는 없다. 핵심적인 질문을 던지는 게 필요할 때도 있다. 내가 문제의 해결책을 가지고 있다는 걸 암시하는 듯한 질문을 던지면 상대방의 관심을 끌 수 있다. 달린은 부서에 유연 근무제 프로그램을 도입하고 싶어 했다. 그래서 상사에게 다음과 같이 질문했다.

"부서의 생산성이 낮아 골치 아프시지요? 바로 사무직 직원을 채용하기 어렵기 때문입니다. 숙련된 직원을 끌어들이는 방법이 있는데 혹시 알고 싶지 않으세요?"

상사가 할 수 있는 유일한 반응은 "네"였다. 상사의 관심을 끄는 데 성공한 달린은 자신의 주장을 고려해 달라고 부탁할 수 있었다.

주목을 받는 또 다른 방법은 창의력을 발휘하는 것이다. 여행용품 업체 트래블스미스의 여성 의류 라인 책임자 내털리 칼슨은 다음과 같은 질문을 던짐으로써 상사의 주의를 끌었다.

"옷장에서 가장 필수적인 아이템이 뭔지 여자들에게 물어보세요. 아마 장식이 없는 짧은 검정 원피스라고 대답할 거예요."

트래블스미스의 공동 최고경영자인 스코트 스클라는 검정 원피스가 자사 상품으로 적합하지 않다고 생각했다. 하지만 칼슨의 생각은 달랐다. 칼슨은 남편이 파리에서 일하고 있었기 때문에 자주 파리에 들렀고, 자신의 말이 맞는 걸 알고 있었다. 세련된 파리 여성들이 참석하는 디너파티에서 미국 스타일로 편하게 입을 수 있는, 주름이 지지 않는 완벽한 검정 원피스를 찾아보았지만 찾을 수 없었다. 그래서 직접 몸에 들어맞는 여행용 검정 원피스를 개발했으며 이 원피스가 유용하다는 것을 직접 보여주었다.

스클라는 경청했고 설득당했다. 주름이 지지 않는 여행용 검은색 드레스는 그 이후로 판매 목록에서 1위를 차지했고 내털리 칼슨은 상품

부문 부사장으로 승진했다.

지성보다 중요한 감성

주의를 끈 다음에 해야 할 일은 상대방이 나의 제안에 큰 관심을 가게 하는 것이다. 내가 제안하는 아이디어를 받아들이고 싶은 마음이 들어야 한다. 일단 그런 마음이 들면 아이디어가 받아들여질 확률이 높다. 이렇게 하려면 머리가 아닌 가슴에 호소해야 한다.

원하는 것에 대해 이야기하는 것만으로는 절대 이 아이디어를 받아들이겠다는 욕구가 일어나지 않는다. 먼저 상대방이 진정으로 원하는 것이 무엇인지 탐색해야 한다. 저 사람에게 중요한 것은 무엇일까? 무엇이 그의 이목을 끌까? 이 질문에 대한 답변을 얻으려면 그 사람의 말에 진정으로 귀를 기울여야 한다. 대화하면서 그 사람의 실제 관심사를 파악할 수 있는 미묘한 힌트를 알아챌 수 있도록 노력하라. 그 사람이 원하는 바에 맞게 나의 의견을 조정하면 승리할 수 있다.

최근에 몇몇 친구들과 함께 연봉이 급격하게 오른 어느 영업 사원에 관해 이야기한 적이 있다. 그를 아는 사람들은 모두 감탄했다. 친구의 말을 빌리자면 그 영업 사원은 남을 설득하는 능력이 놀라울 정도로 뛰어났다. 그와 이야기를 나누면 마음을 바꾸게 되고 고객은 그의 관점에서 사물을 볼 수 있었다. 친구는 영업 사원만큼이나 다른 사람의 생각을 놀라울 정도로 바꾸는 사람을 만난 적이 없다고 말했다. 영업 사원은 이렇게 말했다.

"다른 사람이 나의 시각으로 사물을 보게 하는 힘이 바로 판매의 본

질입니다."

어떻게 그렇게 할 수 있었을까? 그는 잠재 고객을 찾고 상대방이 무슨 생각을 하는지 파악했다. 잠재 고객의 생각에 실제로 영향을 미칠 수 있는 것은 무엇일까 궁리했다. 상대방의 말을 경청하고 표정과 보디랭귀지를 관찰하여 마음을 움직이는 핵심 요인을 공략했다.

"핵심 요인은 대부분 실용적인 면보다는 감정적인 요인과 연관되어 있었습니다."

많이 배운 사람이 훌륭하고 성공한 교사가 되는 것은 아니다. 제자들의 마음을 이해해 주고 공감하는 태도, 개인적인 관심을 친절하게 보여주는 태도가 뛰어난 교사를 만든다. 이러한 자질은 학문적 능력과는 별개로, 설득력 있는 사람이 되기 위한 기본 요소다.

교육과 지성은 필수 불가결한 요소다. 하지만 사람을 인기 있고 성공하게 만드는 건 똑똑한 머리가 아니라 따뜻한 성격이다.

현혹하지 말고 상대방을 위하라

어떤 사람이 말을 하면 사람들이 쉽게 설득당한다. 이런 사람들은 마치 상대방에게 최면을 걸듯 원하는 걸 단번에 얻는다. 하지만 이들은 정직하지 못하기에 장기적으로는 사업에 치명적인 해를 입힌다. 고객의 마음을 완전히 사로잡는 영업 사원이 있다고 치자. 다른 영업 사원집들보다 당장은 더 많은 주문을 받겠지만 결국은 고객을 잃고 회사의 명성에 흠을 낸다.

판매량이 급격하게 늘지는 않지만 인맥을 늘려가고 고객들을 유지하는 영업 사원이 훨씬 낫다. 왜냐하면 이들은 고객들의 관심사를 살피고, 고객이 구매하면 정말 좋은 것을 팔려고 하기 때문이다. 고객의 니즈를 연구하고 신뢰와 선의를 얻음으로써 장기적으로 이득이 되는 관계를 구축한다.

다른 사람들이 나와 같은 생각을 하게 만드는 건 엄청난 능력인 동시에 큰 책임을 수반하는 일이다. 이 능력을 정직하고 좋은 데 쓰지 않으면 자신에게 부메랑이 되어 돌아올 것이다. 이러한 사람들은 곧 '말로 남을 현혹하는 사람'으로 알려져 사람들이 거리를 둘 것이다.

오늘날 대부분은 단도직입적이고 명확한 사실에 근거한 이야기를 선호한다. 설득력이 있는 사람들은 친구처럼, 잠재 고객의 이익을 위해 전적으로 행동하는 것마냥 사실을 그럴듯하게 설명한다. 아무도 누군가가 나를 '관리한다'는 느낌을 좋아하지 않는다. 상대방이 아무리 달콤한 말을 좋아하더라도 무작정 좋은 말만 하면 상대방은 내 동기를 의심할 것이다.

하지만 재치 있고 솔직한 칭찬은 내가 하고자 하는 일에 큰 도움을 준다. 내가 상대하는 사람은 모든 종류의 속임수를 경계하며 부정직함의 증거를 찾고 있다는 것을 명심하라. 사기나 꼬드김을 당하고 싶은 사람은 없다. 무엇보다도, 어떤 분야에서도 진실성을 대체할 수 있는 건 없다는 사실을 기억하라.

상대방의 입장에서 바라보기

삶에서 투명성, 순박함, 정직성, 친절을 대체할 수 있는 것은 아무것도 없다. 황금률은 모든 비즈니스에서 진정한 성공을 가져다주는 유일한 행동 규칙이다. 자신의 행동이 다른 사람에게 어떤 영향을 미칠지 궁금할 때는 다음과 같은 질문을 던져보라.

"다른 사람이 나에게 이렇게 행동하면 어떨까?"

메이시스 백화점의 초대 소유주이자 저명한 자선사업가 네이선 스트라우스에게 성공 비결에 관해 묻자 그는 이렇게 답했다.

"어려움에 부닥친 사람과 입장을 바꿔 생각해 보려고 합니다."

그는 손실이 크게 났을 때 자신이 피해를 보는 건 참을 수 있어도, 상대방이 자기 때문에 안 좋은 대우를 받은 건 견딜 수 없다고 했다. 스트라우스는 거래할 때 상대방의 관점에서 바라봄으로써 당사자들에게 최선의 이익이라고 생각되는 부분에 초점을 맞추었다.

타인의 마음을 읽어라

설득력이 있는 사람이 되기 위해서는 다른 사람을 꿰뚫어 보는 것도 중요하다. 한마디로 상대방의 성격을 읽는 것이다. 사람들의 성격과 그들을 움직이게 하는 동기를 연구하라.

사람의 타고난 성격을 읽는 전문적인 기술은 남을 설득하는 데 유용하다. 이것은 변호사의 소송 관련 전문 지식이나 의사의 질병 진단 기술에 비유할 수 있다. 본성을 읽을 수 있는 사람은 다른 사람에 대해 빨리 판단을 내릴 수 있고 성격을 정확하게 평가할 수 있다. 어떤 직업이나 직종에 종사하든 이것은 큰 장점이다.

누구나 타인의 본성을 꿰뚫어 보는 능력을 발달시킬 수 있다. 많은 사람을 상대하는 직업일수록 사람의 본성을 연구할 기회가 많다. 다양한 사람들을 알아가고 평가하며 성격을 판단하는 습관을 형성하는 것 자체가 일종의 학습이다. 그러다 보면 관찰 능력과 판단력이 향상되고 지각 능력이 예리해진다.

성공한 사람들은 다른 사람의 마음과 동기를 이해해서 커리어를 발전시켰다. 타인의 마음을 읽는 능력을 활용해서 상사, 부하 직원, 동료, 판매인, 대중을 더 효과적으로 대할 수 있었다.

두 사람의 사고방식이 정확하게 똑같을 수는 없으므로 상대방에게 거부감을 가장 적게 일으키는 방식으로 접근해야 한다. 개인적 관심사에 대해 알아보자. 음악을 열렬히 좋아하거나 골프에 푹 빠졌거나 예술에 관심이 많은 사람이라면 어떻게 접근해야 적절한지 힌트를 얻을 수도 있다.

높은 실적을 올리는 영업 사원들은 잠재 고객의 관심사와 취미가 무엇인지 신중하게 파악하는 연습을 한다. 고객이 어떤 스포츠팀을 응원하는지, 자녀의 나이가 몇 살인지와 같은 세세한 정보와 특별한 관심사를 고려해서 그 정보를 영업에 반영한다. 또한 회사 내에서 승진하기 위해 원만한 대인관계를 발전시켜 나간다.

상대가 어떤 사람인지 너무 섣불리 판단하지 말고 성급하게 결단을 내리지도 마라. 그 사람의 행동과 표정에 드러나는 성격을 읽을 수 있을 때까지 판단을 유보하라. 왜냐하면 표정과 행동 하나하나는 중요한 의미를 담고 있기 때문이다. 다시 말해 그 사람의 특질 또는 특성을 읽어내고 첫인상을 빠르게 정의 내리기 전에 먼저 모든 증거를 확보하라. 정확한 판단을 내리느냐에 많은 일이 좌우된다. 보디랭귀지에 관한 내용은 제2부 4장을 참고하자.

얼굴은 게시판이자 내부에서 일어나는 일을 보여주는 프로그램이므로 표정을 빠르고 정확하게 읽는 것이 중요하다. 표정, 태도, 매너, 언어, 눈빛은 개개인의 성격을 표기하는 문자다.

예컨대 자연스럽고 즉흥적이며 미리 계획을 세우지 않은 행동에서 성격이 보인다. 특히 상대가 가식적인 사람이라면 이를 통해 가면 아래 어떤 성격이 숨겨져 있는지 꿰뚫어 볼 수 있다.

상대방을 아는 만큼 설득하기 쉽다

아는 사람을 설득하는 게 모르는 사람을 설득하기보다 더 쉽다. 설득의 핵심 중 하나는 내가 원하는 것이 상대방에게 어떤 가치를 줄 수 있는지 알려주는 것이다. 잠재 고객 등 알지 못하는 사람들이 중요하게 생각하는 것은 무엇인지 파악하기란 쉽지 않다. 그러나 함께 일하는 사람이거나 잘 아는 사람이라면 그 사람의 감정과 욕구, 태도를 이미 파악하고 있어야 한다.

사람들은 저마다 다르기에, 한 사람을 설득한 전략이 다른 사람에게도 통하는 건 아님을 명심하라. 나를 동료나 직원이 아닌 개인 대 개인으로 대하는 타 부서 사람들과 친해져라. 나와 함께 일하는 사람들은 모두 개인적인 삶을 가지고 있으며, 일반적으로는 커리어보다 사생활을 더 중요시한다. 동료들이 정말로 신경 쓰는 걱정거리에 대해 이야기하면 내가 상대에게 인간적인 관심이 있다는 것을 알릴 수 있다.

그들과 대화하는 건 단지 시작에 불과하다. 굳이 사생활을 캘 필요는 없다. 하지만 상대방의 이야기를 듣고 공감하고 반응을 관찰하면 상대방이 어떻게 느끼는지, 본모습은 어떤지, 무엇이 동기를 부여하는지 등 많은 정보를 얻을 수 있다.

효과적인 설득 수단, 눈치

눈치는 인생을 성공으로 이끄는 가장 큰 보조 수단이다. 많은 저명한 기업 임원은 성공의 네 가지 비결 중 하나로 '눈치'를 꼽는다. 나머지 세 가지는 성격과 열정 그리고 사업에 대한 지식이다.

눈치는 성문의 감시병을 통과하게 하고 빗장을 푼다. 눈치 없는 사람은 들어가지 못하는 성의 입장권을 얻게 되는 것이다. 눈치 빠른 사람은 천재가 외면당할 때도 관심을 받고 재능을 인정받지 못할 때도 인정을 받는다. 눈치 없는 사람이 발언할 기회를 얻지 못할 때도 눈치 빠른 사람의 말에는 주의를 기울여 준다.

알렉스는 뛰어난 엔지니어다. 컴퓨터 과학에 관한 전문 지식은 타의 추종을 불허했다. 경영진 앞에서 벌인 프레젠테이션은 기술적으로 흠잡을 데 없지만 오만한 태도가 듣는 사람에게 적대감을 불러일으켰다. 한 관리자는 "내가 그에게 질문을 하면 그는 내가 바보처럼 느껴지게끔 대답합니다"라고 말했다. 눈치가 부족하다고 지적받았을 때 알렉스가 "아쉽네요. 저를 이해하기에는 멍청한 사람들이에요"라고 대답했다.

그가 승진에서 몇 번이나 미끄러진 후 상사는 비즈니스 코치를 만나 보라고 설득했다. 다른 사람에게 아이디어를 판매하기보다 구매하라고 일방적으로 밀어붙이는 알렉스의 성향을 고치는 데는 수 주가 걸렸다.

연습과 명상을 통해 잠재의식을 훈련했고, 남들보다 뛰어난 지식만으로는 원하는 만큼 커리어를 발전시킬 수 없다는 사실을 인정하게끔 했다.

이를 통해 그는 다른 사람의 약점을 받아들이고, 타인의 한계를 조롱하는 대신 장점을 바라보는 능력을 기를 수 있었다. 시간이 지남에 따라 알렉스는 대인관계에 접근하는 방법을 바꿨고, 프레젠테이션을 할 때는 눈치를 발휘해서 다른 사람의 감정을 읽었다 그 결과 알렉스는 커리어 목표를 달성할 수 있었다.

반대를 극복하고 거래를 성사하는 법

다른 사람에게 아이디어를 제시했을 때 상대방이 아이디어의 일부만을 받아들일 수도 있다. 이를 문제가 아니라 도전으로 받아들여라. 영업 사원들은 반대 의견을 오히려 환영한다. 잠재 고객이 진정으로 원하는 것이 무엇인가를 판단하고 직시해야 판매에 성공할 확률이 커지기 때문이다. 어떤 의견이 나올지 예상하고 반박할 준비가 된 영업 사원이 뛰어난 영업 사원이다. 당신도 그렇게 할 수 있다.

다른 사람이 나의 개념을 받아들이도록 설득하려면 그들이 지적할 수 있는 모든 부정적인 측면을 연구하고 반박할 수 있도록 미리 준비해야 한다. 타당한 경우 제시한 내용의 장점이 단점보다 많다는 걸 보여주어야 한다. 나의 주장을 입증할 수 있는 사실과 수치를 준비하고 눈에 보이지 않는 부분도 생각한 후 상대방의 감정에 호소하라. 거래 성사가 영업의 끝인 것처럼, 다른 사람을 설득하려는 노력이 빛을 발해 상대방이 내 아이디어를 받아들이는 것이 최종 목표다.

상대방의 반박을 잘 다뤘다면 거래를 성사시킬 준비가 된 것이다. 마지막 단계를 수행하기 전에 자신에게 간단한 격려의 확언을 하라.

내 아이디어는 훌륭하며 조직에 큰 가치가 되리라는 걸 알고 있습니다. 나는 상사를 설득하기 위해 모든 것을 할 준비가 되어 있습니다.

이렇게 하면 잠재의식이 활성화되어 성공하리라는 자신감이 커진다. 그다음에 마무리하는 단계로 나아가자.

다른 사람에게 아이디어를 판매하는 가장 효과적인 방법은 아이디어를 평가하는 데 참여하도록 요청하는 것이다. 종이를 반으로 나눠 한쪽에는 이 아이디어의 단점, 다른 한쪽에는 장점을 써보자. 단점란에 이의를 제기한 내용을 나열하고 장점란에 이와 반대되는 주장을 적어라. 논의 시 언급된 추가적인 장점을 장점란에 써 넣어라. 여기까지 따라왔다면 단점보다는 장점이 더 많을 것이다.

그런 후에 다음과 같이 말하라.

"이 아이디어를 수락하는 것을 주저하게 만드는 몇 가지 이유를 살펴보도록 하죠. 그리고 이 아이디어를 채택하면 뭐가 좋을지 살펴봅시다. 어느 쪽이 더 장점이 많다고 생각하십니까?"

답은 긍정적인 쪽에 있어야 한다. 나의 아이디어가 실행 가능하단 것을 알게 되면 이렇게 말하라.

"좋은 아이디어라는 점에 동의하시네요. 이제 이 아이디어를 실현하기 위한 단계를 논의하고 싶습니다."

상사 또는 경영진을 설득했다면 아이디어를 실행에 옮기기 위한 프레젠테이션에 기꺼이 참여하겠다고 먼저 제안하라.

주의 깊게 프레젠테이션을 준비하고 성공적인 영업 사원이 사용하는 기법을 따름으로써 나의 아이디어를 다른 사람에게 제시하고 판매할 수 있다. 또한 아이디어가 채택되고 실행되는 것을 보면서 큰 만족감을 얻을 수 있다.

조셉 머피의 미라클 노트

- 커리어를 비롯한 인생의 여러 방면에서 나의 아이디어를 받아들이라고 다른 사람을 설득해야 할 일이 종종 있을 것이다. 성공하기 위해서는 영업 사원처럼 생각해야 한다.
- 다른 사람을 설득하여 제품이나 서비스를 구매하게 하거나 아이디어를 받아들이게 하려면 먼저 상대방의 관심을 끌어야 한다. 그러지 않으면 상대방은 나의 말에 귀를 기울이지 않을 것이다.
- 내가 팔고 싶은 것을 갖고 싶다는 생각이 들어야 한다. 그래야 내가 제안하는 아이디어가 받아들여질 수 있다. 이 작업이 끝나면 아이디어가 받아들여지는 것은 거의 확실해진다. 이렇게 하려면 머리가 아닌 가슴에 호소해야 한다.
- 내가 아무리 똑똑하고 유능하더라도 상사, 동료, 부하 직원, 고객 등과 상호작용을 해야 커리어를 발전시킬 수 있다. 나의 커리어는 그들과 원만한 관계를 맺느냐에 달려 있다.
- 사람들은 저마다 다르기에, 한 사람을 설득한 전략이 다른 사람에게도 통하는 건 아님을 명심하라. 나를 동료나 직원이 아닌 한 명의 개인으로 대하는 타 부서 사람들과 친해져라.
- 다른 사람이 나의 아이디어를 받아들이도록 설득하려면 지적당할 수 있는 모든 단점을 연구하고 반박할 수 있도록 미리 준비해야 한다. 제시한 내용의 장점이 단점보다 많다는 걸 보여주자.
- 이 마지막 단계를 수행하기 전에 나 자신에게 격려의 말을 하라. 이렇게 하면 잠재의식이 활성화되어 성공하리라는 자신감이 커진다.

8
추앙하는 일을 찾고 발전시켜라

정상에 다다르는 유일한 방법은 별만 쳐다보고 가는 것이다. 원하는 것을 시각화하라. 소망을 마음속에 품고 소망을 이루기 위해 온 힘을 다해 노력하라. 중요한 것은 언제나 일을 추진할 만한 동기와 영감을 주는 미래의 목표를 가지는 것이다. 앞날이 기다려지고 더 큰 포부를 품게 하는 목표를 세우자. 목표는 크게 가져야 한다.

지금보다 더 나은 사람이 되고 싶은가? 더 훌륭하고 고결한 사람이 되고 싶은가? 그럼 두려움과 원한, 불만을 버리고 자책을 그만두어야 한다. 받으려면 먼저 주어야 한다. 건설적으로 생각하는 법을 연습하려면 먼저 부정적인 사고를 포기해야 한다. 내가 되고자 하는 모습을 사랑해야 하고 지금의 나를 포기해야 한다. 옛것을 기꺼이 놓아주어야 새로운 경험을 할 수 있다.

음악이나 예술, 법과 사랑에 빠질 수도 있다. 앉아서 건강과 행복, 마음의 평화, 풍요로움, 안전, 올바른 행동, 조화, 영감에 관해 곰곰이 생각해 보라. 내가 사랑하는 일, 가치 있는 일을 하면 재정적인 보상뿐만 아니라 기쁨과 만족감을 얻을 수 있다. 이런 생각을 하면서 주의 깊게 커리어를 개발하고 일에 집중하라. 그러면 일에 매료되어 몰입하게 되고 잠재의식의 법칙이 반응하게 될 것이다. 마음속에서 품은 소망대로 또는 잠재의식이 생각하는 대로 이룰 수 있다. 생각하는 대로 행동하면 되고 싶은 사람이 될 것이다.

생각은 머리로 하는 게 아니라 마음에서 일어난다. 생각이 떠오르려면 그 전에 감정이 들어야 하고 그 감정이 진짜라고 느껴져야 하기 때문이다. 내가 품은 생각이나 아이디어는 특정한 감정 반응을 불러일으킨다. 특정한 생각을 계속하게 되면 생각이 잠재의식 속에 내려앉아 그 행동을 유도하고 내가 생각하는 바를 표현시킨다.

만약 나의 열정이 예전 같지 않고, 낙담하여 풀이 죽어 있는 상태라면 가능한 모든 방법을 써서 포부를 굳건히 다져야 한다. 예를 들면 현재 기업에서 일하고 있는데 대기업 임원이 되고 싶다면 회사와 파트너십을 맺을 준비를 하라. 밑바닥부터 시작한 다른 사람들도 똑같은 꿈을 꿨다. 완벽하게 합법적인 야망이다.

그런 다음 지금은 비록 점원에 불과하지만 언젠가 나의 이름이 설립자로 새겨질 회사의 문을 상상해 보라. 그럼 원대한 목표가 생길 것이다. 결국 문에 내 이름이 새겨 있는지는 크게 중요하지 않을 것이다. 어쨌든 나는 교육을 받고 임원이 되기 위한 준비를 할 것이므로 임원 또는 그보다 높은 자리에 도달할 것이다. 어떤 일이 일어나든 포부를 가지고 회사와 파트너십을 맺을 준비를 하면 나의 커리어는 크게 성장할 것이다.

래리는 비즈니스 세계에서 이름을 떨치고 입지를 굳힌 사람이다. 그는 어렸을 때부터 매일 자신과 마음을 터놓는 대화를 나누었고 그 결과 포부를 빨리 실현할 수 있었다. 그리고 계속 자기 자신을 일으킴으로써 자신의 능력을 최고 수준까지 끌어올렸다.

그는 자신이 이만큼 성취할 수 있었던 것은 끈질기게 목표를 좇는 습관을 어렸을 때부터 길러왔기 때문이라고 확신한다. 그는 할 수 있는 한 가장 큰 성취를 이루라고 스스로를 채찍질했다. 만약 포부를 이루지 못했다면, 그리고 포부를 이루기 위한 계획을 끊임없이 추진하면서, 자기만의 속도를 정하지 않았다면 몇 달이 지나지 않아 기준치가 낮아지고 기력도 떨어졌을 것이다. 그리고 이상이 희미해지며 삶 전체가 활력을 잃었을 것이다.

성공을 위한 세 가지 단계

성공을 향해 가는 가장 중요한 첫 번째 단계는 자신이 좋아하는 일이 무엇인지 알고 그 일을 하는 것이다. 내가 하는 일을 사랑하지 않는다면 전 세계가 나를 추앙하더라도 나 자신이 성공했다고 여기지 못할 것이다. 내가 하는 일을 사랑하면, 그 일을 열심히 하려는 마음이 든다.

정신과 의사가 되고 싶다면, 의사 면허증을 따서 벽에 걸어놓는 것만으로는 충분하지 않다. 정신과학 분야의 최신 동향을 따라가고, 학회에 참석하며, 끊임없이 마음이 어떻게 작용하는지를 연구해야 한다. 다른 병원을 방문하기도 하고 최신 학술 논문을 읽어야 할 것이다. 환자의 안녕이 최우선이기에 인간의 고통을 경감해 주기 위해 가장 최근에 나온 치료 기법을 공부해야 할 것이다.

이렇게 말하면 "내가 원하는 게 뭔지 몰라 첫 번째 단계를 시작하기가 어렵네요. 노력을 쏟고 싶다는 생각이 들 만큼 마음에 드는 분야를 어떻게 찾을 수 있을까요?"라고 질문하는 사람이 있다. 다음과 같은 확언으로 잠재의식에 도움을 청하자.

> 잠재의식의 무한한 지성은 내가 있어야 할 자리를 알려줍니다.

이 기도를 차분하고 긍정적으로, 애정을 담아 반복해 보자. 믿음과 자신감을 가지고 계속해서 기도하다 보면 느낌이나 예감을 받거나 무언가에 끌리는 걸 발견할 것이다. 이게 바로 기도의 응답이다. 응답은 내면의 깨달음이라는 형태로 분명하고 평화로우며 조용하게 다가온다.

성공을 향한 두 번째 단계는 특정 분야의 전문가가 되어 최고가 되기 위해 노력하는 것이다. 예를 들어 화학자가 되고 싶은 사람이 있다고 해보자. 그는 화학의 세부 분야 중 하나를 선택하여 전문화한 뒤 시간과 정성을 바쳐야 한다. 열정이 있다면 자신이 택한 분야를 누구보다 더 자세히 알고 싶을 것이다. 또한 자신이 하는 일에 열렬한 관심을 가지고 세상에 공헌하고자 하는 마음이 있어야 한다.

세 번째 단계가 가장 중요하다. 내가 하고 싶은 일이 개인적인 성공만을 위한 일이어서는 안 된다. 나뿐 아니라 전 인류에게 유익해야 한다. 나의 아이디어는 세상을 축복하거나 세상에 공헌하기 위한 것이어야 한다. 한마디로, 나의 아이디어는 세상에 축복을 가져다주고 세상에 흐르면서 이익을 가져다주어야 한다. 그러면 아이디어가 몇 배의 축복이 되어 돌아온다.

나의 이익만을 위해서 일한다면 성공을 위해 꼭 필요한 삶의 회로는 미완의 상태로 남을 것이다. 성공한 것처럼 보일 수도 있겠지만, 시간이 지날수록 절반만 완성된 삶의 회로 때문에 한계에 부딪히거나 질병에 걸리는 일이 생길 수도 있다.

성공을 위한 세 가지 단계에서 잠재의식의 창의력에는 근본적인 힘이 깃들어 있다는 것을 명심해야 한다. 창의력은 성공으로 나아가는 모든 단계를 이끄는 에너지다. 우리의 생각은 창의적이다. 생각이 느낌과 만나면 주관적인 믿음이 된다.

잠재의식을 활용해 앞으로 나아가는 법

독일의 위대한 시인 요한 볼프강 폰 괴테는 어려움과 곤경에 맞닥뜨렸을 때 상상력을 현명하게 사용했다. 괴테의 전기 작가들에 따르면 그는 자신과 조용히 상상의 대화를 나누면서 많은 시간을 보냈다고 한다. 그는 친구 한 명이 자기 앞에 앉아 있다고 믿었다. 친구가 평상시와 다름없는 제스처를 쓰고 목소리 톤을 유지하면서 자신의 질문에 적절한 답변을 해주는 것을 상상했다. 그는 장면 전체를 최대한 사실적이고 생생하게 그렸다.

젊은 재정 자문가인 게리는 괴테가 상상력을 활용했다는 글을 읽었다. 책에 나온 방법이 효과가 있다는 걸 안 게리는 괴테의 기법을 채택하기로 했다. 그녀는 자신이 아는 백만장자 투자자와 상상 속에서 대화를 나누기 시작했다. 백만장자는 그녀가 추천해 주는 투자 상품이 훌륭하고 현명한 결정을 내렸다고 칭찬해 주었다. 게리는 상상 속 대화를 연극처럼 만들어, 잠재의식에서 믿음의 형태로 굳어질 때까지 반복했다.

정신을 통제한 상태에서 마음속에서 나눈 상상 속 대화는 자신의 목표와 부합했다. 고객이 그녀의 조언을 따라 성공적으로 투자해서 수익을 내고 부자가 되는 것을 목표로 삼고 있었기 때문이다. 게리는 사업을 할 때도 잠재의식을 사용하여 자신의 분야에서 빛나는 성공을 거두었다.

빠르고 정확한 결정을 내려라

성공한 사람들이 핵심으로 꼽는 자질은 바로 빠르고 정확하게 결정을 내리는 능력이다. 이 능력에는 결정한 내용을 실행으로 옮기고 만족스러운 해결책을 통해 문제를 해결하는 능력도 포함된다.

지난 수년간 많은 사람은 실패를 극복하게 해달라고 나를 찾아왔다. 실패를 딛고 일어서고 싶다고 애원하는 사람들의 말에 귀 기울이다 보니 공통된 특징이 보였다. 이 사람들은 의사결정을 내릴 때 결단력이 부족했다. 문제를 해결해야 하는 상황에 부딪히면 미루거나 지나치게 조심했다. 그리고 한번 결정을 내려도 그 결정을 끝까지 따르지 않았다.

인간이 가진 가장 큰 선물은 자유로운 선택을 하는 능력이다. 문제를 분석하고 어떤 해결 방안을 채택할 건지 결정을 내리고 이를 실행에 옮긴다.

토미는 자신의 커리어에서 중대한 결정을 내려야 했다. 새로운 일자리를 찾을지 말지 결정해야 했다. 지금 다니는 직장을 좋아했지만 돈을 충분히 벌지 못했다. 사업이 잘되지 않았기 때문에 급여가 올라갈 기회가 거의 없었다. 경쟁 업체는 현재 연봉보다 조금 더 높은 연봉을 제안했다. 발전하기에 좋은 기회처럼 보였다. 경쟁 업체는 당장 답을 달라고 했지만 토미는 다음 주 금요일까지 시간을 달라고 설득했다.

아주 좋은 조건이었다. 어차피 돈이 더 필요했다. 하지만 그는 경쟁 업체로 이직하는 게 불공평하다고 생각했다. 현재 직장이 자신에게 기술을 가르쳐 주고 익히게 도와주었기 때문이다. 그는 마음속에서 문제를 내려놓았고 잠재의식이 옳은 결정을 내리리라는 것을 알고 있었다.

정말로 수요일에 그의 상사로부터 전화가 왔다. 방금 막 수익성이 높은 계약을 체결했고, 그 프로젝트 매니저 자리에 토미를 앉히고 싶어 했다. 월급 인상은 저절로 따라왔다.

토미는 현재의 회사에 머무르는 게 옳다고 확신했다. 잠재의식이 다른 제안을 바로 수락하지 못하게 했기에 그는 승진할 수 있었다.

자기 자신을 공정하게 대하라

리사는 승진하고 발전할 준비가 되어 있다고 느꼈다. 하지만 그녀는 상사가 미웠다. 상사가 자신의 앞길을 막고 있다고 느꼈기 때문이다. 그래서 자기보다 나이가 많고 현명한 친구에게 도움을 청했다. 친구는 그녀가 그녀 자신을 부당하게 대우하고 있으며, 상사를 맹목적으로 우러러보고 있다고 지적했다. 자기 내면에 있는 절대자보다 상사의 능력이 크다고 생각한 것이다. 이러한 태도는 말이 되지 않는다. 상사가 절대자보다 더 위대하다고 생각하며 전지전능한 절대자의 힘을 거부하고 있었다.

리사는 다음과 같이 확언하여 절대자의 힘을 되돌려 놓았다.

"승진은 나의 것이다. 발전은 나의 것이다. 성취는 나의 것이다. 절대자의 힘을 통해 모든 것을 이룰 수 있다."

잠재의식은 상사 때문에 자신이 승진하지 못했다는 개념을 거부했다. 대신 힘을 모아 업무 능력과 태도를 개선했고, 결국 자신이 원하던 자리로 승진할 수 있었다.

우리는 스스로 느끼는 것을 끌어당기고 스스로 상상하는 대로 된다. 자기 자신을 부랑자라고 상상해 볼 수 있다. 떠돌이가 되어 기차에 무임승차하는 모습을 떠올려볼 수도 있다. 이렇게 계속해서 상상하다 보면 떠돌이가 될 것이다. 한편으로는 엄청난 성공을 거머쥐거나 유명한 배우가 되리라고도 상상할 수 있다. 다수의 관중 앞에 서서 그들을 울고 웃게 만드는 모습을 그릴 수 있다. 셰익스피어 작품의 아름다움을 살려 청중의 삶을 풍요롭게 하는 능력은 내 안에 숨 쉬고 있다.

회사에서 성장할 기회가 없다고 말하는 사람들이 있다. 임금에 엄격한 기준이 있어서 월급이 오르거나 발전 또는 승진할 수 없다는 것이다. 이것은 항상 맞는 말은 아니다. 마음의 법칙을 사용하면 발전하고 앞으로 나아갈 수 있다. 발전하는 비결은 지금 하는 일을 사랑하고 지금 있는 곳에서 최선을 다하는 것이다.

친절하고 상냥하며 붙임성 있고 선의가 넘치는 사람이 되어라. 크게 생각하고 부를 떠올리면 현재 하는 일이 성공을 위한 도약의 발판이 될 것이다. 나의 진가를 깨닫고 마음속으로 부를 주장하라. 그리고 상사든 동료든 관리자든 고객이든 친구든 일상생활에서 마주치는 주변 사람이 부자가 되길 바라라. 그럼 스스로가 부와 발전의 에너지를 퍼뜨리고 있다고 느끼게 될 것이고 무한한 지성은 조만간 나에게 새로운 기회의 문을 열어줄 것이다.

사람들은 다음과 같은 질문을 쉴 새 없이 한다.

"어떻게 하면 앞으로 나아갈 수 있을까요? 어떻게 하면 환경이 개선되고 연봉이 오를 수 있을까요? 어떻게 하면 새로운 차와 집을 살 수 있을까요? 내가 원하는 때 원하는 일을 할 수 있는 만큼의 돈을 벌려면 무엇을 해야 할까요?"

마음의 법칙을 사용하는 법을 배우면 이 모든 질문에 답할 수 있다. 마음의 법칙은 곧 원인과 결과의 법칙이고 증가의 법칙, 끌어당김의 법칙이기도 하다. 이런 마음의 법칙을 물리학, 화학, 수학의 법칙처럼 정확하게 사용한다면 중력의 법칙처럼 확실하게 작용한다.

내 능력을 남이 알게 하라

승진하거나 발전하려면 상사만 믿어서는 안 된다. 조시는 성실한 사원이었다. 그의 상사 켄은 일을 잘했다고 그를 종종 칭찬해 주었다. 자기가 은퇴하게 되면 조시가 자신의 자리로 승진하도록 추천할 것이라고 말했다.

하지만 불행히도 켄은 갑작스럽게 세상을 떠났고 회사는 외부에서 켄을 대신할 사람을 고용했다. 조시는 고려 대상조차 되지 않았다. 왜 그런 걸까? 조직의 상부에 있는 사람 중 조시를 아는 사람이 단 한 명도 없었기 때문이다. 임원들에게 그는 유령과도 같은 존재였다.

조시처럼 능력이 출중한데도 다른 사람들의 눈에 띄지 않아 발전하지 못하는 사람이 많다. 커리어를 발전시키려면 상사뿐만 아니라 다른 상사들의 눈에도 띄어야 한다.

존재감을 키우는 다섯 가지 방법

내가 얼마나 능력이 있고 뛰어난지, 창의력과 능력을 갖추고 있는지 알리기 위해서 반드시 홍보 담당자를 구해야 하는 것은 아니다. 조직에서 다른 사람들에게 존재감을 새기는 5단계를 소개하겠다.

1. 목소리를 높여라.

미팅에 참석한다면 앉아만 있지 말고 적극적으로 참여하라. 나의 아이디어를 표현하고 제안하는 데 두려워하지 마라. 주의할 점이 있다. 미팅을 준비할 때는 의제를 검토하고 내가 제시할 의견의 사실 여부를 검증하며 어떤 파급력을 가질지 확인하라.

2. 상대방의 분야와 관련된 정보를 제공해서 상대방을 도와라.

발레리는 무역 잡지의 기사를 스크랩해서 주제에 관심이 있을 만한 동료와 매니저에게 보냈다. 발레리는 다른 사람의 관심사를 빠르게 파악하는 직원으로 입소문이 났고, 승진할 때 큰 이점이 되었다.

3. 자진해서 하라.

다른 사람이 하기 싫어하는 업무를 자진해서 해보자. 빌은 자진해서 미국의 자선 단체 유나이티드 웨이 연례 모금 행사 의장직을 맡았다. 행사 조직을 위해 거의 모든 부서를 방문했고 부장들과 안면을 익히게 되었다. 몇 달 후 자신의 사업을 확장하던 한 부장은 자신의 팀으로 와서 도전적이고 급여가 더 높은 자리를 맡아보지 않겠냐고 제안했다.

4. 전문 조직에서 활발하게 활동하라.

달린은 고급 소비재 회사의 마케팅 부서에서 일했다. 부서에는 젊은 마케팅 전문가가 여러 명 있었고 모두 승진하려고 경쟁했다. 그녀의 경쟁자들은 모두 똑똑했고 창의력이 넘쳤으며 달린처럼 명문 학교를 졸업했다. 달린은 눈에 띄기 위해 무언가를 해야 했다.

아메리칸 마케팅 협회 지부 회원이었던 그는 프로그램 위원회 일을 맡는 데 동의했다. 그녀가 처음 맡은 업무는 4월 회의에 발표할 사람을 찾는 것이었다. 그녀는 자기 회사의 마케팅 부사장을 선택했다. 달린은 단 한 번도 경영진과 이야기를 나눠본 적이 없었다. 물론 부사장도 연설해 달라는 초대를 받았을 때 달린이 누군지 몰랐을 것이다.

그는 연설하는 데 동의했고 연단에 서게 되어 영광이라고 답했다. 미팅 전 그는 달린을 두 번 만나 어떤 주제로 연설을 할 것인지 논의했다. 회의에서 달린은 연단에 올라 부사장 옆에 서서 그를 소개했다. 그 이후 달린은 부사장의 눈에 띄어 다른 경쟁자를 제치고 승진할 수 있었다.

5. 글을 써라.

기회가 된다면 자신이 속한 업계의 잡지나 매체 등에 글을 투고하라. 책을 써도 좋다. 그러면 동종 업계의 다른 회사에서도 나를 알게 된다. 커리어를 발전시키다 보면 종종 이직을 해야 할 때가 있는데 이것이 다른 회사의 인사 담당자의 이목을 끌고 당신의 신뢰도를 높일 가능성이 크다.

다만 주의할 점이 있다. 현재 직업에 관련된 이야기를 쓸 경우 이 내용을 써도 괜찮은지 상부에 문의하라. 일하기 전에 먼저 확인함으로써 사내 규칙 위반이나 법적으로 복잡한 일을 피해 갈 수 있다.

정체하지 말고 변화를 주어라

직장에서 발전하는 데 방해를 받는다고 느껴질 때가 있다. 그러면 부서 이동이나 이직을 할 필요가 있다. 때로는 일보 전진하기 위해 후퇴해야 할 때도 있다.

비즈니스 리더들은 주기적으로 변화를 주는 것의 가치를 직관적으로 알고 있다. 듀폰의 전 최고경영자인 엘런 쿨먼은 제품의 안전성을 담당하는 부서를 창설하기 위해 기존의 높은 직책을 그만두어야 했다.

이는 엄청난 퇴보처럼 보였다. 높은 직위를 버리고 고작 30명의 직원으로 구성된 새로운 부서를 이끌어야 했기 때문이다. 동료 중 절반은 큰 잘못을 저질러서 좌천되었다고 생각했고 다른 절반은 비합리적인 결정이라고 생각했다. 하지만 의심과 부정의 말이 끊이지 않는 와중에도 새로운 사업은 약 55억 달러 규모로 성장했고 그는 자신이 옳았음을 증명했다. 쿨먼은 반대를 마주한 사람들에게 정체하기보다는 오히려 어려운 결정을 감수하고 "계속해서 재투자하라"라고 조언한다.

에이본 프로덕츠의 회장직을 맡았던 리즈 스미스는 식품 대기업 크래프트 푸드에서 물을 부으면 젤리가 되는 제품을 만드는 젤로 브랜드를 담당하고 있었다. 하지만 그녀는 국내 시장을 대상으로 하는 수입 업무보다는 유럽 회사를 인수하는 일로 보직을 바꿔달라고 요청했다. 사람들은 정신이 나갔다고 생각했지만 그녀는 판매와 글로벌 유통 분야에서 경험을 쌓고 싶었다. 업무를 바꾼 뒤 그녀는 비판에 휘둘리지 않고 자신이 필요로 한 것을 얻었다.

성공이란 모든 방면에서 역량과 능력을 높여 내면의 힘을 발산하는 것을 뜻한다. 승진, 돈, 인맥 등 부를 생산하는 이미지를 마음속에서 떠올리면 이미지와 비슷한 물리적인 부가 실제로 생긴다.

인생에서 우리는 우리가 원하는 것을 무한하게 더할 수 있다. 현재의식과 잠재의식의 법칙을 연구해서 부와 능력, 지혜, 지식 그리고 믿음을 더하라. 그리고 다음과 같이 확언하라.

> 내 안에 선善이 끊임없이 흐릅니다. 선은 기쁘게 막힘없이 흐릅니다.

그러면 부가 열린 마음으로 흘러 들어올 것이다. 당신이 받아들일 준비가 되어 있다면 말이다.

조셉 머피의 미라클 노트

- 성공을 향해 나아가는 과정 중 가장 중요한 단계는 자신이 좋아하는 일이 무엇인지 알고 그 일을 하는 것이다. 내가 하는 일을 사랑하지 않는다면 전 세계가 나를 추앙하더라도 나 자신이 성공했다고 생각하지 못할 것이다.
- 결정을 내리는 일을 두려워하는 사람은 사실 선택을 두려워하거나 자신의 신성을 인식하는 것을 거부하는 사람이다.
- 배움을 게을리하지 말라. 내 분야의 최근 동향을 살피고 지식을 업데이트하면 장기적인 커리어 성공이 보장된다.
- 믿음과 확신에 가득 찬 채로 '성공'이라는 단어를 반복해서 뱉어라. 그럼 잠재의식이 이를 진실로 받아들여 무의식적으로 성공할 수밖에 없도록 유도할 것이다.
- 지금 자신의 자리에서 최선을 다하라. 친절하고 상냥하며 붙임성 있고, 선의에 넘치는 사람이 되어라. 나의 진가를 깨닫고 마음속으로 부를 주장하라. 동료든 감독이든 고객이든 친구든 주변 사람이 부자가 되길 바라라. 그럼 스스로 부와 발전의 에너지를 퍼뜨리고 있다는 것을 느끼게 될 것이고 무한한 지성은 조만간 나에게 새로운 기회의 문을 열어줄 것이다.
- 존재감을 각인시켜라. 조직에서 의사결정을 내리는 사람이 나의 실력과 능력을 알게 하라. 앞서 살펴본 5단계를 따라 다른 사람의 눈에 띌 수 있도록 하라.

부록 | 사례로 검증받은 성공 확언 14개

1 영감과 희망을 얻는 확언   p.103

최고의 지혜가 나에게 이런 욕망을 불어넣어 주었습니다. 내가 되고 싶은 사람이 되고, 하고 싶은 일을 하고, 갖고 싶은 것을 갖게 해줍니다. 지혜와 힘은 나를 뒷받침하고 목표를 이룰 수 있게 도와줍니다. 더는 장애물이나 방해물이 있다든가 일이 지연된다든가 실패하리라고 생각하지 않습니다. 이렇게 끊임없이 생각하면 믿음과 자신감, 힘이 생기고 마음이 평화로워진다는 것을 알고 있습니다. 나는 두려움의 영혼이 아니라 힘과 사랑, 선한 마음을 가지고 있습니다.

2 문제를 극복하는 확언   p.106

지금부터 이 문제를 극복하겠습니다. 정면으로 맞서겠습니다. 이 문제는 마음속 그림자일 뿐이니 그림자에 힘을 실어주지 않겠습니다.

3 부정적 암시를 물리치는 확언   p.107

내 안에는 문제를 극복할 능력과 힘이 있습니다. 무한한 힘의 도움을 받아 해답을 찾을 수 있을 것입니다.

4 걱정이나 조바심, 불안감을 낮추는 확언   p.108

지성인, 즉 자기 자신을 생각하는 존재는 이렇게 살지 않습니다. 현재를 살아가는 사람은 이렇게 생각하지 않습니다.

5 상사가 나를 질책할 때 확언   p.108

상사의 말이 내 인생을 망가뜨리도록 내버려 두지 않을 것입니다. 직장에서 평정심을 유지하겠습니다. 상사의 태도가 거슬리지만, 최선을 다할 것입니다. 맥 빠지지 않을 것입니다.

6 몸의 긴장을 푸는 확언   p.109

나의 발가락의 긴장이 하나하나 풀립니다. 발의 긴장이 풀립니다. 복근의 긴장이 풀립니다. 가슴과 폐의 긴장이 풀립니다. 척추의 긴장이 풀립니다. 목의 긴장이 풀리고 손과 팔도 긴장이 풀립니다. 뇌의 긴장이 풀립니다. 눈의 긴장이 풀립니다. 머리부터 발끝까지 몸 전체의 긴장이 완전히 풀립니다.

7 두려움을 극복하는 확언   p.118
두려워할 필요가 없습니다.

8 결단하는 확언   p.123
내가 주인입니다. 나는 이 결정을 내리는 것이 두렵지 않습니다.

9 나쁜 업무 습관을 없애는 확언   p.153
○○이(가) 나를 방해하는 걸 나는 알고 있습니다. 나는 목표한 만큼 효율적이지 않고 생각이 또렷하지 않습니다. 나는 이런 약점에 방해받기 때문에 원하는 만큼 마음을 잘 다스릴 수가 없습니다.
앞으로 나아가게 하지 못하고 실패하게 하는 습관들을 경멸합니다. 이 습관을 바꾸지 않는 한 습관에 얽매여 살고 안 좋은 습관에서 벗어날 기회가 더 적어진다는 걸 압니다.

10 타인에 대한 편견과 악감정을 물리치는 확언   p.228
지금부터 황금률을 실천합니다. 나는 다른 사람들이 나에 대해 생각하고 말하고 행동하길 원하는 대로 다른 사람에 대해 생각하고 말하며 행동합니다. 모든 사람이 평화롭고 번영하며 성공하기를 소망합니다. 나의 마음은 언제나 안정되고 고요하며 침착합니다. 내가 나의 가치를 알 듯 다른 사람도 나의 가치를 알고 존중합니다. 생명은 나에게 큰 영광을 주고 풍요롭게 했습니다. 인생의 사소한 일로 짜증이나 화를 내지 않습니다. 두려움이나 걱정, 의심, 다른 사람의 비판이 나의 문을 두드리면 믿음과 선의, 진리와 아름다움이 마음의 문을 엽니다. 마음속에는 아무도 없고 다른 사람이 한 말이나 암시는 아무런 힘이 없습니다. 나는 상처받은 마음을 치유하는 방법을 압니다. 내 생각만이 유일한 힘을 가지고 있기에 나의 상처받은 마음도 생각으로 치유할 수 있습니다.

11 무례한 사람에게 친절로 복수하는 확언   p.231
신이 그를 사랑하고 돌봐주십니다. 나는 그 사람 안에서 신을 보고, 그 사람은 내 안에서 신을 봅니다.

12 거래 성사 마지막 단계에서 스스로 격려하는 확언 p.267

내 아이디어는 훌륭하며 조직에 큰 가치가 되리라는 걸 알고 있습니다. 나는 상사를 설득하기 위해 모든 것을 할 준비가 되어 있습니다.

13 내가 원하는 것을 나도 모를 때 찾아주는 확언 p.273

잠재의식의 무한한 지성은 내가 있어야 할 자리를 알려줍니다.

14 부, 능력, 지혜, 지식, 믿음을 무한대로 받는 확언 p.282

내 안에 선善이 끊임없이 흐릅니다. 선은 기쁘게 막힘없이 흐릅니다.

저자 소개

조셉 머피 박사는 1898년 5월 20일 아일랜드 카운티코크에 있는 작은 마을에서 태어났다. 그리고 엄격한 가톨릭 가정에서 자랐다. 그의 아버지 데니스 머피는 예수회 교육기관인 아일랜드 국립학교의 부제이자 교사였다. 아버지는 매우 독실한 신자였을 뿐 아니라 예수회 신학생들을 직접 가르친 몇 안 되는 평신도 교사 중 하나였다. 많은 주제에 대한 폭넓은 지식을 보유했던 그는 아들 조셉 머피에게 공부를 향한 열망을 불어넣었다.

당시 아일랜드는 경제 불황기를 겪고 있었기 때문에 많은 가정이 굶주림에 시달렸다. 데니스 머피는 일자리를 계속 유지하기는 했지만, 그의 수입은 가족을 겨우 부양할 수 있을 정도였다.

국립학교에 입학한 머피 박사는 우수한 학생이었다. 사제가 되라는 권유에 따라 박사는 예수회 신학대학교에 입학했다. 그러나 10대 후반이 되자 박사는 예수회의 가톨릭적 정통성에 의문을 품어 신학교를 중퇴했다.

박사는 새로운 아이디어를 탐구하며 더 많은 경험을 하겠다는 목표를 품었다. 보수적인 가톨릭 국가인 아일랜드에서는 이러한 목표를 추구하기 어려웠기에 박사는 가족을 떠나 미국으로 건너갔다.

머피 박사는 단돈 5달러만 손에 쥐고 뉴욕 엘리스 아일랜드 연방 이민국에 도착했다. 미국에서 지낼 곳을 찾아야 했던 박사는 운 좋게도 동네 약국에서 일하는 약사와 방을 함께 쓸 수 있었다. 아일랜드에 살던 시절 집과 학교에서는 모두 게일어를 썼기 때문에 머피 박사의 영어 실력은 그다지 뛰어나지 않았다. 그래서 대부분의 아일랜드 이민자처럼 박사도 일용 노동자로 일해서 집세와 밥값은 벌었다.

머피 박사의 룸메이트였던 약사는 좋은 친구가 되어 주었다. 그러다 친구가 일하던 약국에 약사의 조수로 자리가 생겨 일하기 시작했다. 이후 머피 박사는 학교에서 약학을 공부한 뒤 약사 자격증을 취득했다. 결국 그는 자신이 일하던 약국을 매입해 몇 년 동안 약국을 성공적으로 운영했다.

미국이 제2차 세계대전에 참전하자 박사는 미군에 입대해 의료지원 부대에서 약사로 복무했다. 군 복무 기간 동안 그는 종교에 다시 관심을 두고 어마어마한 양의 책을 읽으며 여러 종교의 교리를 공부했다. 제대 후에는 약국으로 돌아가는 대신 미국 전역과 해외 여러 나라를 여행하며 다양한 대학에서 수많은 강의를 들었다.

공부를 하면서 아시아의 여러 종교에 매료된 박사는 좀더 심도 있게 공부하기 위해 인도로 건너갔다. 고대부터 현대에 이르는 위대한 동양 철학자들의 사상을 폭넓게 연구했다. 그 외에 머피 박사에게 가장 큰 영향을 미친 인물은 판사이자 철학자, 의사, 교수를 겸했던 토머스 트로워드 박사였다. 머피 박사는 트로워드 박사에게 철학, 신학, 법학을 배웠다.

여행을 마치고 미국으로 돌아온 머피 박사는 신사고 운동(New Thought Movement)을 지지했다. 신사고 운동은 19세기 후반에서 20세기 초반까지 발전한 운동으로, 삶을 바라보는 새로운 방식을 설교하고 저술하며 실천했다. 신사고 운동은 사람이 생각하며 생활하는 방식을 형이상학적·영적·실용적 접근 방식과 결합해 진정 원하는 것을 달성하는 비결을 밝혀냈다. 신사고 운동 지지자들은 새로운 사고방식을 따르면, 새로운 방법과 더 나은 결과를 끌어낼 수 있으며 삶을 풍요롭게 만들 수 있다고 설파했다.

물론 머피 박사가 이러한 긍정 메시지를 전파한 유일한 목사는 아니다. 당시 신사고 운동이 여러 철학자와 사상가의 지지를 받았던 만큼, 그 영향을 받은 여러 목사와 신도들은 제2차 세계대전 이후 수십 년간 많은 교회를 세우고 발전시켰다.

그들의 행보를 따라 머피 박사 역시 로스앤젤레스에 자신의 교회를 설립해 목사가 되기로 했다. 머피 박사는 자신이 세운 조직을 신성과학교회(The Church of Divine Science)라 명명했다. 박사는 비슷한 생각을 나누는 동료들에게 종종 플랫폼을 공유하고 이들과 합동 프로그램을 진행했으며, 희망하는 사람에게 사역사 양성 교육을 제공했다.

비록 소수의 신도를 데리고 목회 활동을 시작했지만, 희망이 담긴 낙관주의적 메시지를 전파하는 박사를 따르는 신도의 수는 빠르게 늘었다. 급기야 신성과학교회 본당의 규모로는 다 감당할 수 없을 정도로 신도가 늘어나, 과거 영화관이었던 윌셔 이벨 극장을 교회 건물로 사용하기 시작했다.

교회를 키웠음에도 그의 설교를 듣고 싶어 예배에 참석하는 사람이 너무 많았기 때문에 곧 새 건물로도 모든 신도를 수용할 수 없는 지경에 이르렀다. 머피 박사와 직원들은 예배에 참석하지 못한 사람들을 위해 밤낮으로 세미나와 강의를 열었다. 이를 통해 1300~1500명의 사람이 예배당에 들어가지 못해도 박사의 가르침을 받을 수 있었다. 1976년까지 윌셔 이벨 극장에 남아 있던 신성과학교회는 이후 캘리포니아주 내 은퇴자 거주 구역 근처에 있는 라구나 힐스로 본당을 이전했다.

머피 박사는 자신의 메시지를 듣고 싶어 하는 수많은 청중을 위해 라디오로 방영되는 주간 토크쇼 프로그램도 신설했다. 매주 방송 청취자는 100만 명 이상이었다.

머피 박사의 수많은 추종자는 그의 말을 단순히 요약한 것 이상의 콘텐츠를 원했기에 강의 녹화본과 라디오 프로그램 녹음본을 제작해 달라고 제안하기에 이르렀다. 처음에는 망설이던 머피 박사도 결국 한번 해보기로 했다.

당시의 관행에 따라 머피 박사의 라디오 프로그램은 78rpm 레코드판에 녹음되었다. 박사는 레코드판 하나에 담긴 내용을 6개의 카세트테이프를 세트로 제작해 윌셔 이벨 극장 로비의 안내대에 올려놓았다. 테이프는 한 시간 만에 완판되었다. 새로운 모험의 시작을 알리는 사건이었다. 머피 박사의 성경 해석 강연, 청자를 위한 묵상과 기도문을 담은 테이프는 여러 교회와 서점에서도 판매되기 시작했고, 심지어 우편으로 배달해 그의 긍정적 메시지를 멀리까지 전할 수 있었다.

교회가 성장함에 따라 머피 박사는 자신이 담당하는 프로그램과 저서 연구 및 집필을 보조할 전담 직원을 추가 채용했다. 가장 유능했던 직원은 박사의 행정 비서였던 진 라이트 박사였다. 상사와 부하직원이었던 둘은 연인으로 발전해 결혼까지 이어졌고, 평생 동반자로서 함께 풍요로운 삶을 살았다.

1950년대 당시에는 대형 출판사들이 영적인 영감을 주는 글을 출판하는 데 관심이 없었다. 머피 부부는 로스앤젤레스의 소규모 출판사 몇 군데를 통해 30~50쪽 분량의 소책자를 제작해 권당 1.5~3달러에 판매했다. 판매량이 늘어 2~3쇄를 찍자 대형 출판사들도 그제서야 이 분야에 시장 수요가 있음을 인지하고, 자사 카탈로그에 머피 박사의 책을 추가했다.

머피 박사의 명성은 이제 책, 카세트테이프, 라디오 방송 등 다양한 매체를 통해 로스앤젤레스 밖으로 뻗어 나갔고, 전국에서 강연 요청이 빗발쳤다. 박사는 종교적 내용뿐 아니라 삶의 가치관, 사고방식 등을 주제로 하여, 서양 철학에서 동양철학에 이르기까지 세계의 모든 위대한 철학자들의 가르침을 쉽게 풀어서 설명해주는 강연을 했다. 그 강연은 이제 미국을 넘어 전 세계까지 확장되었다.

머피 박사는 운전을 배운 적이 없었기에 여러 강연 장소를 다니며 바쁜 일정을 소화할 수 있도록 도와줄 사람이 필요했다. 박사의 행정 비서이자 훗날 아내가 된 진 라이트는 머피 박사의 강연 일정을 조정하고 출장을 준비하는 업무 또한 수행했다.

이를 계기로 머피 부부는 전 세계 여러 나라를 자주 여행했다. 박사가 가장 좋아했던 출장 겸 휴가 프로그램 중 하나는 크루즈에서 개최하는 세미나였다. 크루즈 세미나는 일주일 이상 진행되었고, 세미나를 하며 머피 박사는 여러 나라를 방문할 수 있었다.

머피 박사가 가장 보람 있게 수행한 활동 중 하나는 교도소를 방문해 수감자들과 이야기를 나누는 일이었다. 수년에 걸쳐 많은 전과자가 박사에게 편지를 보내왔다. 박사의 말이 어떻게 자신의 삶을 진정으로 변화시켰으며, 의미 있는 삶에 대한 어떤 가르침을 얻었는지가 쓰여 있었다.

머피 박사는 미국과 유럽을 거쳐 많은 국가를 여행했다. 박사는 오직 한 분이자 '스스로 있는 재 Am'인 하나님을 향한 신앙을 바탕으로 잠재의식의 힘과 삶의 원리를 이해하는 일의 중요성을 강조하며 강연했다.

머피 박사가 쓴 소책자가 크게 명성을 얻자 그는 더욱 자세하고 긴 책을 쓰기 시작했다. 아내는 글쓰기 스타일에서 머피 박사에게 통찰력을 주었다. 아내는 박사가 연필이나 펜을 세게 쥐고 글을 썼기 때문에 공책의 다음 장에 남은 흔적만 봐도 글의 내용을 알아볼 수 있을 정도라고 말한 적이 있다.

머피 박사는 글을 쓰는 동안 무아지경에 빠진 듯 보였다. 박사는 아무런 방해를 받지 않으며 하루에 4~6시간씩 사무실에 틀어박혀 글을 썼고, 그날 쓸 글을 마무리했다 싶으면 "오늘은 충분히 썼다"라고 말하며 사무실 밖으로 나왔다. 매일 그랬다. 그날 시작한 일을 끝내면 다음 날 아침까지 사무실에 들어가지 않았다. 일하는 동안 음식을 먹거나 음료를 마시지도 않았다.

박사는 사무실에 수많은 참고문헌을 쌓아 두고 자기 생각을 글로 써 내려갔다. 아내는 박사가 글을 쓰다 방해받지 않도록 방문객과 전화 문의를 응대했고, 교회 활동과 기타 활동에 필요한 물품들을 관리했다.

머피 박사는 사람들에게 쉽게 설명하는 방법을 늘 연구했다. 기술이 발전하며 오디오 분야에 새로운 변화가 일어나는 것을 본 박사는 강연 내용 중 일부를 카세트테이프와 레코드 그리고 CD 등 적절한 방식을 활용해 전파했다.

박사가 제작한 CD와 카세트테이프에는 개인이 인생에서 접하는 문제 대부분을 해결해 주는 도구에 대한 설명이 담겨 있었다. 박사의 설명대로 따르면 목표했던 바가 전부 이뤄진다는 것이, 이를 경험한 여러 사람들의 증언들이 오랜 시간 동안 쌓이며 모두 증명되었다.

박사가 전하는 핵심 메시지는 모든 문제의 해결책은 바로 문제 안에 있다는 것이다. 외부 요소로는 생각을 바꿀 수 없다. 즉 한 사람의 마음은 그 사람의 것이다. 더 나은 삶을 살려면 외부 환경이 아니라 마음을 바꿔야 한다. 자신의 현실을 만들어 내는 운명의 주인은 바로 자기 자신이다. 변화할 힘은 개인의 마음속에 있으며, 잠재의식의 힘을 사용하면 더 나은 변화를 끌어낼 수 있다.

머피 박사는 30권 이상의 책을 저술했다. 그중 가장 유명한 저서인 《잠재의식의 힘》은 1963년 출간 직후 베스트셀러로 등극했다. 《잠재의식의 힘》은 역사상 가장 뛰어난 자기계발서라는 찬사를 받았다. 세계 곳곳에서 판매되고 있는 《잠재의식의 힘》의 누적 판매량은 이미 수백만 권을 넘은 지 오래다.

이번에 발간되는 한국어역 조셉 머피 시리즈(총 5권)는 조셉 머피 재단에서 인정받은 유일한 공식 저서로서, 펭귄 위즈덤 하우스에서 출간한 10권을 각각 주제별로 묶어 5권으로 새롭게 재편집한 것이다. '잠재의식의 아버지'라 불리며 잠재의식을 활용한 다양한 기법의 선구자로 알려진 저자의 대표작들을 총망라한 이번 시리즈는 1년 이상의 준비 기간을 거쳐 한국 독자에게 선보이게 되었다.

조셉 머피 박사는 1981년 12월 세상을 떠났다. 아내 진 머피 박사는 조셉 머피 박사의 사후에도 사역을 계속해 나갔다. 진 머피 박사는 1986년 한 강연에서 고인이 된 남편의 말을 인용하며 그의 철학에 담긴 메시지를 전파했다.

"모든 사람에게 내면에 있는 신성한 근원과 힘에 대해 알려 주고 싶습니다. 힘은 내 안에 있으며, 내가 나 스스로를 구원할 수 있음을 가르쳐 주고 싶습니다. 저는 많은 사람에게 다가가고 싶습니다. 힘겹게 길을 걷는 노인에게, 재능과 능력을 억압당한 채 과중한 의무를 짊어진 청년에게 다가가고 싶습니다. 저는 사람들이 의식의 각 단계와 수준을 제대로 이해함으로써 내면의 경이로움을 배우도록 돕고 싶습니다."

엮은이 소개

아서 R. 펠 박사(Dr. Arthur R. Pell)는 조셉 머피의 성공에 대한 잠재의식을 담은 『조셉 머피 성공의 연금술』, 데일 카네기의 고전 『데일 카네기 인간관계론』, 나폴레온 힐 등 자기계발 거장들의 개정 작업을 담당한 책임 편집자이자 인적자원 관리 분야의 작가, 강연자, 컨설턴트로 미국 전역에 널리 알려져 있다.

그는 뉴욕대와 뉴욕시립대, 그리고 세인트존스대학에서 교수이자 미국과 캐나다 전반에 걸쳐 25만 명 이상이 참석해 온 다양한 인적자원 관리 분야 워크숍과 세미나를 개최하여 큰 호응을 얻었다. 또한 고용, 교육, 직원 관계, 동기 부여, 커뮤니케이션 영역에서 비영리 단체들과 대학, 정부 기관, 회사들과 함께 일한 바 있다.

처음에 그는 인사 담당 이사로 활동했으며 30년 넘게 미국 전역에서 인적자원 컨설팅 서비스 지사들을 경영해 왔다. 펠 박사는 자신의 경험과 자신이 배워온 것을 다른 리더들과 함께 나누기 위해 세미나와 워크숍을 지속적으로 개최하고 있다. 그는 수많은 신문 기고문을 써왔으며 교육 오디오 프로그램을 제작했다.

또한 펠 박사는 인사, 조직 및 경력 관리, 인간관계 및 잠재력에 관한 50권의 책을 집필한 바 있다. 그는 왕성한 학문 활동을 하는 학자지만 절대로 학자처럼 글을 쓰지는 않는다. 그의 글은 읽기 쉬우며 다양한 계층의 사람들이 쉽게 이해할 수 있는 진짜 삶으로부터 체험한 예들로 가득 채워져 있다. 펠 박사는 미국 인명록에 수록되어 있으며 '당대의 작가'로 선정되었다.

그는 『완벽한 바보 가이드(The Complete Idiot's Guide, 국내 미출간)』 시리즈를 출간한 바 있으며 그 중 『사람을 관리하는 완벽한 바보의 안내서(Complete Idiot's Guide to Managing People, 국내 미출간)』는 15만 부 이상 팔렸다. 또한 『관리자의 인포뱅크(The Supervisor's Infobank, 국내 미출간)』는 경영인 독서 모임 추천도서로 선정되기도 했다. 그의 신디케이트 장편 《The Human Side》(국내 미출간)는 5년 동안 150개의 잡지에 게재되었다. 『직원을 부리는 보스 인재를 디자인하는 리더』의 초판(1995년)은 나오자마자 경이적인 베스트셀러 행진을 거듭했으며, 그동안 변화된 경영 환경을 모두 반영한 개정판(1999년)은 인적자원 관리의 바이블로 통할 만큼 독자들의 큰 사랑을 얻었다.

옮긴이 **조율리**

글로하나 출판번역 에이전시에서 영어, 스페인어, 독일어 번역가로 활발하게 활동하고 있다. 한국외국어대학교에서 국제통상학·스페인어를 전공하고 동 대학 통번역대학원을 거쳐 독일 하이델베르크대학교 석사 과정을 졸업했으며 캐나다 킹스턴대학교에서 영어 연수를 마친 뒤 주한멕시코 대사관에서 통번역사로 근무했다. 독일에 거주하면서 심리학 학사를 취득하고 스페인 AULASIC 의학번역 석사 과정을 졸업했으며 코칭 및 심리 관련 과정을 다수 수료했다. 현재 언어 전문기업 플루마(PLUMA)를 이끌고 있으며, 역서로 《돈의 감정》《스토아 수업》《너무 과한데 만족을 모르는》(공역)《조셉 머피 부의 초월자》가 있다.

조셉 머피 성공의 연금술
일에서 최고의 잠재의식을 깨우는 자기 확신의 힘

초판 1쇄 발행 2022년 11월 23일
초판 3쇄 발행 2022년 12월 9일

지은이 조셉 머피
옮긴이 조율리
펴낸이 김선식

경영총괄 김은영
책임편집 박현미 **디자인** 마가림 **책임마케터** 문서희
콘텐츠사업5팀장 박현미 **콘텐츠사업5팀** 차혜린, 마가림, 김현아, 이영진
편집관리팀 조세현, 백설희 **저작권팀** 한승빈, 김재원, 이슬
마케팅본부장 권장규 **마케팅4팀** 박태준, 문서희
미디어홍보본부장 정명찬 **미디어홍보본부** 김은지, 이소영
홍보팀 안지혜, 김민정, 오수미, 송현석
뉴미디어팀 허지호, 박지수, 임유나, 홍수경, 김화정
재무관리팀 하미선, 윤이경, 김재경, 안혜선, 이보람
인사총무팀 강미숙, 김혜진
제작관리팀 박상민, 최완규, 이지우, 김소영, 김진경, 양지환
물류관리팀 김형기, 김선진, 한유현, 민주홍, 전태환, 전태연, 양문현, 최창우
외부스태프 조창원

펴낸곳 다산북스 **출판등록** 2005년 12월 23일 제313-2005-00277호
주소 경기도 파주시 회동길 490 다산북스 파주사옥
전화 02-704-1724 **팩스** 02-703-2219 **이메일** dasanbooks@dasanbooks.com
홈페이지 www.dasan.group **블로그** blog.naver.com/dasan_books
종이 한솔피엔에스 **인쇄** 민언프린텍 **제본** 대원바인더리 **코팅·후가공** 제이오엘앤피

ISBN 979-11-306-9468-9 (04190)
　　　979-11-306-2671-0 (세트)

• 책값은 뒤표지에 있습니다.
• 파본은 구입하신 서점에서 교환해드립니다.
• 이 책은 저작권법에 의하여 보호를 받는 저작물이므로 무단 전재와 복제를 금합니다.

다산북스(DASANBOOKS)는 독자 여러분의 책에 관한 아이디어와 원고 투고를 기쁜 마음으로 기다리고 있습니다. 책 출간을 원하는 아이디어가 있으신 분은 다산북스 홈페이지 '투고원고'란으로 간단한 개요와 취지, 연락처 등을 보내주세요. 머뭇거리지 말고 문을 두드리세요.